数字经济发展与治理

Digital Economy Development & Governance 2023年 第1辑

总第1辑

江小涓　主编

中信出版集团 | 北京

图书在版编目（CIP）数据

数字经济发展与治理 / 江小涓主编 . -- 北京：中信出版社，2023.8
ISBN 978-7-5217-5844-3

Ⅰ.①数… Ⅱ.①江… Ⅲ.①信息经济－经济发展－研究－中国 Ⅳ.① F492

中国国家版本馆 CIP 数据核字（2023）第 114090 号

数字经济发展与治理
主编：江小涓
出版发行：中信出版集团股份有限公司
（北京市朝阳区东三环北路 27 号嘉铭中心　邮编　100020）
承印者：宝蕾元仁浩（天津）印刷有限公司

开本：787mm×1092mm　1/16　　印张：18.25　　字数：285 千字
版次：2023 年 8 月第 1 版　　印次：2023 年 8 月第 1 次印刷
书号：ISBN 978-7-5217-5844-3
定价：68.00 元

版权所有·侵权必究
如有印刷、装订问题，本公司负责调换。
服务热线：400-600-8099
投稿邮箱：author@citicpub.com

编辑手记

数字化、智能化的飞速发展，正在改变经济社会结构，也对现有的社会科学体系和理论研究范式提出了挑战。如今呈现给读者的《数字经济发展与治理》正是以数智时代为背景，汇聚理论研究和知识创新，直面新的变化和挑战，探寻多样化的方案和可能性。这里的总第 1 辑共刊发了 33 位国内外学者的 24 篇文章，既有严谨的纯学术论文，也有基于研究和观察的评述文章，还有与政策建议相关的策论，内容涉及数字时代的学科构建与研究范式、经济与管理、数字治理、数字金融，供读者撷取。

在学科构建方面，主编江小涓回顾了数字技术迅速发展和广泛应用对经济学和管理学带来的冲击，如数据要素、服务业性质改变、"云工厂"等产业组织创新、研发和创新的新形态、政府与市场边界变化及监管等公共治理问题，由此高屋建瓴地提出了数字时代的经济学与公共管理学科体系建设的命题。盛斌、洪永淼、邓小铁、李三希则分别探讨了数字贸易、人工智能对经济学研究范式的影响、数字经济的算法均衡，以及数字时代的信息经济学。

在"数字时代的经济与管理"栏目中，黄群慧论述了数字基础设施建设如何赋能高质量发展，陈煜波通过对京东的实证研究，分析了信任在数字经济发展中的基础性作用。陈龙以淘宝为例，分析了数字经济带来的多样性增长的价值。寇宗来深入论述了数字化的经济社会影响，包括对企业竞争优势、产业演化动态、资本主义生产方式的基本矛盾、城市竞争优势的影响，也谈到了对经济学研究范式的影响。丛林的文章是对其三篇学术研究论文的概述，分别探讨电子商务平台对新创企业进入与产业集聚的影响、对女性创业的影响，以及数字化转型如何增强中小企业面对冲击的韧性。彭文生讨论了数字经济如何影响增长和分配，他强调规模经济在数字时代的重要作用，以及数字经济如何通过改变社会规范影响分配。

在"数字治理"栏目中，白重恩认为，中国数字经济发展有着巨大的潜力，从消费互联网、工业互联网，以及当前ChatGPT引领的人工智能带来的挑战看，需要有良好的治理才能充分实现中国数字经济发展的潜力，同时控制其中可能出现的风险和问题。苏竣指出，数字技术把我们带入工业社会向智能社会转变的重大历史时期，人类社会传统的知识生产、传承和校验机制，信任机制和权威生成机制正在被颠覆或解构，以人为本、深化智能社会治理研究、建设有人文温度的智能社会应当是学者的核心秉持。孟庆国和薛澜等人探讨了数字经济形态下的政府治理，提出了数字时代构建互融共生的新型政府与市场关系。冯耕中等人则聚焦Web3.0时代的互联网发展与治理体系的建设，从社会和技术系统的视角剖析Web3.0时代的数字风险，总结了国外的治理经验，进而提出了针对中国的风险治理建议。吴建南等人考察"上面千条线，下面一根'针'"的基层治理难题，以上海奉贤区为例，分析基层数字化转型目标偏差的生成机制，探索数字化转型有效赋能基层的优化路径。西蒙·马文为数字技术应用于城市提出了一系列值得思考的问题，例如，如何将基于数字技术的人工智能、自动化等应用于重新塑造城市，如何让机器人适应人类的变化，怎样与机器人共享城市资源等。魏江讨论了平台经济垄断的特征以及治理机制的设计，他认为产业发展是趋向融合的，应当遵循经济规律，不能简单地按照过去的规则要求新型产业形态，把新业态扼杀在摇篮之中。林维则剖析了数字时代最重要的要素数据的法律保护问题，他在分析我国数据法律保护体系现状和司法实践的基础上，提出了完善数据法律保护的建议。冯娟讨论的是目前法律界和政策界中争议最大、最难处理的问题，即数据确权，她着重分析共创数据的归属、原创与二创的权利归属，数据共享的基石，以及平台与消费者如何分享数据等问题。

在"数字金融"栏目中，托马斯·萨金特从金融活动的典型特征入手，分析金融科技带来的新特征及其挑战。黄益平则讨论了数字信用的创新及其应用、对金融稳定带来的影响，以及未来的应用前景。朱锋则全面介绍了央行数字货币，包括适用的技术与设计、主要央行数字货币的进展、数字时代的国际货币体系。何治国等人的文章以开放银行为主题，构建了一个信贷市场竞争均衡模型，基于此模型，探讨了在借款人拥有数据的情况下，引入开放银行对信贷市场竞争的影响。

目 录
Contents

数字时代的学科构建与研究范式

2	数字时代的经济学和公共管理学科体系建设	江小涓
16	数字贸易：研究框架、方法与问题	盛斌
33	人工智能新近发展及其对经济学研究范式的影响	洪永淼　汪寿阳
39	数字经济的算法均衡挑战	邓小铁
53	数字时代的信息经济学	李三希

数字时代的经济与管理

62	"新基建"赋能经济高质量发展的三大方向	黄群慧
68	中国数字经济的发展逻辑：基于数字市场的研究证据	陈煜波
84	多样性增长的价值	陈龙
92	数字化的经济社会影响	寇宗来
104	数字化和创业	丛林
121	数字经济如何影响增长与分配	彭文生

数字治理

- 140　良好的治理是实现中国数字经济发展潜力的必要条件　　白重恩
- 143　科技进步与智能社会治理　　苏竣
- 147　数字经济形态下的政府治理：转型与创新
  　　　　　　　　　　　　　　　　孟庆国　王友奎　薛澜
- 162　Web3.0时代互联网发展与治理体系建设　　冯耕中　赵玺　蔡旭东
- 176　上面千条线，下面一根"针"：基层治理
  　　　数字化转型的优化路径　　吴建南　王亚星　陈子韬
- 185　中国的城市人工智能　　西蒙·马文
- 188　平台经济垄断特征及治理机制设计　　魏江
- 199　中国的数据法律保护：现状与问题　　林维
- 210　谁应该享有数据所有权？　　冯娟

数字金融

- 218　金融科技的机遇与挑战　　托马斯·萨金特
- 221　数字信用的创新、影响与应用前景　　黄益平
- 235　推进央行数字货币：挑战与机遇　　朱锋
- 246　开放银行：当借款人拥有数据时的信贷市场竞争
  　　　　　　　　　　　　　　　　何治国　黄京　周纪冬

数字时代的学科构建与研究范式

数字时代的经济学和公共管理学科体系建设

江小涓

  我们已经进入数字时代,经济社会正在快速全面数字化。社会实践中,生产要素构成、资源配置方式、经济运行逻辑、政府治理模式等都已经发生重要变化。数字技术的迅速发展和广泛应用对现有经济学和管理学学术体系带来不小的冲击,现有体系在一些方面已经不太适用,无法有效描述和分析许多重要的与数字相关的经济和治理问题。数字技术的广泛深入应用已显著影响了经济理论的底层结构、经济各方面的逻辑关系和许多重要领域的问题的性质,"数字"和"数据"早已不是短期或偶然的"外部冲击",更不是可以忽略的边际变量。构建数字时代经济发展与治理的学术体系,需要将数据和数字形态的产品与服务内化于知识体系的全链条之中,并清晰刻画和计量,需要重新思考和定义数字时代公共治理涉及的"公共利益"和"外部性"等问题的性质和治理目标。"数字时代的经济学和公共管理学科体系建设"这个题目宏大,理论研究和讨论的涉及面广,任务艰巨繁重,笔者仅结合教学和科研工作中的体会,谈几点初步思考和若干观点。

---

 * 江小涓,中国社会科学院大学教授,中国数字经济发展和治理学术年会主席团主席。

一、"数据要素市场"问题

大家都主张将数据作为生产要素，对此笔者也赞同。但是在实际做研究时，由于数据要素具有的特点，很难将其放到传统生产要素的分析框架中进行分析。一是多主体可以主张权利。数据的生产、加工、传输和应用过程中涉及多个不同的主体，如数据生产者、数据持有者、数据加工者、数据传输者、数据应用者等。各方面也都认同数据产权有多种形态，如知识产权、财产权、控制权、管理权、使用权和收益权等。再考虑到数据的无形特征和能够不断聚合、分解、挖掘等特征，使数据产权的确权问题很难处理，即使相似的知识产权框架也难以应用。目前政策层面对这个问题的处理方法是"回避"，中央层面《关于构建数据基础制度更好发挥数据要素作用的意见》以及广东、上海等地出台的法规，不约而同地暂时搁置了对数据权属的全面定义，而是强调了数据的使用权和经营权，目的是推动数据的开发利用和流通交易（江小涓和白京羽，2023）。① 在政策文件中可以这样处理，但在学术体系中这是一个缺陷，即逻辑不彻底和框架不完善。二是数据可以复用。数据用多少次都依然存在，也可以被多个组织或个人共享。经济学研究稀缺资源的配置效率问题，数据的复用性使它的稀缺性发生改变。数据要素可以重复使用就能够多次创造价值，因此有观点认为需要将数据要素视为公共品，带来社会总福利的增加。这些特点和观点都使数据难以放到传统要素的框架中去处理。三是数据价值快速折旧。数据和其他要素相比的一个特点是有大量的数据"存量无用"，例如当消费者的行为数据被作为平台智能推送广告的数据时，去年的数据没有什么用处，每个人的习惯都在改变之中，从经济学的角度看就是存量数据无用或者快速折旧。

所以我们可以沿着"数据要素"这个思路去思考，但很可能需要思考和重新定义"要素产权""要素市场""资源配置"这些基本概念的前提和规定，寻求更完善和有效的分析框架。

这里举一个例子，智能化生产过程使一个生产过程有两组产出：数字形态与实体形态，即所谓的数实孪生。图1中，左侧是实物产出，右侧有很多数据内容产生，数据、数据机理模式、数字孪生体、数字元宇宙模块等，那么右侧是新增加的生产要素，还是新产出的数据产品？如何测度其价值？传统的投入

---

① 江小涓，白京羽. 构建数据基础制度体系的有力举措 [N]. 人民日报，2023-01-09 (09).

产出表如何调整？这些问题令人困惑。笔者记得20世纪70年代联合国用一个宽泛的概念定义"服务贸易"时，时任美国统计学会会长曾说过：这个定义对赞同服务贸易发展并强调其重要性的学者来说是"天使"，对统计学家来说则是"恶魔"（大意如此）。当下数据被定义为"生产要素"，统计学者或许有相似体会。

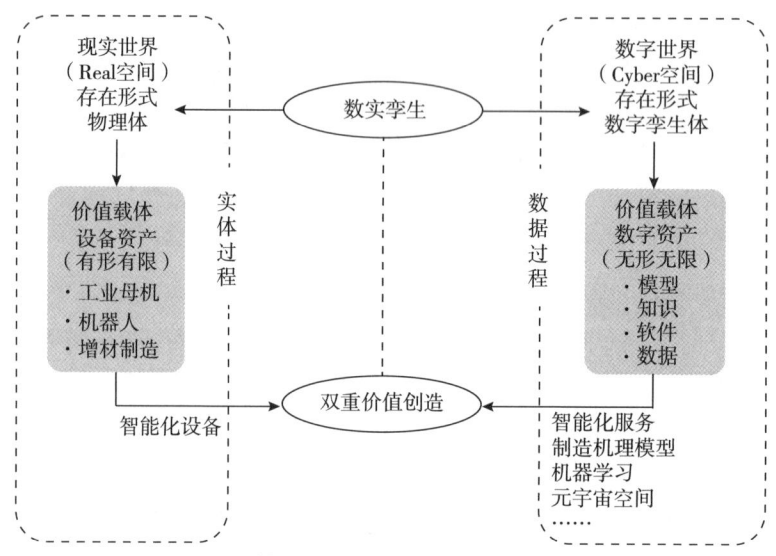

图 1　实体过程与数据过程的双重价值体系

资料来源：江小涓和靳景（2022）。①

"数据要素市场"是一个有"中国特色"的理论和实践问题。如果跳开从"要素市场"这个角度的"中国式"思考，数据权属问题同样复杂，比照现有权利类型都有错位。如果想将其定义为人格权，那么数据不仅包括个人数据，还包括非个人数据（如工业数据等），更复杂的是许多数据是多种来源数据的混合体，非个人数据和混合数据明显不具有人格属性，因此人格权无法覆盖数据权范围。如果想将其定义为物权，而物权具有明确的排他性，数据之上可以同时承载多方主体权利、不具有排斥他人权利的属性。比如个人在使用App（应用程序）时产生的数据，个人和App企业均可对其主张相应的数据权利。就连各方认为最相似的知识产权，也存在明显的不匹配性，例如知识产权中的

---

① 江小涓，靳景．数字技术提升经济效率：服务分工、产业协同和数实孪生［J］．管理世界，2022，38（12）：9–26．

著作权强调表现形式的独创性，专利权强调发明创造，而数据权属显然无法与知识产权相契合。毫无疑问，数据是一种新型权利，但如何从学术规范的角度定义其属性，目前仍是一个没有共识的问题。

二、数字时代服务业性质改变问题

认为服务业效率低，是经济学由来已久的主流观点。以亚当·斯密为代表的古典学派就认为，那些能有效使用技术设备、吸引投资和带来财富积累的产业才是生产性的，主要指制造业。而服务业是非生产性的，包括公务员、军队、律师、医生、艺术家、家仆和其他私人服务等，这些职业的共同特点是不能应用先进技术扩大生产和积累财富。① 在斯密时代及稍后，这个观点非常流行。② 维克托·富克斯（Victor Fuchs）是现代服务经济理论的重要开创者，他在1968年出版的专著《服务经济学》已经成为服务经济研究的经典之作。③ 他强调服务业效率较低，并将其归为技术、劳动力素质和资本密集度等因素所致。④

威廉·鲍莫尔（William Baumol）1967年发表的一篇论文成为迄今最著名的服务业研究经典文献。⑤ 他提出了"两部门宏观经济增长模型"。在他的分析中，按照生产率增长速度高低将经济分为"进步部门"和"停滞部门"，前者以制造业为代表，由于使用高效率的机器设备，劳动生产率持续提高。而在很多服务部门，服务过程需要服务提供者直接参与，劳动节约型技术应用空间较小，劳动生产率提升缓慢，被认为是"停滞部门"。⑥⑦ 因此，服务业比重

---

① Smith, A., An Enquiry into the Nature and the Causes of the Wealth of Nations, Opening sentence of Ch. V, Book I. 转引自让-克洛德·德劳内，让·盖雷. 服务经济思想史：三个世纪的争论 [M]. 江小涓，译. 上海：格致出版社，上海人民出版社，2011.
② "这是一个长长的名单"，由保罗·斯图登斯基（Paul Studenski）列出。参见让-克洛德·德劳内，让·盖雷. 服务经济思想史：三个世纪的争论 [M]. 江小涓，译. 上海：格致出版社，上海人民出版社，2011：6-22.
③ 维克托·R. 富克斯. 服务经济学 [M]. 许微云，万慧芬，孙光德，译. 北京：商务印书馆，1987.
④ Victor R. Fuchs. The Service Economy [M]. Columbia University Press，1968.
⑤ Baumol, W J. Macroeconomics of Unbalanced Growth: The Anatomy of Urban Crisis [J]. American Economic Review, 1967, 57: 415-426.
⑥ Baumol W J, Blackman S A B, Wolff E N. Unbalanced Growth Revisited: Asymptotic Stagnancy and New Evidence [J]. American Economic Review, 1985, 75: 806-817.
⑦ Baumol, W. J., Blackman, S. A. B., Wolff, E. N. Productivity and American Leadership [M]. Cambridge: MIT Press, 1989.

上升意味着资源更多地配置在低效率部门,这会带来经济增长速度的下降。

然而,在网络技术和数字技术的加持下,服务业一个日益增加的部分呈现规模效率和分工效率。从规模效率看,网络技术的广泛链接能力,使许多服务摆脱了"在场"这个特点的约束,改变最显著的是文化产业,线上音乐早已成为音乐服务的主要形态。再如话剧是一种现场观赏人数长期增长缓慢的文化产品,而2022年7月北京人艺的《茶馆》线上直播的观赏人数超过千万。特别是服务业分工的日趋广泛深入,促使服务业整体效率显著提高。

而生产者服务业同样极大地得益于网络和数字技术的发展。生产者综合服务平台可以汇聚海量全品类生产者服务,服务提供商和服务需求方无论身在全球任何地方,都能相互识别和产生交易。再如全产业链定制服务,消费者需求具有个性化偏好,生产者希望提供多元化定制服务,但长期以来这种意愿缺乏技术支撑。数字技术提供连接巨量消费者和生产者的能力,各方需求特点和供给能力都能在平台上呈现。平台同时提供智能化海量匹配能力,消费端搜索技术使消费者能够选择感兴趣的产品和服务,生产端个性化定制和智能分发技术精准满足消费者需求。在这个过程中,数字技术将链路中的每个节点都变得可视可算可交互,为平台提供了海量个性化全程协同能力(江小涓,2017)。[①]再如物联网提供的远程实时检测、监控和维护系统,使机器设备的售后服务体系及时高效。对以上变化的分析已有很多,但是在整体上重构服务经济学术体系和理论分析框架依然任重道远(如图2所示)。

三、数字时代产业组织创新问题

产业组织是公认受数字经济影响最突出的领域。一方面,各种交易成本的降低是数字技术最直接的影响。企业与市场边界不仅快速调整,而且形态发生改变,分工倾向于极致且高度弹性化。另一方面,大企业或大型网络组织管理成本极大降低,大企业与多元、个性、精准特点相容,垂直一体化和网络化生产组织迅速发展。目前看,两种形态并行推进,带来我们还不熟知的产业组织形态。这里列举一些典型领域。

首先是制造业分布式生产体系的产生。诸如"云工厂"、项目制式众包分工、开放式协作创新和网络化多主体协同等提法,大致都描述了这种分工产生的

---

① 江小涓. 高度联通社会中的资源重组与服务业增长 [J]. 经济研究,2017,52(3):4–17.

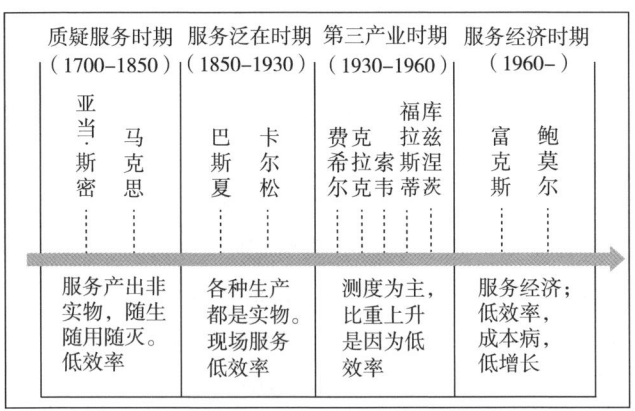

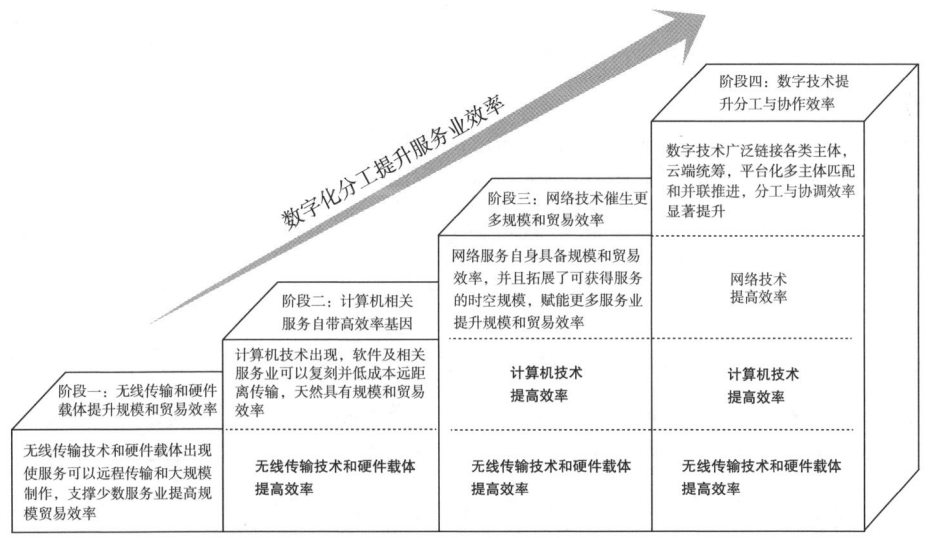

图 2　数字赋能服务业前后课程主体内容变化

资料来源：上图由笔者绘制，下图来自江小涓和靳景（2022）。①

新的产业组织类型。这是由于在数字时代，许多产品技术迭代快，品类更新快，特别是对有些时尚品的需求速涨速消。传统以企业为中心的生产组织形态由于设备能力和员工技术固化，调整余量小，适应性差，面临新的挑战。数字平台能够链接大量企业、产线、设备、仓库和员工等，形成巨大产能池，按订单实时匹配各种资源，迅速组织起以产品为中心的分布式制造产线。这是一种在

---

① 江小涓. 高度联通社会中的资源重组与服务业增长［J］. 经济研究，2017，52（3）：4-17.

数字时代之前基本不存在的产业组织形态,学术界对这方面的分析还很不够。

以"云工厂"为例,这是一种通过平台承接订单并拆解制造过程分派给不同企业,针对每个订单组建个性化"云产线"的分布式协同生产模式。以宁波的协同制造平台"生意帮"为例,平台上有数以万计的小微工厂,有数十万台套各种设备,平台能够实时监控各生产设备的声音、电流、压力、温度等10余项指标以确保生产过程和产品质量稳定。接到订单后,平台将任务分解为多个零部件或多道工序,调用平台上此时闲置可用的设备和人力,组织起特定的生产线和产业链,这些设备和人力分布在不同企业中,生产完成后如无后续订单,产线就解散,有新订单时再重组新的生产线和产业链。现在在许多快消品领域,这种以产品为中心实时组织灵活生产线的模式已经成为重要的产业组织方式(江小涓和靳景,2022)。① 其本质是以企业为中心的生产组织改变为以产品甚至以工序为中心的生产组织。

其次是分布式服务业生产体系的形成发展。数字技术使分布于不同空间中的服务片段能够在时间上同步,并在数字平台上共享,各部分进程的同步可视化协调使分工成为可能。由此带来的分工效率促进了服务业新业态、新模式的不断出现。② 再以文化产业为例,前面《茶馆》的例子是远程可服务,但仍然是一组提供者(演员)在同一个空间提供完整的服务产品。而在数字技术支撑的分工形式下,多位身处异地的乐手共同演奏一首乐曲、合成一台音乐会成为可能,类似于将一个产品的不同零部件布局到不同的地点去制造。一个经典的案例发生在2018年(如图3所示),六位分布在世界各地的乐手同步演奏了一首乐曲,这首曲子可以在任何地点收听,不仅传输的总距离超过了2万千米,而且每一位乐手传输的距离都不一样,但在低时延高保真5G网络的加持下,分布在世界各地的听众获得的收听效果没有任何违和感,品质与现场相差无几。

---

① 江小涓. 高度联通社会中的资源重组与服务业增长 [J]. 经济研究, 2017, 52 (3): 4-17.
② 这方面的细分讨论较多,较为概括性的国内研究参见:江小涓. 高度联通社会中的资源重组与服务业增长 [J]. 经济研究, 2017 (3); 江小涓. 网络空间服务业: 效率、约束及发展前景 [J]. 经济研究, 2018 (4); 江小涓. 网络时代的政府与市场: 边界重组与秩序重构 [J]. 比较, 2019 (101); 谢康, 吴瑶, 肖静华. 数据驱动的组织结构适应性创新: 数字经济的创新逻辑(三)[J]. 北京交通大学学报(社会科学版), 2020 (4). 国外论述参见: A. Goldfarb, C. Tucker. Digital Economics [J]. Journal of Economic Literature, Vol. 57, No. 1, 2019: 3-43.

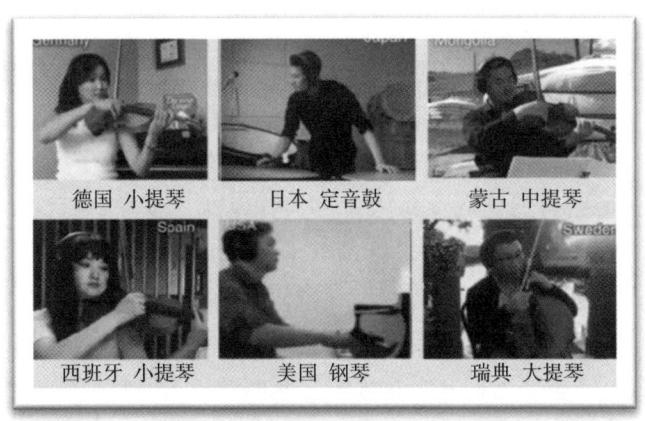

图 3　六国音乐家在六地通过 5G 网络合奏一首乐曲

资料来源：Sansar（2019）。①

四、研发和创新的产业组织新形态

这个问题本质上也是产业组织问题，但学术界的关注和分析较少，在这里特别强调一下。

一是分布式软件开放模式。这种模式也被称为开源模式。现在大数据和智能产业更多采用开源（open source）模式，开源起源于软件，指任何人都可以被授权自由地使用、复制、传播和改动的软件，并且其源代码是开放和共享的（Levy，1984；金芝等，2016）。②③ 开源模式可以汇聚众智、多方协同、开放共享、持续演化（Grand et al.，2004）。④ 开源项目拥有海量数据，大量自动化协作工具，大范围连接产品、企业和产业，形成网状产业生态，构建大规模生产和应用场景，本质上是分布式的技术研发与应用。现在，全球 97% 的软件开发者和 99% 的企业使用开源软件，全球 70% 以上的新立项软件项目采用开源模式。区块链项目几乎全部开源，通过全球开发者的接力贡献快速发展和

---

① Prelude in C Minor BWV 847 for Six Instruments by Sansar［Z/OL］. 2019.
② Levy, Steven. Hackers：Heroes of the Computer Revolution［M］. NY：Anchor Press/Doubleday，1984.
③ 金芝，周明辉，张宇霞. 开源软件与开源软件生态：现状与趋势［J］. 科技导报，2016，34（14）：44-50.
④ Grand S，Krogh G V，Leonard D，et al.. Resource Allocation beyond Firm Boundaries：A Multi-level model for Open Source Innovation［J］. Long Range Planning，2004，37（6）：591-610.

迭代。随着5G及相关技术迅速发展，"万物连接"成为趋势。开源分布式研发在更多领域快速部署，在产业互联网、车联网、云计算等领域重新进行研发和资源配置，支持多方协同创新协作生产，加快了技术和产品的迭代速度。2021年8月，全球领先的人工智能公司英伟达宣布向数百万用户开放Omniverse平台，为元宇宙的建立提供模拟和协作基础。该平台广泛连接软件公司与应用场景，采用开源标准支持包含数十亿设备的3D工作流程，行业设计师、艺术家和审核人员可随时随地通过该开源平台，在共享的虚拟世界中实时合作。截至2021年8月，有超过500家公司和5万多名专业用户在该平台上开发应用。在实践中，人们并不难理解互联网和数字时代的软件和技术开源的内在动力。万物互联时代，开源分布式研发能够不断扩大产业生态圈。然而，使用经济学理论中有关研发的传统框架分析开源模式，在权益分布、激励机制、信用赋能等许多方面都遇到逻辑不自洽的问题。

二是分布式产品研发模式。以前大企业有研发中心，中小企业可能聘请专业研发机构提供服务。有了数字平台之后，分布式研发机构快速发展。在数字时代，技术迅速迭代且要求广泛链接以获取数据，创新需要更加广泛的协作性。① 同时，技术降低跨界跨地域链接成本，易于形成全球创新网络。近些年，数字化分布式研发与创新网络快速发展，平台汇聚大量研发资源，在研发项目分包和分布式开展的基础上，各个主体之间依托平台协同合作、并联推进，用户也可以深层参与，提高了研发活动的专业化程度和效率水平。以国内某专业数字研发平台为例，截至2023年2月，平台拥有超过32万人的工程师分散在世界各地，合作企业数超过1.7万家，平台拥有3个国内研发中心和6个海外研发中心。平台接到每项研发任务后，将其分解为不同模块，每个模块组织最合适的团队接包。例如平台要为客户开发发动机异型钢盖自动化产线，涉及17道以上的工序和产品开发，平台将每道工序进一步分解为113个模块，分配给来自中国上海、青岛、深圳、北京、苏州、南京和德国的32位工程师协同完成，总设计时间比常规研发设计缩短了近2/3。再如图4所示的智慧档案机的设计研究，由项目经理拆解为档案抓取装置、通信装置、车体动力装置、导向控制与安全装置、完整车体组装5个子项目，分别

---

① 2010年，全球38.7%的技术发明来自个人发明，61.3%的发明来自团队合作发明；2017年，个人发明占全球发明的比重下降到32.3%，有67.7%的发明来自协作创新。参见：世界知识产权组织（WIPO）. 创新版图：地区热点，全球网络［R］. 2019 - 11 - 18.

由位于德国和中国深圳、北京、上海和山东的4个机构和近15位研究人员参与研发协作。

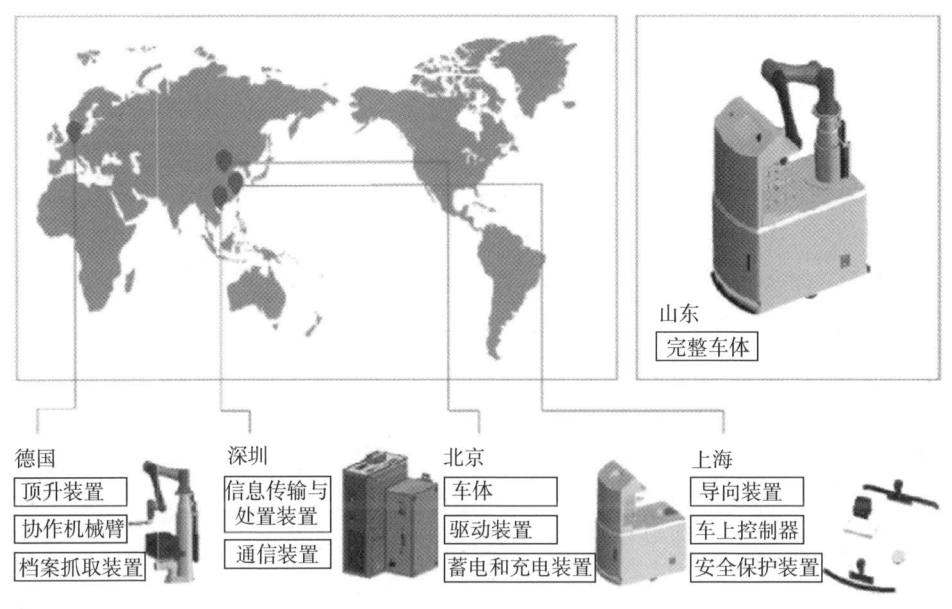

图4　智慧档案机案例

资料来源：笔者调研。

三是开放型科学组织体系。当代科学研究对于未知的探索范围越来越广泛和深入，科学项目在投资强度、学科交叉、实验成本、参与人员等方面提出了更高的要求，以国际合作开展的大科学项目成为探索知识边界、解决全球重大科学问题的重要平台。目前，在天文学、高能物理、生命科学、空间科学等领域，向多国科学家开放的国际大科学项目成为推动重大科学发现的主流模式。例如有17个国家共同投资和运转的平方公里阵列射电望远镜项目，其接收面积达1平方公里，比当前同类设备的灵敏度提高100倍，搜寻速度提高1万倍，将有机会揭示宇宙最基本的科学问题。我国是"平方公里阵列天文台"的签署国，这表明我们对全球科学事业发展的开放胸怀和贡献（江小涓，2021）。① 科学研究的开放合作还体现在数据开放方面。全球著名的人工智能研究机构DeepMind使用AlphaFold2模型，将人类98.5%的蛋白质进行预测。

---

① 江小涓．以开源开放为抓手形成科技与产业新优势［N］．人民日报，2021-08-31（09）．

DeepMind 将这些发现做成了数据集免费开源，供全球科研人员使用，受到世界科技界的肯定和赞扬。

自新型冠状病毒全球大流行以来，对于病毒科研资料与数据的开放和共享成为特殊时期科学研究的一个关键特征，一系列的开放工具平台建立起来供世界各国的科研工作者使用，在新冠疫情的应对中发挥直接作用。对及时发现毒株变异、预测疫情流行和采取应对措施发挥了极为重要的作用。2021年11月，来自博茨瓦纳和南非的科学家在同一天内将存在变异情况的基因测序数据上传至 GISAID（全球共享流感数据倡议组织）数据库，引起科学界的迅速关注。随后，从发现序列异常到世界卫生组织将这一变异宣告为第五个关注变体即"奥密克戎"（Omicron）仅过去不到三天。

五、数字时代的公共治理问题

第一，数字技术导致政府与市场的边界出现变化。自市场经济出现以来，市场与政府的关系一直是制度设计与演进中的核心问题。长期以来，政府干预市场与社会活动的依据之一是市场主体的活动存在外部性，这类问题由于损益计算不能具体化，因此市场不能解决，必须由政府进行干预。例如企业污染排放引起的负外部性和非竞争产品带来的正外部性，都表明需要政府干预才能提高资源配置效率和提升社会福利。然而在数字时代，使用数字技术可以将有些外部性问题"内部化"，例如排放问题，由于网络广泛连接，海量算力和颗粒状信息可获得，负外部性可以计算和量化到个体，确保排放者付费，将外部问题内部化。再如有些公共品可以将正外部性"内部化"，从而具有了商业价值，私人部门愿意提供，例如公共媒体频道虽然不可收费却能广泛获客，带来广告价值和数据价值，因此市场主体愿意提供。还有，政府调控产业的一个重要依据是分散的市场主体信息缺失，行为有盲目性和缺乏预见性。现在大型平台和数据类企业拥有更实时精准的"全局"数据，智能技术正在迅速形成更强大的预见能力，这类产业政策存在的合理性是什么？因此，数字时代公共治理中"公共性"的边界会持续发生变化，需要恰当的学术理论分析和政策建议。

第二，数字平台带来的监管挑战。数字平台规模很大，市场控制力和社会影响都很大，是否需要监管和如何监管是社会普遍关注的问题，但是监管面对许多难题。一是大而管不了，一些消费者日常使用的大平台，出了问题肯定不能对其一关了之，有问题要整改但不得停运。二是快而跟不上，平台上的商户、商品和服务数量巨大，以百万、千万计，而且更新极快，外在监管力量完全跟不上。三是深而看不透，大平台都是上千项多层次投资项目及其他利益关联，不细查深查不易看透看准。四是新而看不懂，不同平台商业模式不同，相似平台也有很大差异，如视频平台哔哩哔哩、抖音、快手还有小红书，其经营模式有较大差别，而且各自都在持续创新，外部监管者对此看明白并理解到位已经很不容易，实施及时、到位、合理、恰当的监管的确有很大难度。因此，面对平台、数字技术，监管的理念和操作都要与时俱进，"长期稳定不变"和"全面完善普遍适用"等观念需要调整，看到趋势性的苗头就应该及时敏捷出台监管政策，并随形势变化及时修改完善和迭代升级，甚至可以一事一议，一个平台一策。总之，应对多变的数字世界，监管自身也需要不断创新，需要更新理念和方式。监管方式呈现从单一主体监管向多元主体合作监管转变，多种监管方式出现，形成政府、自律组织、消费者组织以及公民等多个监督主体共同协调运作的格局。时代已经改变，要全景式地理解变化，在新秩序结构中，寻求各种市场秩序、各类监管之间的最优组合，做到维护市场有序运转、多种主体利益平衡和整体社会效益的最大化。①

六、大数据和智能技术的两面性问题

一是大数据应用的多面性问题。从算法匹配供需双方的能力看，诸如"信息茧房"这种观点是将其视为一种负面应用。的确，大数据可以实时多元和深度探测个体的偏好与倾向，从而决定推送的各种信息，例如新闻推送和广告投放等。长期如此，会将个体锁定在某些特定的信息场景中，信息偏向很可能进一步强化认知偏向和价值偏向。但反过来思考，在如此海量信息的场景下，如果没有算法来智能匹配供需双方，那么彼此发现、交易和受益的成本会极高。从多源异构数据的挖掘能力看，相关方面可以分析挖掘人、车、时空、文件、事件等安全相关要素的潜在关联，从而看到人与事的时间与空间关联，例如在帮助分析医保诈骗事件时，这种异构数据的比对很有用。但是对数据的

---

① 江小涓，黄颖轩. 数字时代的市场秩序、市场监管与平台治理［J］. 经济研究，2021，56（12）：20-41.

过分和不当使用，也可以形成对个人隐私和商业秘密的侵害，例如信用评级机构和招聘机构，如果挖掘个人信仰、肤色、种族、性别、婚姻状况、居住地点等信息并给予差异化对待，就是对人类价值观的伤害。

二是人工智能与人类价值观判断的差别。现在有一种说法是，不受人类主观影响的算法代表着更加公正。在当今社会，算法处理问题的速度非常快，我们认为"算法客观可靠，不会受人类主观性的影响"。这无疑是一种对技术客观性的理想追求。智能辅助办案系统、在线非诉讼纠纷解决等都是大量借助信息数字和智能技术，程式化、代码化地处理案件，意在创造技术规制条件下更具客观性、更为阳光化的纠纷解决情境，从而规避人性局限和排除人为因素的影响，努力做到标准一致、客观公正和"同案同判"，推进了智慧司法和法律服务的普惠效能。但是2019年3月法国出台了相关法律，禁止多种我们"赞赏"的大数据在司法领域的应用，其中一种是一致性分析：不得将特定法官办案数据进行大数据对比，分析特定法官特定案件与整个司法系统的一致性状况。这个决定涉及的理念很重要，一致性分析会使所有判决向平均结果靠拢，将多种倾向博弈产生的"平均数"固化为不可演进的绝对值。如果某种违法行为的判刑区间是三至七年，法官有酌情自由裁量权。但是有了所谓的大数据系统，法官搜一下别人怎么判，发现平均判刑五年，自己也判五年，因为取平均数会带来最少的争议和质疑。这听上去好像变得更加公正了，但是这种状况会使社会通过价值观改变和社会博弈产生的演进停滞。如果随着时间推移，多数法官都向三年这个轻判方向靠拢的话，就表明社会是有新的共识在形成，即"这个罪没有那么重"；相反，当所有的判案都向判七年靠拢的时候，表明社会认为"这是个重罪"，这种演进是人类社会最重要的进步方式之一，却会随着所有人在网上查询之后取平均数而停滞。随着人工智能的快速发展和应用，这种情况在社会问题领域将是一个普遍的大问题。

七、数字时代的科技伦理问题

所有的科技都有负面作用。在每一次两面性突出的技术出现时，都引起了社会极大的担心，例如核技术、克隆技术和基因技术，这些技术的发展和应用始终伴随着社会的担心和不同的声音。不过在人工智能出现之前，科学共同体的力量、国家规制的力量和国家间合作的力量共同发挥作用，其负面性并没有成为突出问题。以核技术为例，科学共同体发挥的作用有：1955年的《罗素－爱因斯坦宣言》（The Russell-Einstein Manifesto）提出谨慎使用"核技术"，1957年的"帕格沃什科学和世界事务会议"致力于防范核武器对人类的毁灭；国家间合作发挥的作用有：核国家承担不扩散核武器义务，允许无核国家获取和平核能技术等一系列国际规范，推动形成了《不扩散核武器条约》、《全面禁止核试验条约》、联合国核裁军谈判机制、全球核安全峰会等约束机制。

但是数字技术、人工智能技术不同，这类技术的应用泛在而无形，同时又在急速发展。目前看，社会缺乏约束数字技术发展方向的平衡力量和思考时间，特别是数字技术与其他技术的结合，例如与生命科学结合之后，有能力迅速改变人类自身的生理、生活、认知和繁衍，很多变化是不可逆的，我们不应该把这样的变化交给市场竞争和社会博弈来解决。在这个时代，信息公开和公众参与比以往更重要，所有民众都有权对这种问题发声：我们要不要这种结果，我们要不要这样的改变。

从目前的发展态势看，人工智能快速发展使非人类参与的决策逻辑步步强化。确立数字正义下的社会秩序成为紧迫问题。权力主体、技术主体、市场主体、社会主体以及公民个人对数据、算力和算法掌握能力的差别，会破坏各方已经形成的制衡关系。数字鸿沟、算法黑箱、算法歧视、数据画像等，改变了政府与社会、群体与个人、自我与他人的关系，自由、平等、权利、公平等价值诉求及其现实利益也随之面临重大调整。同时，重构数字时代个人权利与义务的均衡也成为新的突出问题，传统的自由、平等、民主等权利和法制、责任、公德等义务的平衡，在数字时代都有新的内涵和实现方式。个人在网络空间信息获取、契约签订执行和民主参与等方面权利拓展的同时，也要面对隐私缩减、信息混杂、确定性消减等方面的问题。全社会需要共同努力，按照数字时代的特点重新构建社会秩序，新平衡的建立要考虑数字技术文明与传统人文价值两个方面。

总之，中国是数字消费大国，是产业数字化大国，是数据生产和应用大国，在理论研究、学术体系构建以及人才培养等方面应该有突出贡献。适应数字时代的经济学与公共管理学术体系的构建有滞后有错位，需要付出努力，提升理论与实践的匹配度。这个领域含有大量高浓度的学术理论问题，我们在这个领域从事教学研究工作，既肩负时代重任又面临广阔创新空间。希望各位同行共同努力，推动中国数字经济和数字治理学术理论水平的提升，走向全球学术界前沿，并为国家数字经济发展和数字问题治理提出有学理支撑的战略和政策建议。

数字贸易：研究框架、方法与问题

盛斌

随着人工智能、大数据、云计算、物联网、区块链、3D 打印等数字前沿技术的飞速进步，数字经济正在蓬勃发展，并日益改变人类生产与生活。数字贸易是数字经济发展与研究一个非常重要的分支领域，本文将从概念、特征、治理、数据、研究这五个方面盘点、梳理和展望数字贸易的研究框架、方法和问题。

一、数字贸易的概念

数字贸易的发展经历了两个阶段：第一个阶段是以货物贸易为主的电子商务，体现为传统的线下交易变为数字订购＋线下交付；第二个阶段扩展到数字服务贸易，通过数字订购＋数字交付（电子传输）实现交易，包括数字产品、数字知识信息、数字服务三个方面（见图1）。由此，根据数字贸易发展的不同阶段和范围口径，可以将数字贸易划分为狭义与广义的概念。如图2所示，狭义的数字贸易为数字形式或可数字化的服务贸易，即数字传输与交付的服务产品。广义的数字贸易除了上述内容外，还包括数字赋能产品，即包括通过数字订购与数字平台交易的货物。以美国为代表的发达国家在贸易协定与谈判中重点关注的是狭义的数字贸易，而包括中国在内的多数发展中国家更倾向于使

---

* 盛斌，南开大学杰出教授、教育部长江学者特聘教授。

用广义的数字贸易概念。根据贸易的对象、属性与参与方，数字贸易可以分成 16 种类型（见表 1），其中数字服务贸易类型约占 2/3。可见，未来数字贸易发展的前景在于数字服务贸易。

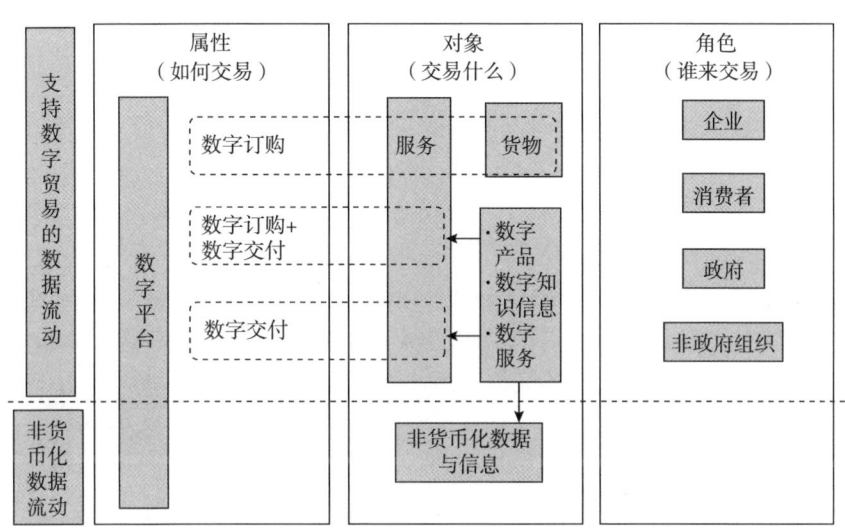

图 1　数字贸易与跨境数据流动

资料来源：作者绘制。

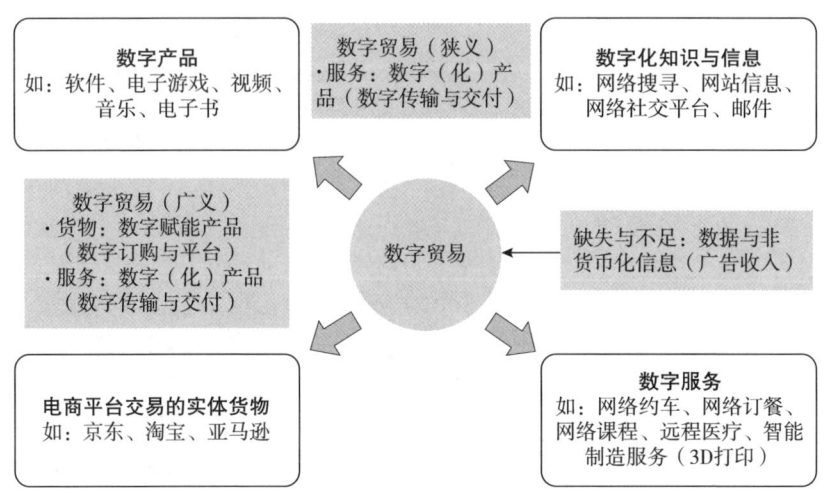

图 2　数字贸易的范畴口径

资料来源：作者绘制。

表 1　广义数字贸易的类型

属性			对象	参与者	描述
数字订购	平台支持	数字交付			
√	×	×	货物	B2B	A 国的企业直接从 B 国的供应商处通过供应商的网店或"电子数据交换"（EDI）购买在线货物，例如产品上使用的组件
√	×	×	货物	B2C	A 国的消费者直接从 B 国的供应商处通过供应商的网店在线购买货物，例如衣服
√	√	×	货物	B2B	A 国的企业通过位于 A 国、B 国或任何地点的在线平台向 B 国的供应商购买货物，例如通过 eBay（线上购物网站）订购办公室家具
√	√	×	货物	B2C	A 国的消费者通过 A 国、B 国或任何地点的在线平台向 B 国的供应商购买货物，例如在亚马逊订购一本书
√	×	×	服务	B2B	A 国的企业向供应商直接在线购买服务，但该服务需要以现实方式交付，例如运输服务
√	√	×	服务	B2C	A 国的消费者直接向 B 国的供应商订购服务，该服务以现实方式交付，例如通过宾馆自身的线上预订系统在线预订宾馆客房
√	√	×	服务	B2B	A 国的企业通过 A 国、B 国或任何地点的在线平台向 B 国的供应商购买服务，该服务随后以现实方式交付，例如标准化的维护与修理服务
√	√	×	服务	B2C	A 国消费者通过在线平台向 B 国的供应商购买服务，该服务随后以现实方式交付，例如旅游者预定的分时驾驶服务（Uber）
√	×	√	服务	B2B	A 国企业直接向 B 国供应商在线购买服务，该服务随后以数字方式交付，例如标准化的维护与修理服务
√	×	√	服务	B2C	A 国消费者直接向 B 国供应商购买服务，该服务随后以数字方式交付，例如购买一份保险
√	√	√	服务	B2B	A 国企业通过 A 国、B 国或任何地点的在线平台向 B 国的供应商购买服务，该服务以数字方式交付，例如一家公司通过平台订购的图形设计服务

(续表)

属性			对象	参与者	描述
数字订购	平台支持	数字交付			
√	√	√	服务	B2C	A国消费者通过A国、B国或任何地点的在线平台向B国供应商购买服务,该服务以数字方式交付,例如购买音乐流媒体
×	×	√	服务	B2B	A国企业向B国的供应商做出在线订购,所购买的服务以数字方式交付,例如定制咨询服务、业务流程外包(BPO)服务
×	×	√	服务	B2C	A国消费者向B国供应商在线购买服务,但服务以数字方式交付,例如带有在线讲座的教育服务
√	√	×	服务	C2C	A国消费者通过A国、B国或任何地点的在线平台向B国的另一个消费者购买服务,该服务以现实方式交付,例如爱彼迎(Airbnb)
√	√	×	货物	C2C	A国消费者通过A国、B国或任何地点的在线平台向B国消费者购买货物,该货物以现实方式交付,例如通过线上市场进行的二手货物交易

资料来源：OECD, Measuring Digital Trade: Towards a Conceptual Framework, STD/CSSP/WPTGS (2017) 3, March 6, 2017。

与数字贸易相关的还有一个非常重要的概念,即跨境数据流动,包括跨境数据的采集、传输和远程访问(见图3)。跨境数据流动和数字贸易是孪生兄弟,体现为数据流动是数字贸易的载体(数字产品与服务电子传输)、支持数字贸易的交易(如数字支付、数字认证),同时促进与便利数字贸易(如数字物流、数字营销等)。因此,在数字贸易协议与谈判中,跨境数据流动是一个核心与关键议题,也是争论的焦点。但并不是所有的跨境数据流动都与数字贸易直接相关。此外,数据包括货币化与非货币化形式(见图1),应在数字贸易领域优先考虑货币化的商业数据的跨境流动问题。

二、数字贸易的特征

国际贸易的发展到目前为止经历了货物贸易、服务贸易、价值链贸易、数字贸易四个阶段(如图4)。相比其他三种形式的贸易,数字贸易的基本特征首先是基于数字联通与跨境数据流动,其次更加强调创新、信任和安全,最后

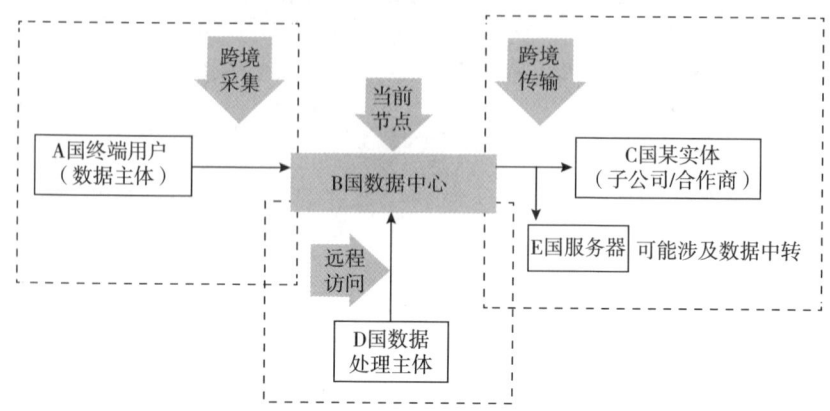

图 3　跨境数据流动：采集、传输与访问

资料来源：作者绘制。

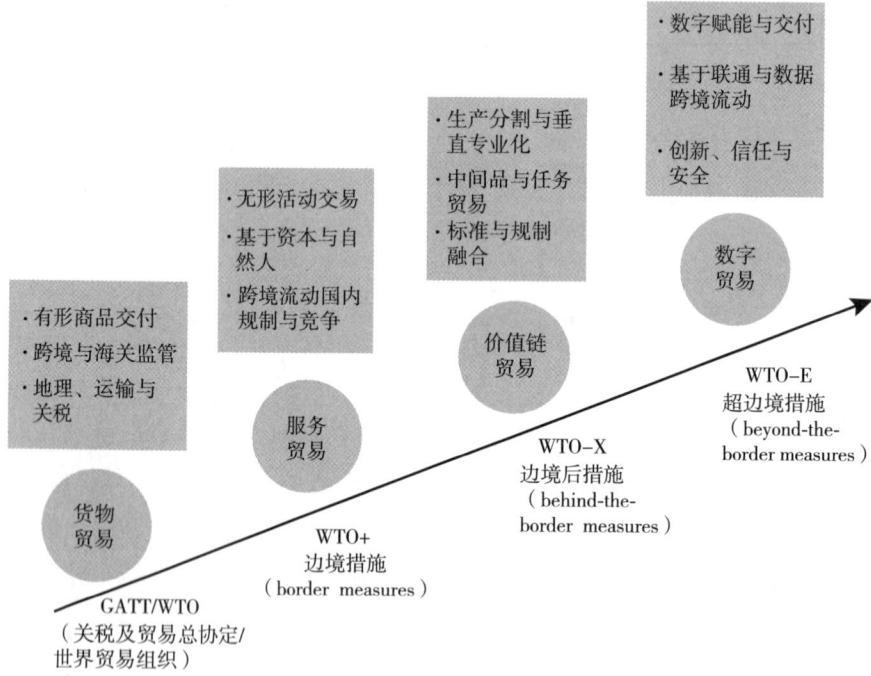

图 4　国际贸易的发展阶段、基本特征与决定因素

资料来源：作者绘制。

是贸易的数字赋能与数字交付。

数字经济如何改变国际贸易？我们通过比较分析数字贸易与其他贸易形式的内涵（表2）、决定因素（表3）与政策规则（表4）总结概括出以下八个要点。

表2 传统贸易、价值链贸易、数字贸易的内涵比较

		传统贸易	价值链贸易	数字贸易
分工形态		生产和消费的分离	生产环节与服务任务的分割	生产、物流、消费环节的细分与"超级联通"
贸易模式		"一国生产、全球消费"的最终品贸易	"全球生产、全球消费"的中间品贸易	短期：传统贸易和价值链贸易的级数增长；长期："数字运输、本地生产"的新模式
贸易主体		跨国公司		中小微企业和个人网商
贸易中介		传统代理商、批发商、零售商、贸易商		数字平台经济
交付方式		实物交付		实物交付+数字交付
国际贸易对象	货物	最终品	中间品	形成货物和服务的"一体化综合体"；制造业的服务化；传统服务业的数字化；跨境交付服务交易增强；出现新型数字服务业
	服务	四种服务贸易提供模式	服务作为生产工序被离岸外包	
	数据	无		出现新型数据或信息产业
贸易政策		市场准入型边境措施	规制融合型边境后措施	市场准入型边境措施；规制融合型边境后措施；与数据流动性、联通性、互操作性相关的新议题

表3 影响传统贸易、价值链贸易和数字贸易的主要因素比较

		传统贸易	价值链贸易	数字贸易
传统因素	技术创新	最终品交易成本降低	中间品交易成本降低；协调与联系成本降低	搜寻、运输、交易等（信息）成本降低
		供给端创新		供给端创新和需求端创新（消费者个性化需求）
		竞争基于定价发生		竞争基于创新发生（网络效应、零边际成本、转换成本）

21

（续表）

		传统贸易	价值链贸易	数字贸易
传统因素	劳动力和技能	劳动力供给富有弹性		第一阶段：数字化替代手工劳动，对低技能劳动力需求降低，对高技能劳动力需求增加 第二阶段：劳动力禀赋的重要性显著降低，"拟"劳动力供给趋向无限弹性
	有形基础设施	成本效应 空间溢出效应	效应增强（中间品多次跨境）	有形基础设施重要性降低，但能源（电力）重要性增强
	市场规模	规模经济效应		规模经济和范围经济作用增强
新因素	数字基础设施	无		固定宽带、移动宽带、IP（网际互连协议）系统终端连接、物联网等
	信任风险管理	无		安全、隐私、个人数据保护、互联网规制等

表4 传统贸易、价值链贸易和数字贸易的政策与规则比较

	传统贸易	价值链贸易	数字贸易
WTO +	关税减让；服务业开放和市场准入（GATS，即服务贸易总协定）；卫生和动植物检疫；技术性贸易壁垒；反补贴和反倾销；海关程序；国有企业；TRIMs（与贸易有关的投资措施协议）；政府采购；TRIPs（与贸易有关的知识产权协定）；特殊和差别待遇等		GATT和GATS非歧视待遇的适用性；数字传统关税减让；服务贸易模式的再分类；信息技术产业市场准入；电信服务开放；技术性贸易壁垒；数字贸易便利化

(续表)

	传统贸易	价值链贸易	数字贸易
WTO-X		知识产权保护；投资；资本流动；竞争政策；环境；劳工；反腐败；签证与政治庇护等	数字知识产权（源代码、专有算法、加密技术）；数字竞争政策（互联网与数字平台反垄断）；中小企业
WTO-E			数据和信息跨境流动传输；跨境税收；技术中性；电子合同和签名；线上消费者保护；未经许可的商业电子信息；个人信息保护；中介平台服务商责任；源代码；计算设施的使用和位置

第一，数字经济改变了贸易比较优势。技术创新、劳动力禀赋、有形基础设施、市场规模等传统因素仍将发挥作用，但其显著性或影响机制已发生变化。同时，数字基础设施、信任与风险管理（如安全、隐私、个人数据保护）、数字政策与规则等新决定因素将产生更重要的影响。

第二，数字经济进一步降低了贸易成本。除了传统的搜寻成本、边际成本、运输成本外，数字技术还有利于降低追踪成本和验证成本，从而促进数字贸易的增长。当然，在监管缺失的情况下，数字经济也可能提高成本，如平台垄断、价格歧视等。

第三，数字经济改变了货物贸易结构。信息与通信技术产品（ICT）出口成为世界贸易增长最快的部门；将大幅提高时间敏感型商品（如易腐产品）、认证密集型商品（如食品与农产品）、合约密集型商品（如精密仪器与交通运输设备）在货物贸易中的比重；"可数字化"有形商品（如实体书籍、报纸、录像、DVD和音乐唱片）在货物贸易中的比例不断下降；小额、低值、包裹化贸易快速增长；需求导向、柔性生产、大规模定制和小批量生产与贸易增长迅速（如服装、食品、医疗保健、消费电子和汽车行业）。

第四，数字经济进一步提升了服务贸易的重要性。商品越来越多地与服务捆绑在一起，加速传统货物贸易"服务化"的趋势；实体货物贸易愈发依赖于数字化订购与平台支持服务；数字化设计、研发和市场营销等服务环节增加值在全球价值链（GVC）所占比重大幅提高；"可数字化"服务（如电信服务、计算机和信息服务、其他商业服务和金融服务等）增长潜力巨大；新的和以前不可贸易的服务可以越来越多地进行跨境交易，"跨境交付"的范围种类与规模显著扩张；催生新型数字服务产业、跨境数据贸易与"全球数据价值链"（如大数据分析、网络安全解决方案、远程量子计算服务）。

第五，数字经济改变了贸易模式。数字平台代替了传统的贸易中间商连接供给和需求的作用；数字技术削弱了地理距离对国际贸易的制约作用；降低了贸易信息的非对称性和碎片化；"数字传输、本地生产"新模式（如3D打印）将逐步取代中间品贸易与组装加工生产模式。

第六，数字经济改变了贸易主体。在数字时代，大型跨国公司的传统贸易主导地位受到挑战，中小微企业以及个人消费者发挥越来越重要的作用；数字经济削弱了海外固定成本对国际贸易的作用；在传统供给端基础上扩展了个性化、定制化的需求端创新。

第七，数字经济要求提升传统贸易规则。其中包括澄清与电子商务和数字贸易相关的基本概念与范畴界定、对WTO相关协定与规则进行更新与修订、明确"可数字化产品"的规则与纪律问题（GATT或GATS规则）、对现有服务贸易分类模式与承诺进行全新界定、澄清并制定与数字贸易相关的税收政策等。

第八，数字经济呼唤塑造贸易新规则（WTO-E）。加速贸易规则的重心由市场准入型边境措施转向规制融合型边境后措施，特别是与数据流动性、联通性、互操作性相关的新议题，具体包括：互联网开放和数据自由流动、专有信息保护、知识产权保护、网络安全、消费者保护、互联网与数字平台反垄断、数字贸易友好型营商环境、数字包容性等。

三、数字贸易治理

为什么要对数字贸易进行监管？总的目标是要实现经济效率、自由、可竞争性与公共利益或公共政策之间的平衡。所谓"公共利益"一般包括维护国家安全、保护公民隐私、激励创新与保护知识产权、克服市场失灵（如弥合信息不完全、防止垄断与不正当竞争）等。当然，从产业政策的角度看，发展壮大本国数字产业与就业也是一个重要动机，但仍然有"数字保护主义"之嫌。

全球数字贸易治理作为当代国际经贸新规则的一个重要部分，其底层逻辑是国内规制融合的必要性（见图5）。随着传统关税壁垒与非关税壁垒受到贸易协定的约束与大幅度削减，以国内政策措施为主的边境后措施的作用日益凸显，对商业存在服务贸易、外国直接投资、自然人流动、数字贸易的影响越来越重要，亟待通过标准一致化、准入一致化和监管一致化形成国际协调与合作，从而推进深度一体化进程，同时实现有广泛共识的公共政策目标（如安全、可持续性、包容性发展等）。

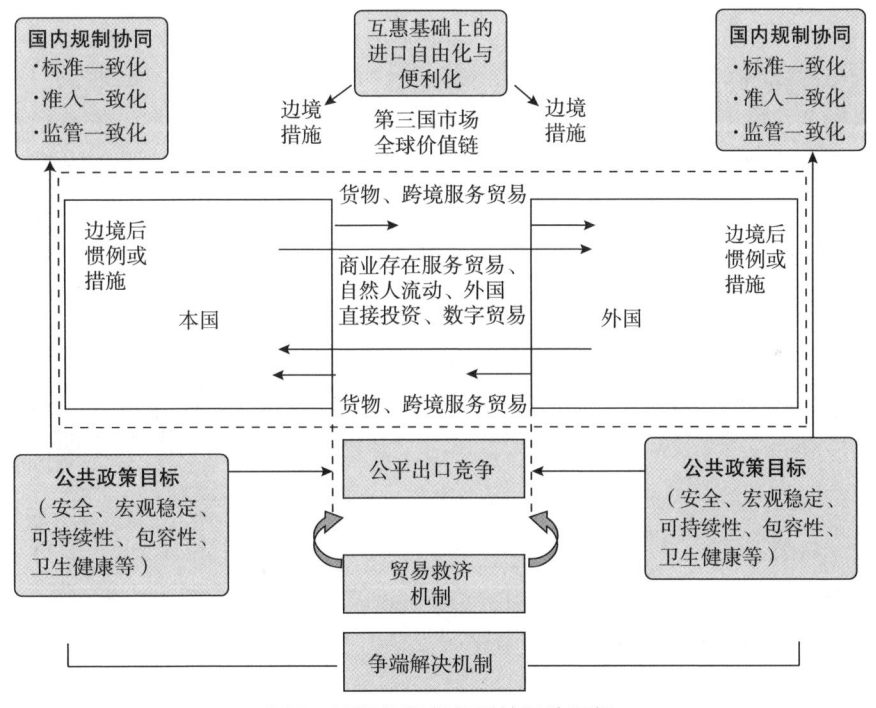

图5 国际经贸新规则的经济逻辑

资料来源：作者绘制。

如何实现全球数字贸易治理？数字贸易治理包括数字市场开放、数据流动安全与数据保护三个核心问题。首先各国要形成国内健全的数字经济治理法律与政策体系，其次是在此基础上通过谈判与协定实现数字贸易治理国际协定与规则，包括多边、诸边、区域与双边形式（见图6）。

在多边层面下，一方面是对已有的WTO协定中关于数字适用贸易的澄清与拓展，包括三大协定GATT、GATS、TRIPs以及乌拉圭回合之后签署并生效的贸易便利化协定（TFA）与信息技术产品协定（ITA），另一方面，更引人瞩目的是在WTO框架下正在进行的"电子商务"诸边协定谈判。从目前可获得的协定文本内容看，主要争论的焦点集中在数字产品和数据的开放与流动、市场准入、信任（消费者保护、个人信息与数据保护、商业信任等）、电信四个领域（见图7）。从参加电子商务谈判的WTO成员及其提案看，形成了以美国和日本为主的开放型成员、以欧盟为代表的弱开放型成员、以中国和俄罗斯为代表的审慎型成员的基本格局，而印度、印度尼西亚、南非等成员则没有参与谈判，成为抵制型成员（见表5）。其中，美日倡导全面的数据开放与数字贸易自由化、保护源代码和算法等专有信息；欧盟允许有条件的数据流动，坚持保留合理的个人信息和隐私保护以及"视听与文化例外"；中俄则强调维护国家安全、网络安全和数据主权。从提交电子商务谈判的提案看，主要包括关税类、数据类、隐私和安全类、促进和便利类四类规则（见表6）。绝大多数参与谈判的成员对促进和便利类规则的共识较高，而在数据类、隐私和安全类规则方面的分歧仍然较大，其中跨境数据流动、数据本地化、源代码和加密保护等是关键议题。在谈判中，具有攻势利益的发达国家成员背后的利益集团是

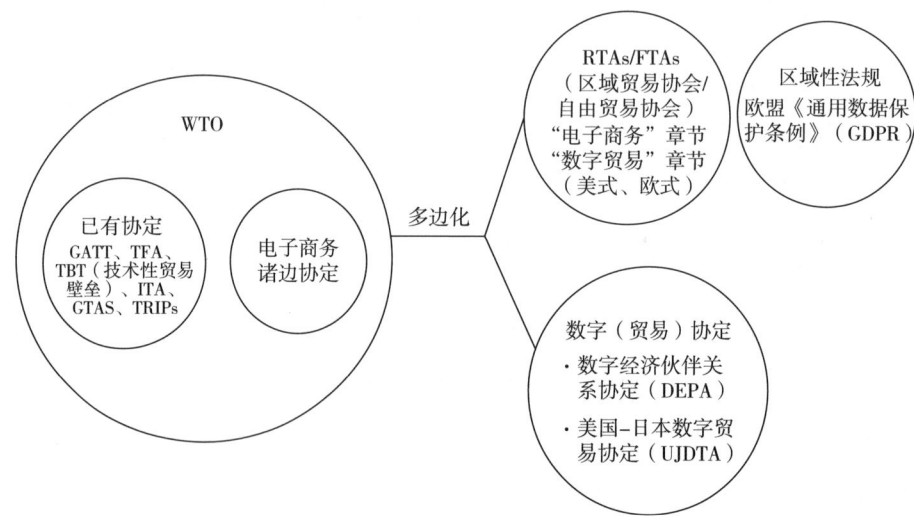

图6 全球数字贸易治理框架

资料来源：作者绘制。

数字时代的大型科技和互联网公司，其优先利益是获得全球数字市场的准入权和对数据的所有权与垄断权，而反对者则指责这种"数字自由"是一种新的剥削性的商业模式。

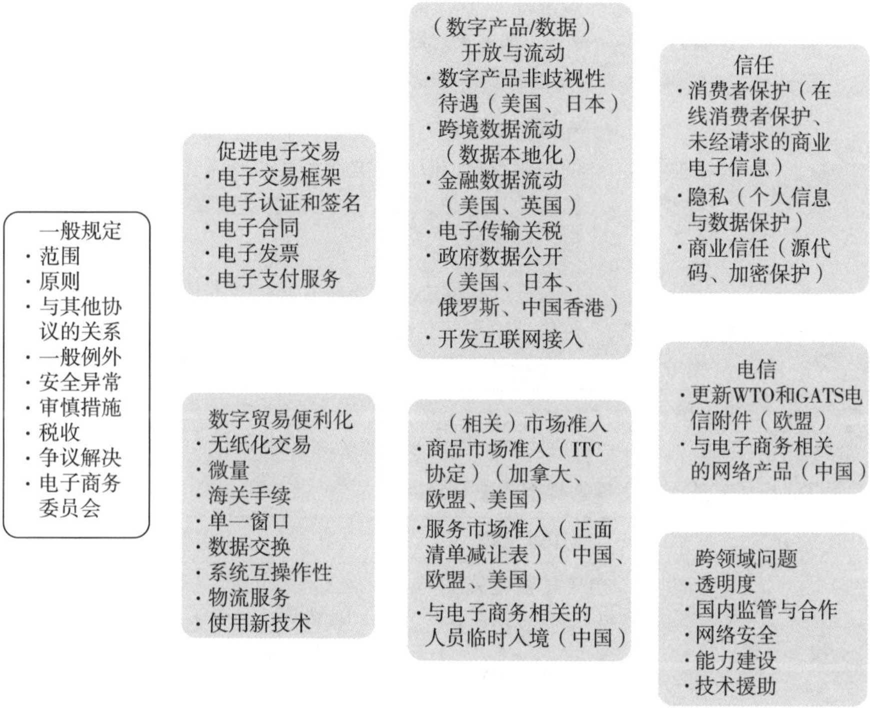

一般规定
- 范围
- 原则
- 与其他协议的关系
- 一般例外
- 安全异常
- 审慎措施
- 税收
- 争议解决
- 电子商务委员会

促进电子交易
- 电子交易框架
- 电子认证和签名
- 电子合同
- 电子发票
- 电子支付服务

（数字产品/数据）开放与流动
- 数字产品非歧视性待遇（美国、日本）
- 跨境数据流动（数据本地化）
- 金融数据流动（美国、英国）
- 电子传输关税
- 政府数据公开（美国、日本、俄罗斯、中国香港）
- 开发互联网接入

信任
- 消费者保护（在线消费者保护、未经请求的商业电子信息）
- 隐私（个人信息与数据保护）
- 商业信任（源代码、加密保护）

数字贸易便利化
- 无纸化交易
- 微量
- 海关手续
- 单一窗口
- 数据交换
- 系统互操作性
- 物流服务
- 使用新技术

（相关）市场准入
- 商品市场准入（ITC协定）（加拿大、欧盟、美国）
- 服务市场准入（正面清单减让表）（中国、欧盟、美国）
- 与电子商务相关的人员临时入境（中国）

电信
- 更新WTO和GATS电信附件（欧盟）
- 与电子商务相关的网络产品（中国）

跨领域问题
- 透明度
- 国内监管与合作
- 网络安全
- 能力建设
- 技术援助

图 7　WTO 电子商务诸边谈判文本（草案）

资料来源：WTO, Electronic Commerce Negotiations Consolidated Negotiating Text, Restricted, INF/Ecom/62/Rev，December 14，2020。

表 5　WTO 电子商务谈判主要成员方的立场与主张

主要成员方		立场与主张
开放型成员	美国、日本	实现全面的数据开放与数字贸易自由化，推动全球数据与信息高度自由流动，保护源代码和算法等专有信息；日本同时主张对发展中成员，尤其是最不发达成员提供技术援助与能力建设支持

27

（续表）

	主要成员方	立场与主张
弱开放型成员	欧盟、加拿大、新加坡、新西兰、韩国等	赞同免征关税和禁止数据本地化与公开源代码，允许有条件的数据流动，强调保留合理的隐私保护与安全例外；欧盟坚持"个人信息和隐私保护"以及"视听与文化例外"；加拿大、新加坡等主张覆盖传统电子商务规则和新兴数字规则，又为国内保留一定数字监管政策空间
审慎型成员	中国、俄罗斯	支持暂停征收关税和促进数字贸易营商环境的贸易促进与便利化规则，但出于宽泛意义的网络安全考虑，对跨境数据流动持谨慎态度，重视对于"国家安全"和"数据主权"的掌控
抵制型成员	印度、印度尼西亚、南非等	反对开放数据流动、要求数据存储本地化，甚至不支持永久暂停对电子传输征税，印度和南非缺席了两份WTO电子商务联合声明的发表

资料来源：根据WTO电子商务谈判提案整理分析。

表6　WTO成员方关于数字规则提案的主题分类

主题分类	具体议题	主要内容
关税类规则	电子传输免关税 数字产品免关税 ITA扩围 数字产品非歧视待遇	削减或取消数字环境中数字产品的关税壁垒，提升数字贸易产品的非歧视性待遇
数据类规则	跨境数据流动 数据本地化 数据开放 互联网开放	扩展尚未覆盖在WTO框架下的数字贸易前沿和新兴议题，涉及数据跨境自由流动和数据开放等核心数字规则
隐私和安全类规则	保护源代码与专有算法 加密技术 保护版权 在线消费者保护 个人信息保护 网络安全 未经请求的电子商业信息	保护数字贸易中企业的知识产权以及消费者权益，构建安全有效的电子商务与数字市场环境和健全完整的监管架构

（续表）

主题分类	具体议题	主要内容
促进和便利类规则	无纸化贸易 电子认证和电子签名 电子发票 改善数字基础设施 提高政策透明度	提供必要的政策支持，完善配套制度，简化海关程序，降低交易成本，建立良好的电子商务/数字贸易交易环境

资料来源：根据WTO电子商务谈判提案整理。

在区域和双边层面，关于数字贸易治理的探索十分活跃，越来越多的一揽子综合性FTAs/RTAs涵盖了专门的电子商务或数字贸易章节，并形成了全球复杂交错的贸易协定网络（如图8所示），特别是包括CPTPP（《全面与进步跨太平洋伙伴关系协定》）、RCEP（《区域全面经济伙伴关系协定》）、USMCA（《美墨加三国协议》）等巨型FTAs/RTAs。其中，美日等大国成为数字FTAs/RTAs

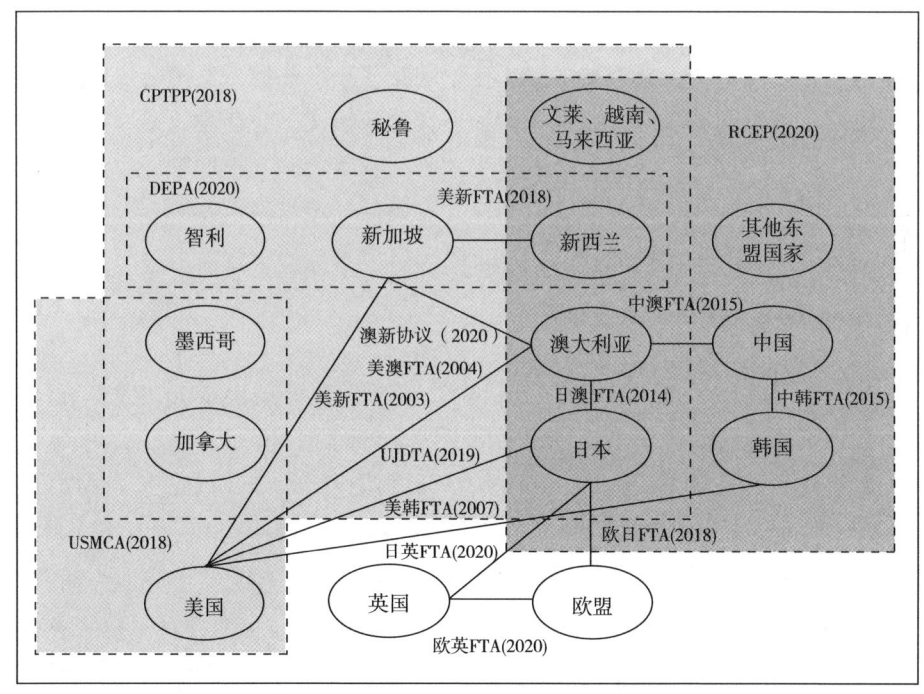

图8 全球数字贸易RTAs/FTAs协定网络

资料来源：作者绘制。

网络的中心，而新加坡、新西兰等小国在数字贸易相关协定方面也表现得非常活跃。此外，还有一些国家单独就数字贸易问题达成协议，例如数字经济伙伴关系协定（DEPA）与美日数字贸易协定（UJDTA）。此外，在数字贸易规则制定上主要国家形成了不同模式，最有影响的就是"美式模板"与"欧式模板"。前者极力倡导削减数字贸易壁垒、促进全球跨境数据自由流动和保护数字企业的核心知识产权，后者出台的《通用数据保护条例》（GDPR）体现出对基于公民权利的个人数据和隐私保护以及数据安全的高度重视，对全球跨境数据传输政策产生了重要影响。

当前，数字贸易规则的核心争论问题是跨境数据流动，特别涉及个人隐私数据以及特定部门商业数据（如金融、保险、财务、卫生健康、电信、地图等，以及"关键信息基础设施运营商"或"网络运营商"）。主要采取的限制措施包括跨境数据流限制或禁止、数据本地化要求（如存储与计算设施的位置要求、建立数据中心）等，在操作上一般遵循充分性或等价性（adequacy or equivalence）原则，由公司自我约束或由官方机构制定标准合同实施。尤其是数字本地化措施在全球的使用数量近些年来呈明显上升趋势，成为影响数字贸易与跨境数据流动的主要壁垒。对于这个问题存在许多经济理论与法律上的争论，也反映了不同国家对此差别性的治理理念与模式，包括对数据所有权、数据与隐私保护的范围、国家安全的界定、对竞争政策的重视度等。目前，以美国、欧盟、中国为代表形成了自由开放、有条件开放与谨慎开放三大模式。全球数字贸易治理的一个挑战就是要在不同国家诉求与监管程度上寻求平衡点。

四、数字贸易统计

全面、准确和丰富的数据是开展数字经济研究的重要前提。在数字贸易领域，数字贸易统计的进展主要体现在以下四个方面。

一是数字贸易流量统计。一种方法是通过构建新的统计框架与方法加以实施。OECD（经济合作与发展组织）、WTO 和 IMF（国际货币基金组织）等国际组织从数字订购与数字交付的视角构建了涵盖企业、消费者、政府、非营利机构在内的数字贸易微观统计架构与方法，通过企业与个人调查、数字平台、银行信用卡、税务等数据来源开展试点性和探索性统计工作，已在一些国家实施。另外一种方法是利用已有的贸易统计指标与数据，对数字贸易流量进行估算。在货物领域，主要是划定 ICT 产品范围，部分国家还可以提供"数字订购"货物贸易数据；在服务领域，主要是界定 ICT 服务贸易（电信与计算机服务）以及 ICT 赋能（"可数字化"）服务贸易范围。目前，联合国贸易与发展会议（UNCTAD）在 ICT 产品与服务领域构建了国别数据库。

二是数字贸易壁垒统计。目前使用最多的是 OECD 数字服务贸易限制指数（DSTRI）数据，主要是通过调查数据和公开数据从基础设施与连通、电子交易、支付系统、知识产权与其他壁垒五个方面对数字服务贸易的限制程度以频数方法进行测定，已覆盖 76 个经济体。此外，欧洲国际政治经济中心（ECIPE）也定期发布数字贸易限制指数（DTRI）。

三是数字经济发展水平统计。这些指标不完全是数字贸易问题，还涉及数字基础设施、数字接入与使用、数字可支付性、数字社会、数字政府、数字技能与就业、数字安全、数字包容性等广泛领域，但由于在研究中会经常使用这些相关指标考察其与数字贸易之间的关系，因此也十分有益与重要。主要代表性数据包括：走向数字化工具包（Going Digital Toolkit，OECD）、ICT 发展指数[ICT Development Index，ITU（国际电信联盟）]、电子贸易指标（E-trade Indicators，世界银行）、UNCTADStat：ICT（UNCTAD）、数字经济与社会指数（The Digital Economy and Society Index，欧盟）。

四是数字贸易政策与规则量化统计。主要方法是通过频数法或覆盖率法，基于与电子商务和数据有关的法律法规以及贸易协议条款，对一国实施的数字贸易政策保护程度或签订的数字贸易协定质量水平进行定量测度。目前主要的代表性数据库包括：贸易协定设计（Design of Trade Agreements，DESTA，瑞士伯尔尼大学）、电子商务和数据的协议条款（Trade Agreements Provisions on Electronic Commerce and Data，TAPED，瑞士卢塞恩大学）、全球网络法律追踪（Global Cyberlaw Tracker，UNCTAD）、数字贸易清单（Digital Trade Inventory，OECD）等。

五、数字贸易的理论与实证研究

国际贸易理论研究包括六个基本问题，即（1）贸易的动因是什么？（2）如何解释与预测贸易的形式与格局？（3）贸易的福利与收益来自什么？有多大？（4）贸易会形成怎样的收入分配效应？（5）全球生产与贸易的地理空间定位是如何形成与演变的？（6）全球生产与贸易是如何组织的？前四个是国际贸易研究的经典问题，后两个是 20 世纪 90 年代以来随着全球价值链与国际生产网络的兴起而发展起来的新兴问题。

对照与围绕上述六个基本问题,笔者认为以下十个关于数字贸易的问题特别值得关注研究。在贸易的动因方面,研究(1)数字贸易的决定因素;(2)数字贸易壁垒对数字贸易的影响;(3)数字贸易协定与规则对数字贸易的影响;(4)数字经济对贸易成本的影响;(5)数字贸易成本的测算。在贸易的形式与格局方面,研究(6)企业层面的数字化特征与数字贸易测算及其关系。在贸易的福利与收益方面,关注(7)数字贸易自由化和跨境数据流动放松管制的净福利效应。在贸易的分配效应及社会影响方面,研究(8)数字贸易对发展、创新、生产率、劳动力市场、收入分配、环境、数字鸿沟的冲击与影响。在贸易的空间定位与组织形式方面,研究(9)数字经济对全球价值链的影响以及(10)贸易增加值核算中的数字化(数字服务贸易)成分。

拓展阅读与参考文献

南开大学数字经济研究中心编写组. 数字经济与中国(中英文版)[M]. 天津:南开大学出版社,2021.

盛斌,高疆. 数字贸易:一个分析框架[J]. 国际贸易问题,2021(8).

盛斌,高疆. 超越传统贸易:数字贸易的内涵、特征与影响[J]. 国外社会科学,2020(4).

盛斌,刘宇英. 中国数字经济发展指数的测度与空间分异特征研究[J]. 南京社会科学,2022(1).

盛斌,陈丽雪. 多边贸易框架下的数字规则:进展、共识与分歧[J]. 国外社会科学,2022(4).

盛斌,陈丽雪. 区域与双边视角下数字贸易规则的协定模板与核心议题[J]. 国际贸易问题,2023(1).

人工智能新近发展及其对经济学研究范式的影响

洪永淼　汪寿阳

　　大数据与人工智能改变了经济主体行为与经济运行方式，也改变了经济学研究范式。大数据为人类提供了认识与改造世界的新思维，即大数据思维，这是通过大数据发现现实复杂系统的运行规律，解决现实问题，预测未来变化的新范式，其主要实现方式是人工智能，特别是机器学习。现代经济学的主流研究范式是实证研究，即以数据为基础推断经济变量之间的逻辑关系，特别是因果关系，从而揭示经济运行规律。计量经济学是其最主要的方法论。大数据的可获得性进一步强化了这种研究范式。大数据与人工智能催生了数据驱动研究范式，计算社会科学也应运而生。那么，人工智能前沿技术特别是新近诞生的聊天机器人 ChatGPT 及其基础模型技术的发展将如何改变经济学研究范式呢？

---

* 洪永淼，中国科学院数学与系统科学研究院特聘研究员，中国科学院预测科学研究中心特聘研究员，中国科学院大学经济与管理学院院长；汪寿阳，中国科学院特聘研究员，中国科学院预测科学研究中心主任，中国科学院数学与系统科学研究院研究员。
本研究资助项目：国家自然科学基金"计量建模与经济政策研究"基础科学中心项目（71988101）。本文已发表在《中国科学院院刊》，参见：洪永淼，汪寿阳. 人工智能新近发展及其对经济学研究范式的影响［J］. 中国科学院院刊，2023，38（3）：353 – 357.

一、ChatGPT 的大语言模型方法论

ChatGPT 的方法论是"规模至上",其算法基础是大语言模型。大模型是参数维数极大的模型,这些参数需要通过数据训练或估计。大语言模型是指输入数据主要为文本数据的大模型。大模型在深度学习发展阶段就已出现。随着人工神经网络模型的隐藏层不断增加,其参数数量呈现快速增长。文本数据本质上是高维或超高维数据,简约模型无法刻画异质性高维数据的特征,需要使用大语言模型。从计量经济学视角看,大模型最主要的优点是系统偏差比较小。同时,由于 ChatGPT 的训练数据主要来自互联网文本数据,样本容量极其庞大,保证了大语言模型参数的估计精度。因此,大语言模型具有比较强的泛化能力,即样本外预测能力。特别是大语言模型具有非线性规模效应,随着规模的增加,其预测能力呈现非线性增加。

在经济管理领域,人类很多决策均基于样本外预测。如果使用某个领域的文本数据来训练模型,模型维度可能不用太大。但是,对于通用人工智能,随着异质性文本数据的大量增加,小模型偏差较大,其样本外预测能力变差,这时需要扩大模型规模,使用更多数据训练模型,以提高泛化能力。随着计算机科学特别是算力与算法的快速进步,这种不断扩大规模的方法已成为通用人工智能的一个发展模式。

长期以来,计量经济学与统计学面临的一个困扰是"维数灾难":当模型参数维数相比数据容量不是很小时,虽然模型偏差比较小,但因为参数维数大,在有限数据容量条件下,对每个参数的估计不甚精准,导致模型过度拟合,其样本外预测能力较差。"维数灾难"不仅存在于计量经济学与统计学,在社会科学和自然科学很多领域也存在。ChatGPT 通过使用海量互联网大数据,确保训练数据容量远大于模型参数维数,避免了"维数灾难"。另外,大语言模型的结构设计是深度多维多层多头的注意力结构,可自适应高维空间的稀疏与不平衡的数据结构,为避免"维数灾难"提供了一种表征学习的解决方案。

二、大模型与经济学研究范式

作为学术研究的好助手,ChatGPT 可大幅提高研究效率。在经济学研究中,可借助 ChatGPT 搜索信息、收集数据、撰写文献综述、编写代码、检查程

序、设计实验方案、翻译文本等。虽然目前 ChatGPT 的表现有不少缺点，其整体智能水平与人类相比尚有不小的差距，但可以预计，随着人工智能技术的发展以及 ChatGPT 被广泛应用的经验积累，ChatGPT 的智能程度在很多方面将日益接近甚至超过人类。ChatGPT 及其大模型方法论可能会对经济学乃至整个社会科学产生深远影响。例如，实验经济学研究表明，人类经济行为并不满足完全理性假设，而是更多表现为有限理性，甚至存在预期偏差。人工智能和 ChatGPT 以及大模型能够改进理性经济人假设，基于人工智能或由人工智能辅助的经济决策可提供更有效的资源配置方案、改进政策评估精准性以及提升经济决策的科学性等。

  本文聚焦讨论 ChatGPT 及其大模型方法论对经济学研究范式的可能影响。过去 40 年，经济学研究范式发生了深刻变革，即所谓的"实证革命"，也称为"可信性革命"。作为经济学实证研究最主要的方法论，计量经济学也日益成为社会科学很多领域的主流研究范式。2021 年诺贝尔经济学奖得主乔舒亚·安格里斯特（Joshua Angrist）曾指出，应用计量经济学考虑的问题和其他社会科学或者流行病学考虑的问题并无本质区别，任何希望从数据中得到有用推断的人都可称为应用计量经济学家。

  计量经济学与统计学的一个基本建模原则是，使用尽量简单的模型刻画数据特征以及变量之间的关系。在 20 世纪，统计学存在参数与非参数建模的方法论之争。统计学家罗纳德·费希尔（Ronald Fisher）认为非参数模型因其参数维数高而估计不精确，主张使用参数维数较少的参数模型，另一位统计学家卡尔·皮尔逊（Karl Pearson）则关注参数模型可能误设而产生较大偏差，主张使用非参数模型。计量经济学也有类似争论。2003 年诺贝尔经济学奖得主罗伯特·恩格尔（Robert Engle）主张从特定模型出发，通过检验遗漏变量等计量经济学方法拓展模型，即所谓的"从特殊到一般"的建模方法，而伦敦计量经济学派代表人物戴维·亨德里（David Hendry）则主张从高维的一般模型出发，通过统计学假设检验与经济理论约束条件等方法得到特定模型，即所谓的"从一般到特殊"的建模方法。"从一般到特殊"的建模方法更适合大数据分析，更接近数据驱动研究范式。但是，两种建模方法的最终目的都是获得一个具有经济可解释性的简约模型，参数不多且有经济含义，同时拥有良好的样本外预测能力。为了获得简约模型，计量经济学与统计学提出了很多经典降维方法，比如主成分分析、因子模型、模型选择、经济理论约束等。在大数据时代，由于潜在解释变量或预测变量很多，新的统计降维方法也不断产生。例如，人工智能与统计学的交叉产生了一个新领域——统计学习，其中一个代表性降维方法是LASSO回归。LASSO的基本思想是假设大量潜在解释变量中只有少数变量有重要影响，在此稀疏性假设下，通过引入合适的惩罚项，以牺牲估计偏差为代价，换取估计方差的大幅度减少，从而显著降低均方误差，达到精准选择重要变量和改进样本外预测的目的。

长期以来，计量经济学与统计学使用的数据均是"小"数据，大量数据信息没有被利用，计量经济学与统计学的研究范式以模型为重心，以降维为导向，这主要归因于经济学研究的可解释性要求、数据容量有限以及计算资源约束。随着数智时代的到来，人工智能特别是机器学习，如LASSO、决策树、随机森林、支持向量机、人工神经网络模型以及深度学习等方法，被广泛应用于经济学研究。实证研究表明，在经济金融预测方面，机器学习显著优于传统计量经济学模型，但尚未达到令人满意的程度，尤其是与其他领域如人脸识别相比，其预测精准性仍有待提升。主要原因是经济金融系统是一个超高维动态复杂系统，影响因素繁多并互相关联，其相互关系呈现非线性特征并具有时变性，此外还受经济主体心理因素如预期、情绪等的影响。如此复杂的经济系统是不可能用小模型来刻画其本质规律的。为了显著改进经济金融预测与提升模型的解释力，可考虑一种新研究范式，即大模型范式。这里所说的大模型是指参数维度较大的计量经济学模型，不一定要使用互联网海量文本数据或深度学习方法。大模型可容纳高维潜在的影响因素，允许变量之间存在非线性关系，允许模型参数具有时变性，因此能够显著减少模型偏差。计量经济学与统计学的模型组合方法就是一种大模型范式，可得到比较稳健、精准的样本外预测。经济学与计量经济学已有一些大模型，如投入产出模型、可计算一般均衡模型、宏观经济学联立方程模型以及1980年诺贝尔经济学奖得主劳伦斯·克莱因（Lawrence Klein）提出的世界连接模型等，但这些模型大多受到数据容量等限制。大模型方法能够成功的关键是适用于计量经济学建模的大规模数据的可获得性。目前，计量经济学模型使用的数据本质上大多是"小"数据，不足以支持大模型的估计、推断与预测。如何有效利用现有各种结构化和非结构化数据，如何利用人工智能技术整合各种类型、各种抽样频率、各种来源的数据，构建大规模的计量经济学数据库，是大模型方法的一个前提条件。此外，大算力等信息技术基础设施建设也不可或缺。

三、人工智能技术的局限性

人工智能特别是 ChatGPT 以及大语言模型正在推动经济学研究范式的深刻变革，但是人工智能与 ChatGPT 的大语言模型范式也有局限性。

第一，人工智能与 ChatGPT 没有人类的意识或理解能力，只有预测能力，因此不大可能拥有与人类一样的批判性思维和想象力，无法从现有数据推断出重大创新性成果。

第二，基于大数据的人工智能因果推断本质上是一种统计关系推断，并不一定是真正的因果关系。所谓因果关系，是指其他因素不变的条件下，某一变量的变化必然引起另一变量的变化。识别经济学因果关系是经济学研究的最根本问题。经济学因果推断的最有效方法是实验方法，如随机控制实验。在因果推断方面，计量经济学与统计学取得了长足的方法论进展。2021 年，经济学家乔舒亚·安格里斯特、戴维·卡德（David Card）和吉多·因本斯（Guido Imbens）由于在因果推断方法论方面的贡献而获得诺贝尔经济学奖。但是，由于现实大数据基本上是观测数据而非实验数据，基于人工智能的因果推断本质上是一种相关关系或预测关系，是两个变量之间在电脑即计算机中的统计关联。在某种意义上，基于大数据的人工智能因果关系类似于英国哲学家休谟所阐述的因果关系，即两个现象或变量在人脑中形成的惯常联系。因此，人工智能因果关系和经济学因果关系并不完全一致。要识别经济学因果关系，不能仅依靠人工智能因果推断技术，还必须有经济理论的指导或者引入实验方法。

第三，人工智能和 ChatGPT 以及大语言模型没有改变经济学实证研究的本质，即从样本推断总体性质。虽然 ChatGPT 使用了几乎整个互联网文本数据，但互联网大数据并非全样本。人类经济社会发展是一个长期历史过程，现有互联网大数据只是这个历史过程中的一个样本，即便其容量特别庞大。此外，经济发展在不同历史阶段具有不同的特征，经济运行规律因此会呈现时变性，有时是缓慢变化，有时是突变，这使得人工智能对经济金融变化趋势的预测更具挑战性。

第四，模型、算法与数据的可靠性有待验证。人工智能和 ChatGPT 以及大语言模型正在推动经济学与社会科学研究从模型驱动范式转变为数据驱动范式，从数据直接获得稳健的结论，克服了模型驱动范式得到的结论可能会因模型改变而变化的缺陷。但是，互联网大数据存在各种虚假信息，ChatGPT 无法确认其表述内容的真实性。此外，虽然容量非常庞大，但互联网大数据也存在"样本选择偏差"问题，"数字鸿沟"就是一个重要例子。这些问题不可避免地会影响基于互联网大数据的 ChatGPT 乃至人工智能所获得的结论的可靠性与科学性。

  我们正处于大数据、大科技、大模型的时代，加上中国超大人口规模和超大经济规模给人工智能技术带来的广阔应用场景，这些将为经济学研究提供大量丰富的素材。应当充分利用所有数据资源，积极探索大模型研究范式，揭示中国复杂经济系统的运行与发展规律。需要指出，强调大模型并不意味着小模型不重要，大小模型分别适用于不同情境；强调大数据并不意味着小数据不重要，小数据的信息密度通常更高；强调文本数据等非结构化大数据也并不意味着结构化数据不重要。历史上，热力学与统计物理学的发展经验或许可以提供一些有用启示：物理学黑体辐射研究曾经出现两个理论——在短波范围拟合较好的维恩近似，以及在长波范围拟合较好的瑞利-金斯定律，后来普朗克将两者综合起来，提出了覆盖全波段范围的黑体辐射定律。在经济学研究中，大小模型各有优缺点，是否可以找到更好的科学方法把这两种模型结合在一起，从而提高模型的可解释性和预测力？为此，我们需要探索发展大模型方法。

数字经济的算法均衡挑战

邓小铁

计算科学和经济学有许多相似之处,它们都是人类的创造,各自拥有独特而美妙的特质。在从计算角度出发寻找解决经济问题的算法时,我们往往能发现一些经济学家已有的研究成果会起到关键作用。它们非常有助于开展数字经济环境下智能体的算法均衡研究。在从算法均衡角度研究时发展的这些认知,也进一步激发了我们对经济学数理基础的普遍性和重要性的钦佩。本文简要回顾计算经济学方法论的发展,尽力聚焦与大规模数字经济市场更为相关的实例,并介绍与均衡的计算、激励的难度及认知挑战相关的研究进展。

一、算法师眼中的经济学

自亚当·斯密(1972)[①] 在《国富论》中提出"看不见的手"引导市场博弈主体实现均衡定价的概念以来,这一理论已经经历了瓦尔拉斯(Léon Walras)等经济学家的进一步发展,最终演变为引导市场走向价格不动点的均衡状态,至今仍然是现代经济学的基石。瓦尔拉斯构建了基于均衡价格和供需关系的一般均衡模型。他把经济体系看作复杂的经济主体间的资源交换网络,

---

* 邓小铁,北京大学前沿计算研究中心讲席教授、北京大学人工智能研究院多智能体中心主任、中国计算机学会(CCF)计算经济学专业组主任。
[①] 亚当·斯密. 国民财富的性质和原因的研究 [M]. 郭大力,王亚楠,译. 北京:商务印书馆,1972.

研究价格如何影响市场供求关系并形成均衡价格和数量。他认为市场达到均衡状态时，价格和数量会自发地调整到一个让供需达到平衡的状态。这种理论为经济学提供了均衡分析和预测的基础，在现代宏观经济学和一般均衡理论中具有重要地位。

波兰经济学家奥斯卡·兰格①对市场社会主义的研究，是从经济体制设计的角度出发，将自由市场竞争激励市场参与者的优点与计划经济体制的效率和公平的优点相结合，在消除贫困和提供公共品的同时实现资源优化配置。这一观点对苏联经济理论和政策产生了重要影响，也在经济学家之间引起了广泛的争论和讨论。对于他的模拟市场社会主义的可行性和可取性，一方面存在许多分歧，另一方面在方法论上留有发展的空间。

兰格市场社会主义经济使用中央计划体系来制定价格和配置资源，这种体系也可以通过引入市场机制来提高效率，根据供需调整价格以实现经济效率最大化。被广泛视为奥地利经济学派最重要成员的经济学家弗里德里希·哈耶克针锋相对地指出这样的经济计算问题会因为市场信息难以充分获取而无法实现②，并以交易经济学一词称呼"自我组织的自愿合作制度"。建议运用价格机制以交流和协调个人认知，从而解决均衡的难题。面对批评意见，兰格认为市场经济的定价系统可以通过高速计算机的参与实现，使计划经济下的市场能够达到与自由市场经济相当的经济效率。这样，政府可以使用中央计划体系高效地制定价格和配置资源，从而通过高效地模拟市场机制来提高效率，实现供需均衡的价格。

除了计量经济学和统计学结合的方案以外，算法经济学，一个位于计算机科学和经济学交叉领域的研究领域，以赫伯特·西蒙的有限理性视角进入经济学研究。③ 这一概念认为人类的决策受到认知、信息可获取性，以及计算和信息总量的制约，导致个体做出的决策是令人满意的或"足够好的"，但难以达到最优。笔者等人是第一批从信息通信和计算复杂性角度探讨市场均衡问题的研究

---

① 奥斯卡·兰格. 社会主义经济理论 [M]. 王宏昌，译. 北京：中国社会科学出版社，1981.
② Hayek F A. The Use of Knowledge in Society [J]. American Economic Review，1945，35（4）：519-530.
③ Simon H A. A Behavioral Model of Rational Choice [J]. Quarterly Journal of Economics，1955（1）：99-118.

者，并将此视为计算经济学中的关键挑战。① 还有学者（Kamal Jain）进一步强调了这一计算挑战的实际意义："如果高速计算机不能计算出均衡价格，谁还会相信市场能够实现供需均衡？"

从这一视角介入的经济学研究领域，结合率先在计算机科学里发展起来的分布式信息协议和高效算法分析的工具和方法，用于求解经济学中的计算难题及其关于信息认知和博弈的复杂问题。近年来更应用多种计算机和人工智能技术和方法，尤其是开展基于大数据的机器学习方法来构建算法博弈论所依赖的未知博弈参数信息，使市场竞争、商品定价、拍卖、广告投放、金融交易等多个领域中的非完全信息博弈决策能够通过数据生成方法转变成完全信息计算问题（Li et al.，2019）。② 随着互联网经济活动的大规模发展以及经济市场大数据的出现，这种方法论的研究和应用范围也越来越广泛，为基于互联网、社交网络等大规模数据市场的电子商务等应用环境提供了求解博弈均衡的工具箱。

这一领域的研究逐步扩展，覆盖了计算机科学对经济学的影响以及经济学对计算机科学的影响等方向。我们的讨论聚焦于和数字经济密切相关的略为抽象的场景。

二、图灵之手及有限理性范式

从亚当·斯密的《国富论》中，我们看到了所谓"看不见的手"在定价这一领域的作用：经济环境下个体对其效益最大化的追求将市场价格推向均衡。纳什均衡严格地建立了博弈论中行为个体最优反应的连续函数在概率空间中的不动点分析方法。阿罗的经济学均衡理念扩展了纳什均衡在经济学中的个体理性分析方法论。

合作博弈的不同之处是考虑到每一个小团体的收益，其中最重要的概念是核（Core）。这一概念的关键是它对每个成员的分配方案满足：（1）每人获得非负收益；（2）每个小团体的总收益大于等于这个小团体独立产生的总收入；（3）分配给全体的收益总和等于总体产生的总收入。对于核这一概念的计算

---

① Xiaotie Deng, Christos H. Papadimitriou, Shmuel Safra. On the Complexity of Price Equilibria [J]. Comput. Syst. Sci, 2003, 67 (2): 311–324.
② Li C, Yan X, Deng X, et al.. Latent Dirichlet Allocation for Internet Price War [C]. 2019: 639–646.

有限理性的原则，有研究①提出了关于三个问题的计算复杂性标准：（1）核是空集吗？（2）给定的分配方案是在核里吗？（3）可以找到一个核中的分配方案吗？从计算视角看，每一个问题的计算复杂性将对核这一解概念添加计算合理性标签。计算经济学的诞生将合作博弈的核求解提上日程。首先其约束条件明显有个体数 n 的 2^n 个，即上述三大问题的约束条件的简单验证就有 2^n 个。通常情况下，得到计算时间短的解比较难。这里直接验证每个约束条件需要 2^n 次计算。而好的算法通常被认为最多在 n 的多项式时间内②得到结论。因此，能否在 n 的多项式 p(n) 内求解的合理性成为计算上的难题。面对这一不平凡的计算挑战，这些问题从数学上转化为组合优化算法求解问题，以及成功地在一类实际问题上刻画核这样的合作博弈解概念可以在多项式时间得出解的输入数据条件。在条件不满足时，给出 NP 完全性证明。这一计算复杂性分析路线图也成为后续解决合作博弈解概念计算问题的一个范式，确立了定义解概念发展新方向。

将图灵机的算法设计引入均衡求解的经济学问题。在图灵计算之手的范畴内，我们也要着重考虑计算效率。与此对应，我们面临着经济学中计算资源的有限理性新挑战。纳什均衡最初是由约翰·纳什③提出的，被认为是博弈论中的重要成果之一。它被广泛应用于经济学、政治学、社会学、生物学等多个领域，可以帮助解决实际问题。计算经济学的均衡算法理论建立在赫里斯托斯·帕帕季米特里乌④引入的 PPAD（有向图中的多项式奇偶性论证）之上，这是一个复杂性理论概念，用于描述特定类型计算问题的复杂性。这类问题的特点是有一个存在性定理，其证明依赖于指数多节点的有向环和有向路的图。计算目标是从该有向图中找到从给定的起始节点到达一个终止节点的简单路径。有研究⑤证明了 2NE（两个玩家的纳什均衡）与 PPAD 等价。该结论表明，对于两人

---

① Xiaotie Deng, Christos H. Papadimitriou, Shmuel Safra. On the Complexity of Price Equilibria [J]. Comput. Syst. Sci, 2003, 67 (2): 311 – 324.

② Edmonds, Jack. Paths, Trees, and Flowers [J]. Canadian Journal of Mathematics, 1965, 17 (3): 449 – 467.

③ Nash J F. Equilibrium Points in N-Person Games [J]. Proceedings of the National Academy of Sciences, 1950, 36 (1): 48 – 49.

④ C. H. Papadimitriou. On the Complexity of the Parity Argument and other Inefficient Proofs of Existence [J]. Journal of Computer and System Sciences, 1994, 48 (3): 498 – 532.

⑤ Deng X, Papadimitriou C H. On the Complexity of Cooperative Solution Concepts [J]. Mathematics of Operations Research, 1994.

博弈，计算其纳什均衡是一个 PPAD 完全问题，这意味着这个问题在计算上是难以处理的。这项成果是算法博弈论中的重要突破，解决了该领域中长期以来未能解决的问题。市场均衡计算等许多问题同样属于这一计算问题等价类 PPAD。

最近的一项研究工作成功地将多智能体强化学习（Multi-Aqent Reinforcement Learning，MARL）问题的马尔可夫完美博弈均衡问题在无穷轮博弈场景下被证实为 PPAD 可解，为相关问题的机器学习算法求解打开了一扇大门①，也进一步支撑了 PPAD 作为这类博弈问题中算法求解复杂性关键构件的作用。针对这一计算问题，博弈均衡的计算问题与静态场景的博弈计算问题等价。

马尔可夫完美博弈均衡有一个关于共同认知的假设，即参与博弈者的共同认知：包括关于大家的行为变量对状态影响的转移矩阵的共同认知、对彼此相应收益权的共同认知，以及其他类似参数的共同认知。但在实施时，则存在一个认知过程。即使知道了这些概率分布，后来也可能被推翻。在这样的非完美马尔可夫动态过程下，我们也可以使用人工智能的方法来解决这样的认知缺陷。我们可以通过学习的方式建立对概率分布的了解和/或解决不了的问题。因此，从赫伯特·西蒙的框架看，这个问题在理论上已经得到了一定的解决。

我们面临的计算问题与赫伯特·西蒙（1972）② 提出的有限理性理论密切相关。赫伯特·西蒙既是一位伟大的经济学家，也是一位杰出的计算机学家。他为经济学和计算学都完整地阐述了一套理论。他的理论对计算和经济的理解非常相似。从今天的眼光看，这来源于两者都是人类的创造。这两个学科都有其非常优美的地方，"PPAD 等价于纳什均衡"正好将二者的数理结构基础和博弈理性基础通过计算衔接到了一起。

在数字经济和数字博弈环境下，纳什均衡也获得了广泛应用。特别是在电子商务平台的价格竞争中，当多个平台之间进行竞争时，如何设计定价机制与分配方案以吸引卖家和消费者；在数字货币市场中，如何帮助投资者找到最优的投资策略，以获取最大的收益，都带来了新的计算挑战。在互联网广告市场、网络拍卖、数字产品开发和投资组合等领域，参与者需要制定各自的策略，以获得最大的收益或效益，从而实现个体和整体利益的最大化。维基百科

---

① Xiaotie Deng, Ningyuan Li, David Mguni, Jun Wang, Yaodong Yang. On the Complexity of Computing Markov Perfect Equilibrium in General-sum Stochastic Games [J]. National Science Review, 2023, 1 (10).

② Simon, H. A. Theories of Bounded Rationality [J]. Decision & Organization, 1972: 161–176.

(Wikipedia)列出的PPAD包括许多关键问题，如施佩纳定理（Sperner's lemma）、布劳伦不动点定理（Brouwer fixed-point theorem）、角谷不动点定理（Kakutani fixed-point theorem）、纳什均衡、平衡博弈的核（Core of balanced games）、费雪市场均衡（Fisher market equilibria）、阿罗－德布鲁均衡、收入平等的近似竞争均衡（Approximate competitive equilibrium from equal incomes）以及金融网络中的清算支付（Finding clearing payments in financial networks）。

三、数字经济学的均衡算法设计与分析

在写作本文之前，笔者在标题中两组词的顺序之间反复犹豫：用"均衡计算"还是"算法均衡"。两者的实际含义很不同。纳什在1950年发表了一篇题为《非合作博弈》的论文，提出了后来以其命名的博弈解概念。① 数字经济学中得到最广泛应用的数学形式就是纳什均衡理论，它可以用来描述市场中多个厂商之间的竞争关系，以及市场价格和数量的决策过程。纳什均衡理论已经成为现代微观经济学的最重要基础之一，并广泛应用于产业组织、国际贸易、金融市场等领域的研究。

毫无疑问，计算经济学的挑战之一是关于市场均衡的计算。而在数字经济中，均衡的数字博弈特点，特别是其信息不完全的特点，对均衡收敛性提出了重大的新挑战。近期研究的主要创新性贡献将体现为数字经济算法的均衡研究。

1. 均衡实现的虚拟博弈

早期的博弈研究者，为均衡计算尤其是数字均衡计算，提供了一种特别突出的协议，该协议能够在许多不同场景下得到广泛应用。这种简洁的求解方法被称为虚拟博弈算法，与纳什均衡理论同时被发现，其目的在于寻找关于对手历史平均策略的最佳应对策略。虚拟博弈算法最早由美国数学家布朗于1951年提出，随后被多位学者改进和推广。② 该算法的思想非常简单，即每个参与者都根据其他参与者的历史策略来假设其他参与者的策略，并根据自己的假设选择最优策略。这个过程被称为"虚拟博弈"，因为参与者假设其他参与者是

---

① Nash J F. Equilibrium Points in N-Person Games [J]. Proceedings of the National Academy of Sciences, 1950, 36 (1): 48–49.
② Brown G W. Iterative Solution of Games by Fictitious Play [J]. Activity Analysis of Production & Allocation, 1951.

按照某种固定策略来选择行动的，而这个策略实际上并不一定被对手实际使用。该算法通过不断迭代，逐渐逼近纳什均衡。尽管虚拟博弈算法已经存在了70多年，但其独特风格令学术界对它的研究热情依然未减。这里最重要的一点是它处理非完全信息的能力达到了极致：其博弈环境的信息可以完全未知。虚拟博弈算法的每个步骤完全依赖于博弈过程中获得的数字信息，因此特别适用于纯粹基于数字的经济环境。在博弈矩阵能够被限制在一定空间时，这一方法可以有效地收敛到纳什均衡（Chen et al.，2022）。①

2016年，海因里希等人结合深度学习方法成功地将虚拟博弈算法运用于多智能体博弈问题的求解②，由此形成所谓的神经网络虚拟自博弈（Neural Fictitious Self-Play，NFSP）。NFSP基于两个基本思路：利用神经网络近似模拟和学习平均策略与最佳应对的每一迭代步骤，从而在虚拟博弈中实现优化决策。此外，虚拟博弈算法的优势在于其简洁的虚拟对手策略，能够被广泛应用于各种问题的求解。由于这些问题通常涉及多个参与者和多个决策变量，一个重要的共同问题是它能否收敛到多方博弈均衡。算法的收敛性和稳定性以及多方博弈均衡是该类算法面临的挑战。在某些情况下，这些算法可能会陷入震荡或无法收敛的状态。因此研究人员一直在探索如何改进这类算法。目前，许多其他简单而广泛应用的算法也逐步进入算法分析师的视野，如通过结合"普适演化博弈中的预期学习"以及"蓄水池抽样"方法延伸出多种改进方案。③通过和机器学习方法的结合，这个简易的博弈均衡算法可以应用到不同博弈环境中，而不仅局限于双矩阵博弈的场景。这样，一个概念简洁的算法，也可以通过复杂的机器学习算法发挥作用，在实际应用的复杂场景中起到关键作用。

2. GSP算法均衡

广义第二价格（Generalized Second Price，GSP）拍卖算法是2002年由谷歌的工程师在其广告平台上首次引入的。GSP的提出让广告商可以根据其预算

---

① Chen Y, Deng X, Li C, et al.. On the Convergence of Fictitious Play：A Decomposition Approach [W]. 2022.
② Heinrich J, Silver D. Deep Reinforcement Learning from Self-Play in Imperfect-Information Games [P]. 10.48550/arXiv.1603.01121, 2016.
③ Vitter, Jeffrey S. Random Sampling with a Reservoir [J]. ACM Transactions on Mathematical Software, 1985, 11（1）：37–57.

来确定广告的价值，并为每次点击支付不同的价格。这一设计将维克里用于单物品拍卖的算法（Vickrey，1961）推广到更一般的单参数拍卖①，即只有一个关键字或者属性与每个物品相关联。在这种情况下，每个出价人只需提供一个出价，即他关心的关键字或属性的价值。GSP 简单地遵循了维克里的单物品拍卖机制：对于每个广告位，拍卖系统将按照出价从高到低的顺序对出价人进行排名，并以此确定每个广告位的获胜者。最高排名的出价人将赢得第一个广告位，并按照第二高排名的出价人的出价支付费用；第二高排名的出价人将赢得第二个广告位，并按照第三高排名的出价人的出价支付费用，以此类推。

这一算法的简洁性使 GSP 机制被广泛应用于搜索引擎和其他在线广告平台。可能是实用中的实际数据让谷歌的经济学家②和雅虎的经济学家③几乎同时发现 GSP 不能满足维克里拍卖的关键性质，即激励兼容，并探讨了市场均衡和 GSP 算法的对称均衡之间的对应。笔者等人④引入前瞻性均衡概念证明了 GSP 的博弈收敛性，而且博弈各方的收益都达到与维克里等价的结论[BDQ]。特别值得提出的是，买家的算法达到均衡时需要一个前瞻性报价，相当复杂。因此，为达到均衡，GSP 是一种卖家简单买家复杂（卖简买难）的市场拍卖协议。

3. 比特洪流算法的市场均衡、激励相容及抗女巫攻击的强大韧性

2002 年至 2003 年，互联网社区讨论了如何平衡带宽共享并设计实现数字资源共享的理想属性。当时，互联网滥用现象十分严重，每天会产生大量电子广告邮件，但其中只有少数几封是有用的。除了广告以外，许多邮件来自提供数字资源共享的互联网服务商。

---

① Vickrey, William. Counterspeculation, Auctions, and Competitive Sealed Tenders [J]. Journal of Finance, 1961, 16 (1).
② Edelman, Benjamin, Ostrovsky. Internet Advertising and the Generalized Second-Price Auction: Selling Billions of Dollars Worth of Keywords [J]. American Economic Review, 2007.
③ Varian H R. Position Auctions [J]. International Journal of Industrial Organization, 2007, 25 (6): 1163 – 1178.
④ Bu T, Xiaotie Deng, Qi Qi. Forward Looking Nash Equilibrium for Keyword Auction [J]. Information Processing Letters, 2008, 105 (2): 41 – 46.

比特洪流（BitTorrent）算法①就是其中一个非常成功的带宽共享设计团队提出的。其设计理念基于资源共享的合作机制，被称为以牙还牙（Tit-for-Tat）：一个节点分享给大家的越多，提供给它的可下载资源也就越多。其算法的具体实现也非常简洁：（1）开始时，每个节点都会向其他邻居节点平均分发数据包；（2）如果一个节点没有收到来自另一个节点的回复，则会认为该节点不可靠，在下一步通信中避免与该节点通信；（3）如果一个节点收到来自若干邻居节点的回复，它可以根据接收资源量按比例向这些邻居节点分发数据。通过这种方式，以牙还牙策略鼓励节点之间的合作，建立了互惠和信任关系，从而提高了比特洪流算法的效率和可靠性。该算法利用系统中的所有带宽，使用户可以轻松地在线收听音乐。在互联网用户和服务商眼里，比特洪流是一种快速、可靠、开放和免费的下载方式。直至2022年1月，比特洪流依然享有全球应用程序流量份额的9.7%，位居第一。②

按照算法师的分析结果，该算法的优势是其使用比例能够响应协议维护公平性的特性，能够努力最大化每个节点接收共享资源的能力。从深入的理论分析角度看，该算法收敛到的均衡解还具有阿罗－德布鲁有效市场均衡的优点③、共享机制的诚实性④和抗女巫攻击的强大韧性等特征。⑤ 这一协议已经成为能够用经济学解概念分析清楚的典型共享经济协议。这个非常简单的算法还有一个突出的性质，即可执行性：每一个网络节点的行为只需要得到其本地信息即可完成任务。

四、数字经济动力学及马尔可夫完美博弈均衡的计算

马尔可夫完美博弈均衡的计算是数字经济中一个重要的问题，它可以帮助

---

① Cohen, Bram (October 2002). "BitTorrent Protocol 1.0". BitTorrent. org. 8 February 2014.
② Sandvind. Phenomena: The Global Internet Phenomena Report [R]. 2022.
③ Fang W, Li Z. Proportional Response Dynamics Leads to Market Equilibrium [C] Proceedings of the 39th Annual ACM Symposium on Theory of Computing, San Diego, California, USA, June 11 – 13, 2007. ACM, 2007.
④ Yukun Cheng, Xiaotie Deng, Qi Qi, and Xiang Yan. Truthfulness of a Network Resource-Sharing Protocol. Mathematics of Operations Research, ISSN 0364 – 765X (print), Article in Advance, 1 – 31, 2022, Informs.
⑤ Yukun Cheng, Xiaotie Deng, Yuhao Li, Xiang Yan. Tight Incentive Analysis on Sybil Attacks to Market Equilibrium of Resource Exchange over General Networks [R]. EC 2022：792 – 793.

我们更好地理解复杂博弈情况下的参与者行为，并制定相应的策略。其计算复杂度相对较高，会依赖于数值方法而采纳比较快捷但牺牲一定准确性的解决方案。马尔可夫博弈也有许多应用，例如，它可以用于分析政府和企业之间的博弈，研究垄断市场中的竞争问题，模拟货币政策的效果，分析多个国家之间的贸易关系等。此外，马尔可夫博弈还可以用于分析比特币的自私挖矿和洞察性挖矿等区块链经济中的实践问题。由于它可以用于分析数字经济中较为复杂的动力学博弈，马尔可夫完美博弈均衡的计算受到了较为广泛的关注。虽然在静态情况下，纳什均衡可以用于分析博弈的结果，但在动态环境中，马尔可夫博弈提供了更好的分析工具。在马尔可夫完美博弈中，每个参与者的行为是由随机的概率分布决定的。因此，在每个状态下，每个参与者都有一个最优策略，可以最大化其期望收益。这个最优策略被称为马尔可夫完美均衡（MPE）。然而，计算马尔可夫完美均衡是一个复杂的问题，通常需要使用数值方法求解。在实践中，这可能会面临计算复杂度的挑战。我们现在已知马尔可夫完美博弈均衡的计算等价于 PPAD 类问题。PPAD 类问题的一个重要性质是，它们可以被规约为计算上的不动点问题，这可以帮助我们更好地理解它们的复杂度。

1. 马尔可夫博弈均衡的计算

多智能体强化学习（MARL）是一种解决多个决策制定者协同决策问题的强化学习方法。在许多实际应用中，涉及多个决策制定者的问题往往具有动态环境且复杂交互，使用传统的单智能体强化学习方法难以解决。通过使用多个智能体进行协同决策，多智能体强化学习可以提高整个系统的效率和性能，同时也可以促进智能体之间的合作和竞争，从而激发不同智能体之间的学习和进化。这种学习和进化方式可以帮助我们更好地理解智能体之间的相互作用和合作方式，并为解决更加复杂的问题提供新的思路和方法。

随机博弈（stochastic game）在博弈论中用于描述多个决策制定者之间按时间轴的缠绕交互博弈的场景，最初是由沙普利在 1953 年提出的，用于解决工作分配问题。[1] 此后，随机博弈的研究得到了广泛的关注和发展，被应用于

---

[1] Shapley, L. S. Stochastic Games [J]. Proceedings of the National Academy of Sciences, 1953, 39 (10): 1095 – 1100.

控制论、经济学、计算机科学等领域。特别是在控制论领域，随机博弈成为描述动态资源配置和自适应控制问题的重要工具。近年来，随着强化学习（reinforcement learning）和深度学习（deep learning）等技术的发展，随机博弈重新受到关注。这些技术使解决复杂的随机博弈问题变得更加可行，同时为解决实际应用问题提供了新的思路和方法。随机博弈在不同领域的应用和发展是一个不断演化的过程，迄今仍然具有重要的意义。

随机博弈与多智能体强化学习有着密切的关系。在多智能体强化学习中，多个智能体通过交互来学习最优策略，而交互本质上就是一个随机博弈。在一个多智能体强化学习问题中，每个智能体都需要考虑其他智能体的行动和环境的随机性，以制定最优策略。这些智能体相互作用，形成了一个多智能体系统，类似于随机博弈中的多个参与者。因此，多智能体强化学习可以被看作在随机博弈环境下的智能体学习问题。随机博弈提供了多智能体强化学习中智能体之间交互的理论基础和数学模型。通过随机博弈的理论，我们可以描述多个智能体在交互中的行为，分析其收益和最优策略，并为实际问题提供有效的求解方法。因此，随机博弈是理解和解决多智能体强化学习问题的基础，也为多智能体强化学习在实际应用中的成功提供了理论支持。随着技术的不断进步和实际应用问题的不断涌现，随机博弈和多智能体强化学习的研究和应用仍然具有广阔的发展前景。

马尔可夫完美均衡是多智能体博弈中的均衡概念，要求每个智能体考虑其他智能体当前的策略，选择最优策略，以最大化其长期收益。与纳什均衡不同，马尔可夫完美均衡要求智能体考虑环境的动态演变，并基于环境状态和其他智能体的行为做出决策。在马尔可夫完美均衡中，智能体的策略是一组条件策略，其中每个策略定义了智能体在环境处于某种状态时应采取的行动。马尔可夫完美均衡的概念最初由马斯金和梯若尔（Eric Maskin and Jean Tirole）在1988年发表的一篇论文中提出，主要用于研究动态博弈。在多智能体强化学习中，马尔可夫完美均衡通常用作目标均衡，以指导多智能体系统的训练和策略优化。多智能体系统在现实世界的许多应用中非常普遍，例如机器人技术、金融和运输领域。多智能体博弈理论提供了一个框架，用于研究多个自主智能体在这些复杂系统中的相互作用和决策过程。在随机博弈中，智能体必须在不确定的环境中做出决策，因此它们的最优策略可能会因为系统的随机性而改变。在这些情况下，行为策略是一种有用的工具，可以提高智能体的性能和适应性。

与 PPAD 相关的概念，如纳什均衡，在多智能体强化学习中也扮演着重要角色。纳什均衡是指在多个智能体的策略下，没有一个智能体可以单方面改变其策略以提高其收益的情况。在多智能体强化学习中，寻找纳什均衡是一个关键问题。它的存在和稳定性决定了智能体之间交互所达到的最终状态。因此，PPAD 的概念在多智能体强化学习中发挥了重要作用，帮助我们理解和描述智能体之间交互的复杂性，并为解决实际问题提供理论支持。

行为策略通常被表示为每个智能体在每个状态下的行动概率分布。这些策略使智能体能够应对环境的随机性和不确定性，并提供比确定性策略更加灵活的决策方法。在随机博弈中，行为策略通常与马尔可夫完美均衡一起使用，它是多智能体系统的均衡概念，确保每个智能体在考虑其他智能体的行为后都会选择最优策略。然而，计算马尔可夫完美均衡的成本可能很高，因为通常涉及动态规划和博弈树搜索算法。为了解决这个挑战，探索更有效的方法来计算马尔可夫完美均衡成为领域内研究人员共同努力的目标，一旦实现这个体系将有助于分析和设计更大规模的多智能体系统。除了马尔可夫完美均衡外，还有各种解决随机博弈的算法，例如基于马尔可夫决策过程（MDP）的算法，许多多智能体强化学习算法已经被开发用于解决多智能体决策制定的挑战。通过将行为策略与马尔可夫完美均衡结合使用，多智能体系统可以实现稳定的均衡状态，并且智能体可以适应环境的不确定性，从而提高其整体性能。最近的研究工作将这两者联系起来，即马尔可夫完美均衡 = PPAD①，从而把无穷阶段的问题简化为单阶段情形。

2. 马尔可夫博弈的应用

除了前文提到的应用马尔可夫博弈的例子，这一方法也越来越多地用于分析数字经济模型中的问题。在数字经济模型中，算法动力学分析可以和随机算法以及马尔可夫动态博弈精美地衔接在一起。这里的动态均衡计算问题将决定一个算法经济体系的生死存亡。近期出现的一个例子表明，在数字经济中，均衡的缺失会发生难以预料的混乱。

---

① Xiaotie Deng, Ningyuan Li, David Mguni, Jun Wang, Yaodong Yang. On the Complexity of Computing Markov Perfect Equilibrium in General-sum Stochastic Games [J]. National Science Review, 2023, 1 (10).

2022年5月，加密货币世界发生了一次重大事件：一个规模最大的算法稳定币的整个经济系统崩溃。以1:1绑定美元的稳定币UST采纳了加密货币LUNA来稳定这个比值。由于算法的均衡外部性分析不正确，导致LUNA这一曾市值排名前10的加密货币出现几近归零的狂跌，引发大市崩盘。这样的经济系统是由算法设计的，其中涉及的交易是由算法完成的。通过"智能合约"，试图达到系统智能体的认知一致性来保障系统的安全运行。这一经济系统的崩溃，体现了数字经济系统设计中的经济学安全至关重要。

在这种多方计算的模型下，个体需要对事实达成共识，设计者要求采纳多数共识。主要任务是决定将哪些交易记录在历史中。算法的基本原则是随机选择，根据算力和比例计算出一个数字，抽到该数字表示获得进行账务记录的权利。完成账务记录的人需要有激励，以确保他们做正确的事。这里采用了许多方法，其中一个基本的实现目标是劳动价值论，即谁干活越多，谁的账本权利越大。通常每当有人挖出一个新的区块，就会公布出来，获得奖励，然后竞争重新开始。如果有两个人同时挖出新的区块，就会使用投票机制。这是一个随机的设计。但如果两个人被选中的权利相等，就需要根据他们的协议，采用多数票决的方案来决定哪个账本将被记录下来。然而，在2013年和2014年出现了一种名为"自私挖矿"的新攻击。自私挖矿是指隐瞒新挖出的区块，不向整个网络公开的行为。从长远看，这种攻击有什么好处呢？如果你已经发现了下一步的起点，而其他人仍在原始链上挖掘，那么你将获得优势。你可以等到其他人快要挖出来时，再公布你的信息，使他们之前的工作全部浪费，而你则获得了优势。即使你只是少数人，也可以平均获得超过50%的收益。

自私挖矿引发了一个问题：从经济学角度看，这种攻击是否可以解决？这种攻击不是密码学安全问题，而是经济学安全问题。在矿池方法中，最终生态系统博弈能够达到什么样的均衡？这是一个非常直接的计算问题，也可以被视为马尔可夫博弈的分析问题。这个缺陷引起了许多认真的研究，但难以得到一个能够与自私挖矿的数学贡献相媲美的结果。在我们的认知思路中，存在一个策略性的解决方案，即在自私挖矿的矿池中放置一个卧底来获取自私矿池的信息。这种方案是可行的，因为比特币的设计自认为是公平、合理、开放的，谁都可以参加。通过观察其他矿池的挖掘进度，远见挖矿可以做出策略反应。我们这一研究采纳认知动力学这一重要的设计框架，通过对诚实矿工、自私矿工和远见矿工的认知分层，即每个层次的参与者知道下一层的行为，但不知道上一层的认知，为博弈论中参与者的认知层次框架提供了一个新实例。

五、大规模数字经济的研究前沿

计算和经济学在许多方面相互关联，微观经济学为我们提供了很好的参考和指导，帮助我们更好地设计算法。实体宏观经济的全面数字化进程越来越接近现实。在移动互联网经济大平台优化环境下也已经提供了大规模试验和创新基地，使计算经济方法论和应用有了实践的舞台。我们不断地深化对计算和经济学之间相互关系的理解和认识，为算法的设计和实践提供更加广阔的空间。随着实体经济数字化的逐步实现，计算经济学在数字经济上的进步也将全面发挥作用。

计算经济学的研究从理论思辨、算法复杂性、有限理性出发，经历了由互联网平台兴起推动的电子商务蓬勃发展的实践激励，结合人工智能机器学习方法论，为互联网海量数据和用户的云平台环境下大规模经济决策优化、均衡分析和机制设计带来了多个研究前沿，如合作博弈和竞争博弈计算理性的复杂性分析和算法设计①②、非完全和非完美信息的数据信息环境机器学习博弈范式③④、平台参与方隐私价值数据的博弈算法认知。⑤

计算经济学在数字经济兴起的今天，与人工智能机器学习方法论的结合正在快速迭代中发展。在快速发展的数字经济环境下，5~10年内或将迅猛发展出多智能体博弈动力学及其相关算法库，从而建立起非完全信息认知下的自动化机制设计体系，以及符合人类认知（公平与人性、局限及偏差）的智能体算法治理框架。

---

① Deng X, Papadimitriou C H. On the Complexity of Cooperative Solution Concepts [J]. Mathematics of Operations Research, 1994.

② Papadimitriou C H. On the Complexity of the Parity Argument and Other Inefficient Proofs of Existence [J]. Journal of Computer and System Science, 1994, 48 (3): 498 – 532.

③ Li C, Yan X, Deng X, et al.. Latent Dirichlet Allocation for Internet Price War [C]. 2019: 639 – 646.

④ Lanctot M, Zambaldi V, Gruslys A, Lazaridou A, Tuyls K, Pérolat J, Silver D, Graepel T. A Unified Game-theoretic Approach to Multiagent Reinforcement Learning. Advances in Neural Information Processing Systems, 2017, 30.

⑤ Xiaotie Deng, Tao Lin, Tao Xiao. Private Data Manipulation in Optimal Sponsored Search Auction [R]. WWW 2020: 2676 – 2682.

数字时代的信息经济学

李三希

从20世纪90年代开始，信息经济发展了二十余年，但信息经济学的学科发展可以追溯到更早。最初，信息经济学的核心内容并非直接研究如今的信息经济。例如，信息经济学最早讨论信息的重要性（以哈耶克为代表），什么样的经济体制能够带来更高的效率，是计划经济体制还是市场经济体制能够更有效地利用信息等。到了20世纪，博弈论开始被引入信息经济学，博弈论的发展促进了信息经济学的发展，信息经济学的发展反过来也助推了博弈论的发展。从诺贝尔奖评选的角度也可以发现，信息经济学已经占据了微观理论的主导地位。从1990年开始，1994年、1996年、2001年、2007年、2010年、2012年、2014年、2016年和2020年，相关领域的学者以如此高的频率获得诺贝尔经济学奖，更从侧面说明信息经济学正在蓬勃发展。

当前，我们正生活在数字经济时代，梳理数字经济与信息经济学之间的紧密联系，有助于我们在当下更好地借助信息经济学来理解现实问题。

---

* 李三希，中国人民大学教授、教育部青年长江学者。本文部分内容根据作者2021年发表在《北京交通大学学报（社会科学版）》上的文章《数字经济的信息摩擦：信息经济学视角的分析》改写，参见：李三希，王泰茗，武玙璠. 数字经济的信息摩擦：信息经济学视角的分析［J］. 北京交通大学学报（社会科学版），2021，20（04）：12 – 22.

一、信息经济学的主要内容

信息经济学的基本内容可以概括为三个模块。其中，第一个模块是关于信息不完全和经济发展模式的讨论，即哈耶克的观点：在信息不完全的情况下，是市场经济还是计划经济使用信息的效率更高？关于这一问题的研究与讨论具有非常重要的现实意义，这决定了我国改革开放的大方向。

从更微观的角度来思考信息与经济效益，可以引申出第二个和第三个模块的研究内容，概括为交易匹配中的信息摩擦与经济效益。新古典经济学假设每个人在做决策时会知道所有信息，但现实中由于存在搜寻摩擦和信息不对称两类信息摩擦，因此个人在决策中获得的信息常常是不完全的。

具体来看，第二个模块是关于搜寻摩擦的讨论。搜寻摩擦是指在一个经济体中，交易双方在寻找交易伙伴的过程中存在的摩擦。例如，消费者在购买商品时，可能不知道应购买哪一个产品，因为消费者不知道计划购买的产品价格及产品质量等全部信息，也就是说寻找交易伙伴的过程本身就存在摩擦；又如，劳动者在劳动力市场求职也存在着很大的信息摩擦。为研究此类问题，学术界创新出一系列理论，其中以两个理论为代表：一个是搜寻理论，是戴蒙德（Diamond）等人在2001年获诺贝尔奖的一项研究成果，即从理论上构建出搜寻模型（search model）。另外一个是匹配理论，即市场上各方都有需求和供给，如何把需求与供给匹配起来的问题。一方面是需求方或者供给方自己去寻找，另一方面是引入专业的撮合者（match maker）设计一些匹配规则，从而将各方匹配起来，使他们满足合意的性质，这就是所谓的匹配理论。如果市场上各方在寻找交易伙伴时都存在这种摩擦，就会带来很严重的无效率，包括很多传统意义上的经济规律的失效，比如最著名的一价定律。一价定律是指相同的商品在市场上应该以相同的价格出售，这是因为如果相同商品的销售价格不一样，那么消费者就能通过低买高卖进行套利。但在现实中，我们会看到很多相同的商品以不同的价格出售，其中一个很重要的原因就是存在搜寻摩擦。

第三个模块是关于信息不对称的讨论，这是信息经济学研究最多的一个方面。信息不对称是指交易主体在已经找到交易伙伴的情况下，在与对方交易时，双方的信息仍然是不对等的，这与上文中寻找交易伙伴的过程中产生的搜寻摩擦有所不同。信息不对称的这些理论，主要研究当市场存在信息不对称的时候，市场运行的均衡结果是什么，微观的经济效益应该是什么样子的。总的来说,已有的这些所谓的信息经济学的内容,与现在人们所说的信息经济,或者新经济,或者数字经济之间,并没有直接的关联。这些理论对于信息技术的讨论是不充分甚至是缺失的。

二、数字经济给信息经济学带来的冲击与影响

我们现在生活在充满信息的数字经济时代,值得思索的一个问题是,在数字经济时代下,对传统的信息经济学理论是否需要反思与重构?

针对这一问题,学术界存在两类相反的观点。一些学者认为在新的信息时代,需要重构我们的经济学,创新一些新理论。而以范里安等为代表的学者认为并不需要全新的经济学。范里安在其著作《信息规则:网络经济的策略指导》中提出,虽然技术在变,但是我们依赖的经济原则是可持续的,也就是说可以把原来的经济原则、经济模型拿过来重新使用。已有的理论不需要做原则性的改变,但需要从新的角度思考问题,即应该涵盖新的数字技术、新时代的一些新特点,尤其是影响经济运行效率的核心要素。以上讨论主要基于信息的获取与使用的角度,而逆向选择、风险、交易成本的匹配摩擦等并没有改变,因此已有的信息经济学模型其实还是可以使用的。

但毫无疑问,经济理论应当考虑新的数字技术对影响经济运行效率的核心要素带来的巨大影响,尤其是信息经济学讨论的"信息"。因此,已有的信息经济学理论本身仍然有效,我们需要的是在数字经济的背景下重新应用信息经济学,对相应理论进行修正和调整,以涵盖数字经济的新技术、新元素和新解决方案。

数字经济给信息经济学带来的核心新元素在于活动数据化以及数据信息化。经济学家保罗·萨缪尔森提出过著名的显示性偏好理论,认为消费者的行为揭示了其内在偏好。不仅仅是消费者,任何一个经济主体的行为都能揭示其独有的私人信息。如果有足够多的关于经济主体行为的数据,就能够更精准地推断经济主体的私人信息。在非数字化时代,这类数据要么可获得性极低,要么获取成本极其高昂。而数字技术的出现,使得将经济主体的每一次行为数据化成为可能,大数据分析方法又使得从海量数据中提取有用信息成为可能。因此,从信息经济学角度看,数字经济的核心就是经济活动数据化,以及活动数据信息化,这是传统经济所缺乏的。一切分析的逻辑起点,皆来源于此。数字技术对信息摩擦的降低,对效率的改进,以及在此过程中产生的隐私保护、信

息垄断和信息滥用等问题，都可以通过这个统一的逻辑框架来分析。

图1展示的分析框架，是从信息经济学视角对于数字经济的全景式概括。活动（行为）数据化是数字经济的核心特征，企业与消费者的经济活动创造了数据，这些数据又被提炼加工，以算法的形式回到消费者与企业、企业与企业的互动中，降低了信息摩擦，提高了市场效率。这个过程即为数据信息化。因此，图1构建了"活动数据化，数据信息化"的分析框架。

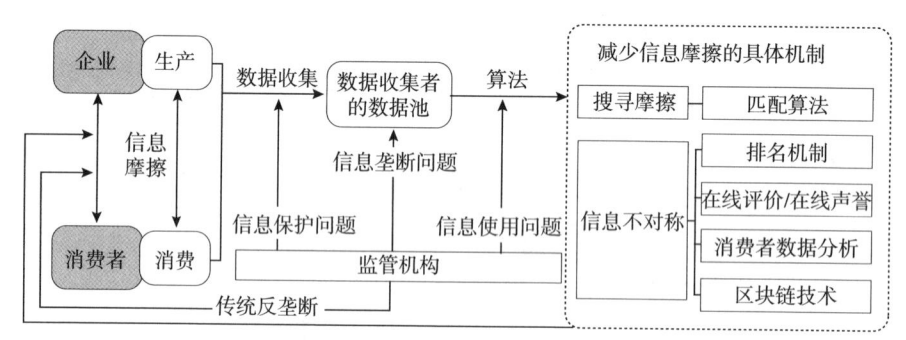

图1 "活动数据化，数据信息化"的分析框架

三、数字经济给信息经济学带来新的解决方案

下面我们分别从搜寻摩擦和信息不对称两个维度来讨论数字技术对信息摩擦的影响，包括如何应用已有理论对新问题加以分析、已有的理论有何局限、应该进行怎样的调整、其中有何困难等。

1. 数字技术解决搜寻摩擦问题的新机制

一般的观点认为信息技术的采用极大地降低了搜寻摩擦，关于这一问题的分析，可以用已有模型研究搜寻摩擦的降低对市场均衡的影响。在这一领域已有很多研究，如在已有的传统搜寻模型中引入参数，研究搜寻成本的降低对市场的影响。事实上，信息技术不仅仅降低了搜寻成本，更多的是改变了消费者的搜寻模式。已有模型一般假设消费者是随机搜寻的，即交易主体在寻找交易伙伴时，并不是有目的地搜寻，而是随机去搜，结果纯粹靠运气。而互联网技术的广泛应用提供了很多便利的方式，使各交易主体可以根据自己的目标搜寻。比如消费者想购买商品，在电商平台搜索的时候，如果主要关注价格，那么就可以将商品按价格从低到高排序，从而把最关注的要素先搜出来，使搜寻模型成为一种非随机的搜寻。考虑这些新的特征以后，我们就可以构建新的模型。当搜寻模型从随机搜寻变成非随机搜寻时，分析难度陡然增加，模型从构建到求解都非常复杂，也会导致模型使用不便。事实上，原有的分析模型已经十分复杂，想再对它进行应用就会比较困难。此外，另一个在传统搜寻理论中没有考虑到的重要特征是平台这一博弈参与者的出现。平台是数字时代消费者搜寻过程中不可缺少的重要参与者，能够使用大数据分析技术来控制消费者的搜寻方式。因此，在未来消费者搜寻理论的研究中，必须把平台考虑进来。

2. 数字技术解决信息不对称问题的新机制

（1）在线评价机制和在线声誉机制

在线评价机制和在线声誉机制是由于信息技术的出现而产生的全新的信息不对称解决机制。已有很多文献讨论了声誉机制，而在线声誉机制与传统声誉机制又有所不同。其中，有两个重要问题不被传统的声誉理论重视，但对在线评价与在线声誉机制的设计至关重要。一是评论激励问题。每个人都希望看到别人的真实评论，但是每个人都不愿意做出评论，因为做出评论需要成本。二是如何让人真实地做出评论，如何预防策略性评论的问题，在线声誉机制依赖的是陌生人的评价，卖家可能会采取策略性行为来影响评价。其中一个例子是易贝（eBay）的在线评价机制。在设计最初，易贝的在线评价机制是让买卖双方互相评价，即买家对卖家评价以后，卖家也对买家进行评价。结果发现好评率出奇的高，买家不愿意留差评，原因在于买家害怕卖家报复。有实证研究发现，卖家通常会在买家给出差评以后，马上也对买家做出差评。eBay 后来很快意识到这个问题，对评价系统进行了修正，改为双盲评价，将评价从序贯博弈变成买卖双方同时博弈。而在电商平台有购物经验的读者都知道，平台的卖家存在"刷好评"、购买好评的行为，或者在交易达成后用赠品诱使买家删除差评。参考某些平台上小微店铺的内部财务报表可以发现，在这些报表中存在"刷单笔数""刷单金额""买家秀金额"等项目，从侧面体现出刷单已经成为行业内的正常操作。从数据看，店铺在运行初期，往往都会通过刷单来支持其成交额。尽管从道德上看，消费者很难接受刷单行为，但是从实操以及信息经济学视角看，刷单并非一种不可接受的行为，甚至也能够作为一种缓解信息不对称，提高交易效率的方式，尤其是能够让初创小企业成长和生存的重要途径。

(2) 大数据与大数据分析技术

大数据与大数据分析技术为解决信息不对称提供了另一个方案。第一个例子来自二手车市场。在阿克洛夫的柠檬市场理论中,二手车市场由于买卖双方信息不对称,从而导致市场崩溃:仅有最低质量的车得到交易。而今天,大数据技术的应用,能够很好地解决类似产品市场中的信息不对称问题。例如,特斯拉收集有关车辆里程表、服务历史、速度、位置、电池使用、充电时间、制动、启动和停止时间、安全气囊展开甚至无线电和喇叭使用的信息。这些都能够用于很好地评估二手车的质量。

第二个例子是借贷市场中大数据技术的应用。在传统的主体信用融资模式下,金融机构缺少技术手段来掌握企业的真实经营管理状况,存在企业贷后不还、贷后难还的顾虑,只能依靠提供担保抵押借贷的方式降低借贷风险,但这也成为中小微企业融资路上的绊脚石。金融科技依托于大数据与机器学习等核心技术,对消费者和中小企业进行大规模的数据收集、分析、处理,为人们提供更为有效的信用风险评价和风险预警方式,减少逆向选择问题,提高金融市场效率。借助金融科技等手段,企业的经营与资产情况能够实现数字化,金融机构可以实时全面地了解企业的发展情况,更好地降低企业借贷以后的道德风险。

第三个例子是企业拥有消费者数据以后能够实施个性化策略与服务,如个性化定制、个性化广告、个性化定价等。企业通过大数据技术,精准掌握了消费者的信息,从而能够更好地决策。当然,个性化的福利效应很多时候是不确定的,需要学者对此进行更严谨的学术研究。

(3) 区块链技术

区块链技术作为一种新型数字技术,为降低信息不对称带来了新机遇,具体体现在以下五个方面。第一,降低搜寻成本。区块链只传递与交易相关的信息,且保证了链上信息真实性,因此降低了搜寻成本。第二,降低信息传递成本。区块链技术的"不可篡改"与"公开透明"特征,使区块链系统内的每一个个体都能及时获取所有信息,从而解决了传统市场中价格等信息不能及时传递给交易者,无法灵敏反映市场供求状况的问题,降低了信息传递成本。第三,降低事前不对称信息下的信息成本。签署合同前,区块链交互见证机制会要求每个合同参与方对交易中的某个环节提供信息验证。此外,可追溯、不可篡改的技术特征,也降低了相关人员提供虚假信息的激励。区块链提供的公共账本对于所有参与方都是同步更新的，可以随时查验过去的交易信息，无须依赖第三方，因此建立声誉系统也更加容易。第四，降低事后不对称信息下的信息成本。链上数据的公开透明，使得任一行动都是透明可见的，这能够有效约束事后的道德风险问题。且签订合同后，区块链系统的智能合约能确保合同在条件达成后自动执行，避免出现单方面违约风险，降低契约执行成本。第五，解决多主体信任难题。如果多主体之间存在目标冲突，互不信任，传统的解决方案是求助于权威第三方，但第三方监管容易因为被俘获而失灵，即使没有被俘获，监管成本也很高。此时，区块链系统去中心化、数据透明的技术特征，有助于解决多主体之间的信任难题。

3. 数字技术带来的新问题

从总体上看，数字技术解决了相当一部分问题，但并未解决所有问题。例如，市场上存在的信息垄断问题。现在是信息爆炸的时代，消费者没有那么强的信息处理能力，那么应如何看待这些信息？我们需要依赖有强大信息处理能力的中介，这些中介通常是被垄断的。例如，现在如果要搜寻一个信息，我们首先想到的是借助搜索引擎，但是搜索引擎现在被一些平台垄断，我们能看到的信息都是平台推荐给我们的信息，这就会存在很严重的问题，如垄断者能不能保证它推荐的信息是公平、公正、客观的？因为垄断者有自己的目标，它不是天使型的，所以这必然会带来一些扭曲。

又如，企业在垄断信息以后，可能会进行一些寻租行为。例如，最初创办淘宝的目的是要让天下没有难做的生意，帮助中小企业连接消费者，让消费者能够更好地接触中小企业。但事实上，淘宝从初期发展到现在，中小电商的生存空间逐渐被压缩，因为要有获客量，就要依靠淘宝为其导流，那么就必须付给淘宝相当高的广告费，因为淘宝是信息的垄断者，能轻易地榨取平台上中小电商最终的剩余利润。这里有很多值得研究的问题，包括信息操纵等。

四、未来信息经济学领域的研究方向

信息技术一方面能带来很多好处，另一方面也存在许多值得进一步思考研究的问题。例如，面对数字经济带来的新问题、新元素和新解决方案，研究人员未来应当怎么做，又该如何选择未来的研究方向？

一方面，可以将最新的理论研究和实践相联系。近些年来，微观经济理论的研究重点转向了信息设计。与机制设计不同，信息设计理论强调在给定博弈规则的情形下，设计者试图通过改变参与者的信息结构来改变其策略行为。随着数字技术的发展，某些主体可能更有能力通过改变人们接触到的信息来改变人们的行为，从而达到特定的目标。因此，信息设计将可能得到更广泛的应用。不过，目前信息设计理论还面临两大挑战：第一，假设博弈主体通过贝叶斯法则解读信息，而这是否具有严格的现实基础还需检验；第二，目前对信息设计的讨论还停留在理论层面，鲜有真正应用于实践的例子，如何让信息设计从理论走向实践，采用一种更加"经济工程"的研究范式，会是未来该领域关注的重点。另一方面，要充分利用大数据以及先进的处理大数据的分析工具。这既给我们提供了更多检验理论的机会，也让我们能够通过数据对理论的检验来进一步发展理论。

最后，借用狄更斯在《双城记》中的一段文字来概括数字经济时代：这是一个最好的时代，也是一个最坏的时代；这是一个充满机遇的时代，也是一个充满风险的时代。

数字时代的经济
与管理

"新基建"赋能经济高质量发展的三大方向

黄群慧

数字经济发展离不开数字基础设施建设，而数字基础设施建设可以被归为新型基础设施建设——"新基建"。本文从"新基建"赋能经济高质量发展的角度谈三点认识。

在一个国家和地区的现代化进程中，基础设施发挥着至关重要的作用，完善的现代基础设施，既是实现现代化的基本动力，也是现代化实现的重要标志。当今人类社会进入信息化时代，如同铁路、公路、机场、码头、水利、能源、城市公共服务等各类基础设施对经济发展和人类现代化生活至关重要一样，数据中心、人工智能、物联网、清洁能源网络、智慧城市等新一代信息基础设施对于经济发展和信息时代人类现代化生活的实现具有决定性意义。党的二十大报告指出，高质量发展是全面建设社会主义现代化国家的首要任务，加快新型基础设施建设对中国经济的高质量发展发挥着重要作用。

---

* 黄群慧，《经济研究》主编，中国社会科学院经济研究所所长。本文结合作者在2023年2月18日首届"中国数字经济发展和治理学术年会"上的报告内容整理，部分内容发表在《中国党政干部论坛》，参见：黄群慧. 以新型基础设施建设促进经济高质量发展 [J]. 中国党政干部论坛，2020（11）：28−31.

一、有力推动中国高质量工业化进程的深化

对于中国这样一个后发国家而言，中国的现代化进程融合了工业化与信息化进程，是新型工业化和城镇化驱动的经济增长和社会变迁过程。经过改革开放四十多年的快速发展，中国工业化进程已经步入工业化后期，即将基本实现工业化。但是中国的工业化进程是不均衡不充分的，既表现为传统产业产能过剩和高新技术产业占比不足的产业结构不平衡问题，也表现为近些年出现的经济"脱实向虚"、"过早去工业化"和"过度去工业化"的趋势，以及工业化和信息化融合程度不充分等问题。在"十四五"乃至未来更长时间，中国需要针对上述不均衡不充分问题持续深化工业化进程，实现中国工业化进程从成本驱动的高速度导向转向创新驱动的高质量导向。

在这个工业化深化转型过程中，加快新型基础设施建设将发挥巨大的作用。新型基础设施可以包括信息基础设施，其中有以 5G、物联网、工业互联网、卫星互联网为代表的通信网络基础设施，以人工智能、云计算、区块链等为代表的新技术基础设施，以及以数据中心、智能计算中心为代表的算力基础设施等。新型基础设施还包括智能交通基础设施、智慧能源基础设施等信息技术与传统基础设施融合的融合基础设施，以及重大科技基础设施、科教基础设施、产业技术创新基础设施等支撑研发的创新基础设施。一方面，信息基础设施有效支撑产业信息化、数字化、智能化水平的提升，进而推动高质量工业化的深化，加之融合基础设施建设有利于直接促进工业化、城镇化和信息化的深度融合，而创新基础设施则更好地塑造了深化工业化进程的创新动力。另一方面，加快新型基础设施建设，将直接形成对制造业尤其是电子信息制造业的巨大需求，这将有利于提高制造业在整个经济中的占比，从而在一定程度上遏制"去工业化"的趋势。例如，根据中国信息通信研究院估计，到 2025 年建成基本覆盖全国的 5G 网络，预计需要 5G 基站 500 万～550 万个，这将直接拉动投资约 2.5 万亿元，而 5G 相关产业链投资高达 5 万亿元，其中网络设备投资可占到 40% 左右，投资金额高达 2 万亿元。

从本质上，新型工业化最突出的特征就是工业化和信息化的深度融合，是在传统工业化的基础上叠加了信息化、数字化、网络化、智能化等要求，是新一轮科技和工业革命的信息技术、智能技术等产生和应用的结果。也就是说，新型基础设施可以被认为是新型工业化的基础设施。对应而言，现有的以

"铁公机"等为代表的基础设施，是传统基础设施，也就是传统工业化的基础设施，是上一轮科技和产业革命的结果。因此，"新基建"是推进新型工业化的应有之义。而新型工业化又是中国深化工业化进程、推进创新驱动高质量工业化的战略方向，于是加快"新基建"的建设是中国工业化进程深化的必然要求。

二、有力支撑中国工业基础高级化水平的提升

经过七十多年的发展，中国拥有世界上最完整、规模最大的工业供应体系，按照国家统计局最新行业分类拥有41个工业大类，207个工业中类，666个工业小类，成为全世界唯一涵盖联合国标准产业分类中全部工业门类的国家。而且中国已经是制造业世界第一大国，制造业增加值的规模居全球第一，约等于排在第二位和第三位的美国和日本之和。但是，中国工业基础高级化水平还比较低，在核心基础零部件（元器件、软件、数据库等）、先进基础工艺、关键基础材料和行业技术基础等方面的生产研发条件和实力比较薄弱，在全球价值链中的分工地位和治理能力与控制力还亟待提高。因此提高我国工业基础能力、实现工业基础高级化也就成为我国产业发展的关键任务。根据2016年工信部等部委联合发布的《工业"四基"发展目录》，在信息技术、数据机床和机器人、航天航空装备、海洋工程装备及高技术船舶、先进轨道交通、节能与新能源汽车、电力装备、农业装备、新材料、生物医药及高性能医疗器械等先进制造领域有287项核心零部件（元器件）、268项关键基础原材料、81项先进基础工艺、46项行业技术基础亟待实现突破。由于工业基础能力比较薄弱，当前我国许多产业面临"缺芯""少核""弱基"的窘境，核心基础零部件设计能力不强、关键基础材料缺失、缺乏对先进制造工艺的掌握、基础工业制造软件外部依赖严重都是中国现在工业基础能力薄弱的具体表现。

造成中国工业基础能力比较薄弱的原因是多方面的，既有我国工业化积累不够、现代工业发展时间还不充足的原因，也是改革开放以来我国低成本出口导向工业化战略的必然结果，同时受制于我国教育科研体制和创新政策的不完善。但是，我国的新型基础设施相对不足或者没有很好地发挥支撑作用，也是一个重要的原因。一方面，重大科技基础设施、科教基础设施、产业技术创新基础设施等支撑研发的创新基础设施总体还比较落后，需要加大建设力度。根据德勤公司发布的《2016全球制造业竞争力指数》，中国制造业总体竞争力在

不断攀升,但其驱动因素主要还是成本,在创新政策和基础设施方面,美国、德国和日本的得分分别是98.7、93.9和87.8,而中国仅为47.1;另一方面,无论具体在任何行业或者领域,当今信息时代的计算能力和信息技术等都是支撑其技术创新的关键,人工智能、云计算、区块链、数据中心、智能计算中心等新技术的基础设施和算力的基础设施对工业"四基"的自主创新研发具有重要的支撑作用,加快这些基础设施的建设,对于工业基础能力高级化水平提升无疑具有重要的促进作用。另外,中国工业基础能力的提升,尤其是行业共性基础技术的突破需要协同创新,无论是从创新链看,还是从产业链看,我国都需要增加创新的协同性。而随着新型基础设施建设力度加大,工业互联网等基础设施不断完善,将极大支撑我国创新平台的发展,进一步提高协同创新能力,促进工业基础高级化水平的提升。当然,还应认识到,我国工业基础能力的薄弱,在很大程度上也制约着新型基础设施建设,例如芯片、工业软件等过度依赖国外,也使得我国通信网络基础设施的自主水平不高,应用广度和深度受到限制。因此,加大力度推进新型基础设施建设,本身也对工业基础高级化提出了牵引需求。

三、有力促进中国制造业智能化服务化水平的提高

制造业转向升级的主要方向是通过推进制造业与信息技术的深度融合从而实现制造业的智能化和服务化,或者大力发展智能制造和服务型制造。从根本上说,如果没有信息基础设施、融合基础设施、创新基础设施这些新型基础设施的不断完善和发展,促进制造业智能化和服务化转型,大力发展智能制造或者服务型制造就是空中楼阁。积极推进"新基建"对于制造业智能化服务化水平的提高具有决定性作用。

智能制造可以理解为依靠数据和软件等核心要素投入,以工业互联网为支撑,实现从设计制造、使用维修到回收利用的全生命周期的高效化、绿色化、社会化、个性化的制造过程,包括智能产品、智能生产、智能服务和智能回收等内容。智能制造的发展可以进一步支持和带动智慧农业、智慧城市、智能交通、智能电网、智能物流和智能家居等各个领域的智能化发展,满足生产者和消费者的智能化、个性化需求。无论是德国工业4.0,还是美国提出的先进制造业国家战略计划,都把智能制造作为主攻方向。智能制造也是中国建设制造强国的关键。从发展趋势看,未来的制造强国一定是智能制造强国。而智能制

造最为关键的基础就是工业互联网，如何基于工业互联网平台打造一个制造业发展生态系统，已经成为各国和行业组织促进制造业转型升级、制造企业巨头培育核心竞争优势的关键举措。例如，德国自2013年提出实施工业4.0战略以来，不断推出各类基于工业互联网促进智能制造的国家战略；美国2014年成立工业互联网联盟，到2018年5月已经有40个国家约300家成员单位，成为推动工业互联网最有影响力的行业组织；美国通用电气公司打造工业互联网平台Predix，实现在航空发动机、石化、能源、大型医疗设备等高端设备领域的全生命周期管理生产服务体系，推出了160多种工业应用程序。我国自2015年提出制造强国战略以来，也一直推进工业互联网建设，到2019年中国工业互联网的经济规模已经达到2.1万亿元，进入工业互联网的工业设施已达4 000多万台。2019年11月工业和信息化部发布《关于印发"5G + 工业互联网"512工程推进方案的通知》，明确到2022年，将突破一批面向工业互联网特定需求的5G关键技术，"5G + 工业互联网"的产业支撑能力显著提升，打造5个产业公共服务平台，覆盖10个重点行业，形成至少20个典型工业应用场景，促进制造业数字化、网络化、智能化升级，推动经济高质量发展。

同样，服务型制造的发展也依赖工业互联网等新型基础设施的发展和完善。服务型制造是制造业与服务业深度融合的新产业形态，是制造业企业将制造与服务融合发展的新型制造模式。服务型制造具体包括工业设计服务、定制化服务、供应链管理、共享或者协同制造、全生命周期管理、总集成总承包或者提供系统解决方案服务、信息增值或者智能服务、生产性金融服务、节能环保服务等新业务模式和新产业形态。服务型制造的新模式新业态，本质上都是深入应用数字化智能化技术赋能制造业企业的结果，是通过打造工业互联网服务平台实现制造全要素全过程服务增值的过程。无论是工艺设计服务，还是个性化定制生产，无论是共享或者协同制造，还是信息增值或智能服务，都需要工业互联网将生产制造全生命周期中的具体环节和要素映射到网络虚拟空间并实现互联互通，从而实现制造服务化延伸和价值增值。工业互联网发展可以支撑企业不断地创新服务型制造模式，使得企业在减少人工接触式服务的前提下改善制造企业要素资源的利用效率、扩大服务交易范围和内容、增加满足客户需要的针对性和系统性、提高制造服务全过程的协同性。例如，所谓共享或者协同制造，就是实施协同制造的企业基于产业互联网，通过开发设计制造数据、技术研发组件、机器设备、专业人才、仓储物流、数据分析能力、后端服务等生产制造各环节的各类要素及服务资源,以要素资源输出、行业共性技术共享、闲置资源出租、技术资源交易和专业知识软件化等要素共享服务方式,弹性、动态、准确地配给其他需求企业,形成协同制造网络。协同制造尤其对于中小企业发展具有重要意义,中小企业融入大企业平台的资源网络之中,能够极大地改善自身创新环境,有效激发自身创新活力。

总之,加快"新基建",大力发展工业互联网,促进服务型制造发展,能够极大地激发中国经济新动能,促进经济高质量发展。

中国数字经济的发展逻辑
基于数字市场的研究证据

陈煜波

数字经济正在成为引领全球经济和社会变革的关键驱动力。根据国家互联网信息办公室发布的《数字中国发展报告（2022年）》，经过多年高速发展，我国数字经济规模总量已稳居全球第二。我国数字经济发展的逻辑是什么？与西方发达国家有何不同？正确理解和认识这些问题对我们更好地发展数字经济、依托数字化转型实现我国经济高质量发展具有重要意义。

本文基于笔者多年来对我国数字经济尤其是数字市场的实证研究，总结中国数字经济的发展逻辑，并据此提出政策建议。

一、数字经济的内涵与中国数字经济发展的逻辑前提

不同于农业经济、工业经济以土地、劳动力和资本作为关键生产要素，数字经济的实质在于以数据作为关键生产要素。从以 iPhone（苹果公司发布的手机）为代表的智能手机、以特斯拉为代表的智能汽车，到智能制造、智慧医疗、智慧城市和以 ChatGPT 为代表的生成式人工智能，数据驱动、软件定义、平台支撑、智能主导、价值共创的生产方式正成为数字经济时代资源配置的主要方式。

---

* 陈煜波，清华大学经济管理学院教授、党委书记，互联网发展与治理研究中心主任。

我国数字经济的发展有着与西方发达国家不同的逻辑，其基本前提在于我国在没有完成工业化、城镇化和农业现代化之时，就迎来了数字化，即"四化同步"。① "四化同步"是我国数字经济发展的时代背景和逻辑前提，也是和中国类似的其他新兴市场发展数字经济共同面临的市场环境特点。② 相比之下，发达国家的数字化是在工业化、城镇化和农业现代化进程之后依次进行的。高度工业化、城镇化和农业现代化的基础使发达国家比大多数发展中国家更容易、更快地开始数字化进程。根据中国信息通信研究院的《全球数字经济白皮书（2022年）》，2021年，发达国家数字经济占GDP的比重为55.7%，远超发展中国家29.8%的水平。发展中国家发展数字经济的主要挑战是，必须在数字化的同时兼顾前面"三化"的进程。然而，这也为这些国家提供了一个千载难逢的历史性机遇，因为它们可以利用数字化在二三十年内迅速完成发达国家花了一两个世纪才完成的工业化进程。

二、中国数字经济的发展逻辑：基于数字市场的研究证据

数字化进程最先从数字市场开始。数字经济领域现在最为人熟知的企业，无论是美国的GAFA（Google、Apple、Facebook、Amazon），还是中国的百度、阿里巴巴、腾讯、字节跳动、京东，大都在数字市场领域，其主要收入几乎都来自广告和电子商务。欧盟近期从数字治理的角度，陆续出台了对全球数字经济具有重大影响的《数字市场法》和《数字服务法》，聚焦对数字市场的监管。

在电子商务领域，以中国为代表的新兴市场和西方发达国家有着完全不同的市场环境和发展前提。经过多年的工业化进程，发达国家每个行业都是由少数几家大型企业巨头高度整合。例如，美国的零售业由沃尔玛、塔吉特、梅西百货和好市多等几家零售巨头主导。这些零售巨头能够利用巨大的规模经济，以低成本有效地提供各种高质量产品。因此，新兴的在线零售商很难与线下对手竞争，除非它们能够提供非常出色的客户体验。相比之下，中国等新兴市场

---

① 陈煜波. 抓住历史机遇发展数字经济——用好数据资源 培养数字人才［N］. 人民日报，2018 – 06 – 04（16）.
② Chen，Yubo（2020）."The Development of China Digital Economy：A Study on China's E-commerce Development and Policy Implications"，United Nations Conference on Trade and Development Research Paper.

的零售市场高度分散，甚至存在大量小型低效的夫妻店。从制造商到最终客户产品通常需要几层中间商。因此，即使质量平庸的产品，消费者也必须支付高价。对于电子商务平台来说，如果能够通过互联网和数字技术有效地协调并促使卖家和消费者之间完美匹配，就可以获得相对于传统线下零售商的巨大优势。

虽然新兴市场独特的市场环境为电子商务带来了巨大的机遇，但也带来了巨大的挑战。其中，最大的挑战在于如何在市场中建立信任。联合国贸易和发展会议的研究指出：消费者对数字市场的信任是电子商务发展的主要挑战之一。① 在工业化进程仍在进行的新兴市场，几乎每个行业都高度分散，公司众多，其中许多公司质量低劣，声誉不详。法律体系不够稳固，无法强制执行可信赖的市场行为，这使得消费者很难信任和从卖家那里进行购买。例如，C2C电子商务平台聚集了许多小而散的卖家，这些卖家大多是夫妻店。在此类电子商务平台中，在线买家往往对产品质量或卖家声誉存在严重的不确定性和信任问题。假设电子商务平台没有设计有效的机制来解决这个问题，那么在这样的市场条件下生存将是非常困难的。

1. 自营物流在电子商务中的价值：基于京东的实证研究②

在我国数字经济发展过程中，电子商务行业首先取得快速发展，快递业务也随之高速增长③，但配送服务难以满足用户需求。由于各种原因导致了在线购物的配送服务质量不稳定，如货物配送速度慢、采用暴力卸货、货物丢失等现象时有发生④，这增加了用户在线购物的不确定性。因此，对于在线零售商而言，"最后一公里"问题已经变得越来越具挑战性。为了增加用户对网络零售商和网购的信任，自 2010 年 4 月起，京东先后开始在北京、上海、广州、成都等城市开通自有物流配送服务。⑤ 我们基于京东 25 万用户在 416 个城市

---

① UNCTAD (2017), "Consumer Protection in Electronic Commerce", TD/B/C. I/CPLP/7.
② 该节基于论文 Wu, B, Y Chen, P Naik. "The Value of Own Delivery Service in Online Retailing", https://ssrn.com/abstract=3950965。
③ http://finance.sina.com.cn/roll/2017-01-05/doc-ifxzkhfx4656505.shtml.
④ http://www.chinanews.com/sh/2013/12-10/5601651.shtml.
⑤ 截至 2011 年 12 月，京东在北京、上海、广州、成都、武汉等 22 个城市实行"211"政策：这些城市的用户当日上午 11 点之前完成的订单可保证当日送达，当晚 11 点之前完成的订单可保证次日下午 3 点之前送达。

和49个产品类别超过十年的购买行为的数据，分析京东推出自营物流服务对企业销量和客户购买行为的影响。具体而言，我们以京东开通自有物流配送服务为例，通过两种不同的方法设计自然实验。在城市层面，通过合成控制法，构造与建立自营物流服务城市社会经济状况类似但没有建立自营物流的"反事实"对照城市，进而比较建立自营物流后的城市销量的差异；在消费者个体层面，采用双重差分模型，比较建立自营物流的城市和没有建立自营物流的城市在建立自营物流之前和之后，用户购买行为的差异。进一步，通过从不同省份、不同用户、不同产品品类和不同卖家的角度探索以上效应的影响机制。最后，我们采用文本分析，挖掘用户购物后的产品评论，验证建立自营物流体系影响用户对在线零售企业的信任，进而提升用户的购买行为。

1.1 自营物流对消费者购买行为的影响

2010年4月，京东在北京、上海、广州、成都等9个城市开放自营物流配送服务。随后又在天津、深圳、武汉等城市开放该服务。通过"合成控制法"，能够在城市层面研究自营物流服务对产品销量的影响。但由于北京、上海、广州和深圳属于特大城市，其经济社会特征无法通过其他城市的数据进行加权平均得到，剩下的城市，如成都、武汉等都符合该方法的要求。因此，本小节以成都为例，分析建立自营物流对城市销量的影响。

从图1可以看出，在实施自营物流服务之前，合成成都与真实成都的月销量几乎完全一致，说明了合成控制法能够较好地复制建立自营物流前成都的月销量。建立自营物流（2010年4月）以后，前6个月销售上涨额度低于20万元，涨幅约为32%；2010年9月以后成都的销量开始快速上涨，但合成成都的销量保持稳定，因此真实成都与合成成都的销量差距逐步拉大。二者之间的差表示相对于没有建立自营物流的成都，建立自营物流服务提高了成都的销量。从图1也可以看出，假如京东在成都没有建立自营物流服务，2013年12月合成成都的销量约为81万元，与真实成都地区销量相差约54万元，涨幅约为67%。

图2展示了建立自营物流后真实成都和合成成都的销量均值的差额。2009年1月到2010年3月之间，两者差额在正负5万元之内；自2010年4月起，真实成都和合成成都的销量均值的差额突破原有范围，开始持续为正，并且两者之间的差额不断扩大。从趋势上看，自营物流体系的建立大大提升了京东在成都地区的销量，提升程度也随着时间推移而变得更加显著。具体而言，自建立自营物流后，以2010—2013年真实成都地区年销量为基础来计算增长

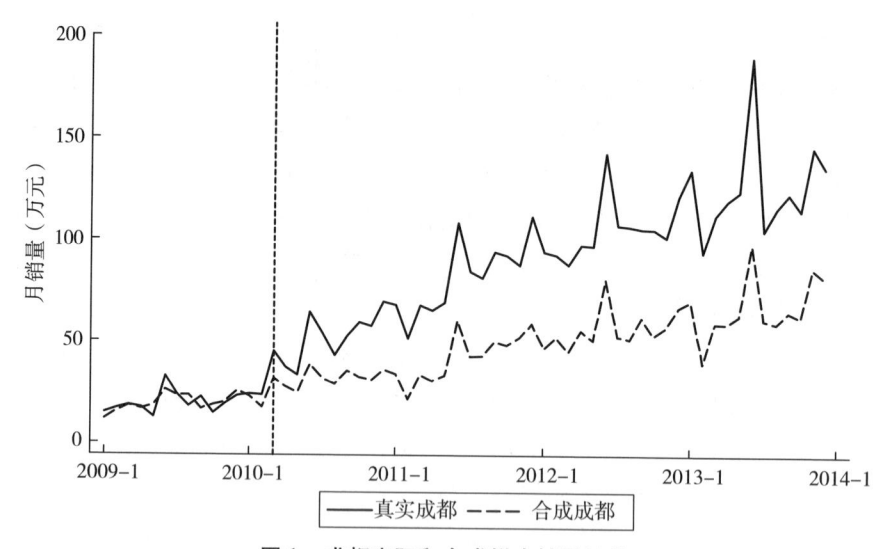

图1 成都实际和合成样本销量均值

资料来源：Wu, B, Y Chen, P Naik, "The Value of Own Delivery Service in Online Retailing"。

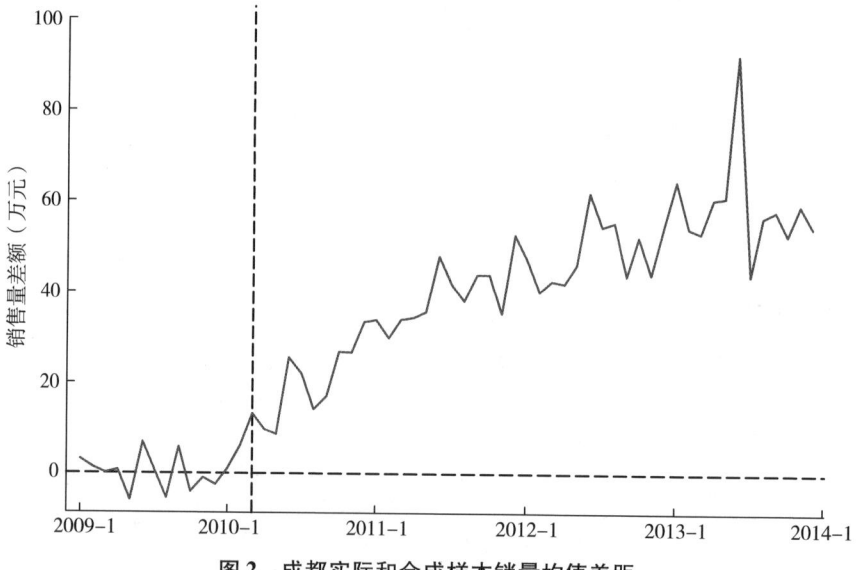

图2 成都实际和合成样本销量均值差距

资料来源：同图1。

率，4年间的增长率分别为38.0%、48.1%、46.5%和47.0%。综合所有城市的影响，建立自营物流对城市销量的平均提升作用约为11.9%，这对电商企业来说是一个非常大的销量的提升。

表1展示了在消费者个体层面，采用双重差分模型，自营物流对用户购买行为的影响。从中可以看出，建立自营物流对用户购买金额有显著的正向影响，用户购物金额相比没有建立自营物流时提高了7.8%；第二列的结果说明，建立自营物流能够显著提高用户购买次数0.045次，约提高4.2%；第三列表明，建立自营物流能够显著提高用户购买产品数量0.157件，提升达5.1%。

表1　建立自营物流对用户购买行为的影响

	Log（购物金额）	购物次数	购买产品数
是否自营物流 × 是否自营物流之后	0.078*** (0.007)	0.045*** (0.005)	0.157*** (0.012)
是否自营物流之后	0.174*** (0.005)	0.111*** (0.002)	0.135*** (0.009)
个体固定效应	是	是	是
个体其他控制	是	是	是
时间控制	月度	月度	月度
观测数	3 096 012	3 096 012	3 096 012
调整 R^2	0.324	0.300	0.211

注：*** 表示在0.1%水平上显著。
资料来源：同图1。

1.2　异质性分析：自营物流如何在不同情境下起作用

（1）城市层面的异质性

我们的合成控制法分析发现，自营物流在不同城市有不同的影响，自营物流服务带来的平均增长率从佛山的6.9%到成都的45.9%，差异很大。为什么在不同城市有如此之大的差异？我们将处理效果与城市特征联系在一起，探索建立自营物流的处理效应在城市或地理市场之间的异质性。我们根据已有研究采用省际信任指数来衡量市场信任水平。① 表2中的市场信任系数表明，相比于高信任水平的市场，自营物流服务在低信任水平的市场能产生更大的影响。

---

① Chintagunta, Pradeep K. and Junhong Chu. Geography as Branding: Descriptive Evidence from Taobao [J]. Quantitative Marketing and Economics, 2021 (19): 53–92.

一个可能的解释是,在信任水平较低的市场,消费者对网购的关注度更高。当京东推出自营物流后,自营物流让消费者产生了对在线购物的信任,从而产生了更多的在线购物行为。

表2 建立自营物流对不同城市的影响

	销量增加(%)
市场信任水平	-0.267**
	(0.048)
市场其他特征控制	是
常数项	33.253
	(15.683)
观测值	12
调整 R^2	0.925

注:** 表示在1%水平上显著。
资料来源:同本文图1。

(2)个体消费者层面的异质性

进一步,我们从顾客购买经历、产品品类和卖家类型角度分析自营物流在消费者个体层面的异质性影响。表3展示了以上异质性的结果。

表3 自营物流处理效应在个体层面的异质性

	Log(购物金额)	购物次数	购买产品数
处理效应			
是否自营物流×是否自营物流之后	0.084***	0.036***	0.046***
	(0.006)	(0.008)	(0.010)
是否自营物流之后	-0.073***	-0.162***	-0.186***
	(0.005)	(0.006)	(0.008)
调节效应			
是否自营物流×是否自营物流之后×顾客购买经历	-0.006***	-0.003***	-0.006***
	(0.001)	(0.001)	(0.001)
是否自营物流×是否自营物流之后×产品价格	0.071***	0.058***	0.051***
	(0.008)	(0.010)	(0.013)

(续表)

	Log（购物金额）	购物次数	购买产品数
是否自营物流×是否自营物流之后×第三方卖家	-0.041 *** (0.008)	-0.043 *** (0.010)	-0.054 *** (0.013)
个体固定效应	是	是	是
个体其他控制	是	是	是
时间控制	月度	月度	月度
观测数	4 934 911	4 934 911	4 934 911
调整 R^2	0.160	0.072	0.047

注：*** 表示在 0.1% 水平上显著。
资料来源：同本文图 1。

从表 3 中调节效应的第一行可以看出，相比于缺乏京东购买经验的顾客，建立自营物流对有丰富的京东购买经验的顾客影响更小。考虑一个购买经验丰富的顾客在京东建立自营物流之前，已经通过多次购买对京东有了较高的信任。如果建立自营物流的关键在于提高顾客的信任，那么它对已经有较高信任的顾客购买行为的影响不大。而对于那些在建立自营物流前信任度并不高的顾客，建立自营物流对他们的影响会更大。

表 3 中关于产品价格的结果显示建立自营物流对顾客购买高风险（价格）产品的影响更大。这一结果显示：由于顾客在购买高价格产品时面临的不确定性相对较高，所需的信任度也较高。因此，建立自营物流服务提高了顾客对在线零售企业的信任，对顾客购买这些产品的影响也就会更大，而建立自营物流对顾客购买低价格产品的影响较小。

进一步，我们将顾客购买的产品分成两个类别：自营产品和第三方产品。在建立了自营物流服务的城市，自营产品主要由京东自营物流团队配送，而第三方产品尽管在京东平台上销售但由第三方卖家发货、第三方物流配送。自营物流服务的建立提高了自营产品的配送效率，增加了用户购买自营产品时与京东的互动，而对于第三方产品，自营物流服务的建立与其物流配送服务没有太大关系。表 3 汇报了使用双重差分模型估计建立自营物流服务对自营产品和第三方产品的影响。从调节效应的第 3 行可以看出，建立自营物流服务对顾客购买第三方产品的金额有显著负向影响；同样，对顾客购买第三方产品的购物次数和购买产品数量都有负向影响。也就是说，建立自营物流服务能够显著提高用户购物行为，提高的来源主要是提高用户对京东自营产品的购买。

1.3 机制探索：自营物流带来更多的信任

自营物流如何促进在线销售？为了探究这个问题，我们使用了 6 714 949 条产品评论，其中包括客户账号、产品名称、购买日期、评论日期、评论评级和评论内容等信息。我们根据客户的账号、购买日期和产品名称，将这些评论与客户的交易记录进行匹配。然后，我们通过文本分析，识别并构建了两个与物流配送服务相关的新指标：包含配送质量相关关键词的评论数和包含信任相关关键词的评论数。进而，我们进行了因果中介模型分析。① 表 4 给出了完整模型的结果。

自营物流服务的处理效应对有关快递质量评论数量和有关信任的评论数量均有正向且显著的影响。同样，有关快递质量评论数量和有关信任的评论数量对顾客购买行为均有显著正向影响。也就是说，自营物流服务提高了顾客对物流服务质量的感知，提升了顾客对在线零售企业的信任，进而增加了每月的支出，即信任在自营物流服务对顾客购买行为的处理效应中发挥了因果中介作用。因此，无论是配送质量还是信任，都不能单独推动消费、购买频率或购买物品的数量。快递质量和信任都很重要。这印证了城市层面异质性分析的结果，即市场信任水平越低的城市，自营物流对产品销量的正向处理效应就越强。

表 4　因果中介效应模型

	快递质量评论数	信任评论数	Log（购物金额）	购物次数	购买产品数
处理效应					
是否自营物流 × 是否自营物流之后	0.006 *** (0.002)	0.004 *** (0.001)	0.079 *** (0.006)	0.020 * (0.008)	0.028 ** (0.010)
是否自营物流之后	-0.025 *** (0.002)	-0.034 *** (0.002)	-0.067 *** (0.005)	-0.144 *** (0.006)	-0.167 *** (0.008)
中介效应					
快递质量评论数			0.129 *** (0.005)	0.344 *** (0.017)	0.378 *** (0.021)

---

① Habel, Johannes, Sascha Alavi, and Kim Linsenmayer. Variable Compensation and Salesperson Health [J]. Journal of Marketing, 2021, 85（3）：130 – 149.

（续表）

	快递质量评论数	信任评论数	Log（购物金额）	购物次数	购买产品数
信任评论数			0.074***	0.235***	0.257***
			(0.005)	(0.020)	(0.024)
调节效应					
是否自营物流×是否自营物流之后×顾客购买经历	-0.011***	-0.008**	-0.007***	-0.003***	-0.006***
	(0.003)	(0.003)	(0.001)	(0.001)	(0.001)
是否自营物流×是否自营物流之后×产品价格	0.001	-0.000	0.069***	0.056***	0.050***
	(0.002)	(0.003)	(0.008)	(0.009)	(0.013)
是否自营物流×是否自营物流之后×第三方卖家	-0.000	-0.003	0.042***	0.044***	0.055***
	(0.002)	(0.003)	(0.008)	(0.009)	(0.013)
个体固定效应	是	是	是	是	是
个体其他控制	是	是	是	是	是
时间控制	月度	月度	月度	月度	月度
观测数	6 714 949	6 714 949	6 714 949	6 714 949	6 714 949
调整 R^2	0.008	0.017	0.164	0.089	0.058

注：*** 表示在 0.1% 水平上显著。

资料来源：同本文图1。

在我国数字经济发展过程中，电子商务企业如何解决市场发展过程中的信息不对称问题？如何建立起顾客对在线零售企业的信任问题？我们基于京东的研究结果表明，在线零售商可以通过自营物流来建立消费者的信任。对于第三方配送服务提供商，当消费者收到损坏的产品时，责任归属仍然是模糊的，而在自营物流服务情形下，在线零售商对产品损坏或其他交付问题承担全部责任。因此，顾客使用自营物流服务进行网上交易的风险较低。此外，配送人员是京东的员工，他们与顾客互动，与顾客建立关系，从而建立顾客对京东的信任。因此，自营物流服务可以帮助在线零售商建立起顾客的信任，进而增加顾客在平台的购买。京东通过推出自营物流服务，建立了客户对零售商业务的信任，从而增加了客户的每月支出、购买频率和购买的物品数量。顾客平均每月消费支出增长7.8%。在城市层面，自营物流服务导致各城市的总销售额增长11.9%。信任水平较低的城市的增长幅度大于信任水平较高的城市。自营物流服务对不经常光顾的顾客、价格较高的产品类别和京东自营的产品销售增长更大。

2. 共享经济：中国与发达国家的差异①

以优步（Uber）、滴滴为代表的共享经济平台近年来得到蓬勃发展。目前大多数关于共享经济平台的研究基于西方发达国家的共享经济平台，指出众包供应是共享经济的基本要素。② 尽管我们同意众包供应是许多共享经济先行者的特征，但正如表5所示，我们认为数字经济才是共享经济的本质，共享经济平台的主要角色是数据生成者和价值创造者。以中国著名的网约车公司曹操出行为例，该平台的所有汽车都是由其母公司汽车制造商吉利制造的。通过分析乘客在何时何地使用网约车服务的使用行为数据，曹操出行可以提供更好的网约车服务。更重要的是，曹操出行从其所有汽车中收集大量实时物联网（IOT）数据，这些数据有助于吉利通过观察用户在车辆使用过程中的行为和未满足的需求来改进其创新流程并设计出更好的汽车，这些用户行为和物联网数据是传统汽车制造商无法拥有的。事实上，传统企业正越来越多地通过垂直整合到下游共享平台来拥抱共享经济，以便更好地利用平台数据产生的价值。

正如电子商务市场一样，信任是以中国为代表的新兴市场发展共享经济的主要市场障碍。因此，共享经济平台在这些市场中的关键作用是通过提出创新的商业模式，建立可信赖和信誉良好的品牌来改善客户体验，从而充当信任建设者和市场生成者。通过对中国市场的研究，我们发现，一般来说共享经济平台使用两种模式来建立新兴市场的信任。

第一种模式是自营模式。一个很好的例子是首汽约车。它的商业模式不同于优步及其在中国最大的竞争对手滴滴出行采用的众包供应模式。首汽约车拥

---

① 该节研究主要基于 Chen, Yubo and Liantao (Tarry) Wang. Commentary: Marketing and the Sharing Economy: Digital Economy and Emerging Market Challenges [J]. Journal of Marketing, 2019, 83 (5): 28 – 31。
② Eckhardt, Giana M., Mark B. Houston, Baojun Jiang, Cait Lamberton, Aric Rindfleisch, and Georgios Zervas. Marketing in the Sharing Economy [J]. Journal of Marketing, 2019, 83 (9): 5 – 27.

有自己的车队，只提供少数车型，这有助于平台减少网约车客户的服务差异性。该平台的母公司首汽已有 70 多年的历史，为国家重大活动和接送国宾提供运输服务，是业内最值得信赖的品牌之一。首汽约车使用品牌延伸策略来利用其母公司的强大品牌资产，直接雇用所有司机，并培训他们成为专业服务人员（使用其母公司的培训方法）。这种自营模式确保了一致和高质量的服务，有助于在客户之间建立信任。首汽的知名品牌形象和优质服务使它在服务中高端客户的同时收取溢价和适当的价值。

共享平台建立信任的第二种模式是充当高度集成的服务提供者，而不是纯粹的匹配服务模式。在一些行业如家庭共享市场，爱彼迎（Airbnb）等共享平台可能很难提供自己的房屋来满足消费者的特殊需求，因此，它们倾向于采用众包供应模式。然而，在我国这样的新兴市场，买卖双方的市场信任问题非常重要，为此，与西方同行运营的纯匹配服务模式不同，我国的本地房屋共享提供商往往使用高度集成的服务提供商模式。一个典型的例子是在我国业内处于领先地位的家庭共享提供商小猪短租。小猪短租创立于 2012 年，截至 2019 年，在全球 700 多个城市和目的地拥有超过 80 万个房源。在中国的共享房屋市场中，信任和安全是房主和消费者主要关注的问题，因此小猪短租从一开始就以这些问题为中心。除了爱彼迎等西方同行采用的典型商户租户双向评级系统外，小猪短租还引入了多种机制，包括具有面部识别功能的智能门锁，以防出现未经授权的租户，从而增强信任。该公司还与第三方公司合作，如蚂蚁金服，提供私人芝麻信用评分系统，因此房主可以筛选出信用记录不良的潜在客户。房屋共享服务的买家还面临严重的不确定性和对卖家的信任问题。中国房屋的卫生和安全标准可能低于美国或欧洲的标准，因此需要采取措施提高其质量。2018 年 4 月，小猪短租推出线下服务中心，在热门旅游目的地为房主提供这样的综合服务解决方案。该公司分析客户的行为数据（例如，浏览、租赁、评论数据），并为房主提供业余房东指导、室内设计、照片拍摄、清洁服务以及智能家居管理系统等解决方案，以增加买家对其平台上房屋共享供应商的信任。这种重资产、高度集成的服务模式与爱彼迎采用的轻资产、纯匹配服务模式有很大不同，在中国这样的新兴市场环境中更容易被供应商和买家接受。

表 5　共享经济：数字经济特征和新兴市场带来的挑战

	数字经济特征	新兴市场的挑战
关键市场特征	数据作为关键生产要素	信任作为关键的市场壁垒
共享经济平台的制度性角色	数据生成者和价值创造者	信任建立者和市场生成者
营销与商业流程如何改变		
管理顾客体验	聚焦利用用户行为数据改善用户体验	专注于建立顾客信任以改善客户体验
管理创新	聚焦利用用户行为数据和物联网数据为上游企业管理创新流程	专注于建立创新的商业模式以建立信任
管理品牌	聚焦基于数据和隐私保护以建立可信赖的平台品牌	聚焦为买卖双方建立可信任和有声誉的平台品牌
管理价值分配	专注于基于价值链上下游的数据整合为合作伙伴创造价值并从中盈利	聚焦利用自营和高度整合的服务模式为客户创造价值从而盈利

资料来源：Chen, Y, Wang L. Commentary: Marketing and the Sharing Economy: Digital Economy and Emerging Market Challenge [J]. Journal of Marketing, 2019, 83 (5): 28 - 31.

3. 政府前瞻性的数字基础设施政策和移动电子商务的发展

通过上面两个案例研究，我们发现我国数字经济能够迅速发展的一个重要原因在于，我国本土的互联网和数字经济企业推出适合于"四化同步"市场环境的商业模式。然而，这背后最重要的驱动力在于我国政府针对"四化同步"的发展阶段推出了一系列前瞻性的数字基础设施建设政策，成功地将我国超大规模市场和人口红利转化为数据红利。[1] 不同于资本的规模收益递减效应，数据要素存在非常强的规模收益递增效应，数据量越大越丰富，数据的潜在价值就越高。多年来，我国政府一系列前瞻性的数字基础设施建设和政策，比如宽带中国、3G/4G 网络建设、提速降费等，成功地将我国的人口红利和超大市场规模优势转化为数据红利。根据中国互联网络信息中心（CNNIC）第

---

[1] Chen, Yubo. "The Development of China Digital Economy: A Study on China's E-commerce Development and Policy Implications", United Nations Conference on Trade and Development Research Paper, 2020.

46次《中国互联网络发展状况统计报告》,到2020年上半年,我国互联网网民规模达9.4亿人,互联网普及率达67%,网络购物用户规模达7.49亿人,网络支付用户规模达8.05亿人。我国已成为世界上最大的互联网市场和数据资源国家,这为我国数字经济的蓬勃发展打下了坚实的基础。

我国政府从互联网发展的早期阶段就一直特别关注建设数字基础设施。早在1999年和2000年,中国政府就通过建立三大电信运营商来重组电信行业,以促进市场竞争,并颁布了多项政策,大幅降低电信和互联网接入费,以促进信息通信技术的采用和互联网的发展。2009年1月,中国政府向三家电信公司颁发了具有三种不同标准的3G牌照,正式开启了中国的移动互联网时代。2013年8月,国务院正式启动"宽带中国"战略。该战略设定,到2013年底实现2.1亿家庭采用固定线路宽带(40%普及率),3.3亿3G/LTE(第三代移动通信及其长期演进技术)用户(25%普及率)的近期目标,短期目标是到2015年实现2.7亿家庭采用固定线路宽带(50%普及率)和4.5亿3G/LTE用户(32.5%普及率),中期目标是到2020年实现固定宽带用户4亿户(70%普及率),3G/LTE用户达到12亿户(85%普及率)。除了互联网覆盖率和渗透率的目标外,该战略还设定了不同目标来提高用户的互联网连接质量和速度。例如,城市家庭的宽带接入速度必须从2013年的20 Mbps(兆位/秒)提高到2020年的50 Mbps,农村居民的宽带接入速度将从2013年的4 Mbps提高到2020年的12 Mbps。2015年,国家又出台了后续政策,通过加快高速宽带和4G网络建设,大幅提高网速,同时降低入网费。

因此,根据中国互联网络信息中心的报告,互联网用户数量从2013年的6.18亿(渗透率为45.8%)增加到2018年的8.29亿(渗透率为59.6%)。移动互联网用户数量从2013年的5亿(占互联网用户的81%)上升到2018年的8.17亿(占互联网用户的98.6%)。农村网民数量从2013年的1.77亿增加到2018年的2.22亿。与此同时,网上零售额从1.85万亿元跃升至9.01万亿元。这些都极大地促进了中国庞大的人口和市场的数字化,积累了巨大的数据资源,为数字经济发展奠定了基础。

随着移动互联网的快速发展,在中国政府数字基础设施政策的推动下,中国农村地区的移动互联网普及率非常高。2014年,农村居民移动互联网普及率为84.6%,比城镇居民高5个百分点。在如此独特的市场环境下,纯移动电商平台拼多多于2015年9月成立。它提供从日常杂货到家用电器的各种产品。与阿里巴巴和京东不同，拼多多只推出了移动渠道，主要针对欠发达地区的消费者，提供深度折扣产品。来自农村地区或低线城市的消费者约占拼多多总用户群的65%。拼多多利用"团队购买"模式，鼓励用户在微信等移动社交网络上分享拼多多的产品信息，以极低的成本获取用户，并通过社交媒体平台的社交互动解决信任问题。拼多多充分利用移动互联网的优势，以大幅折扣的价格主要针对农村消费者，在很短的时间内成为中国第三大电子商务巨头。至2018年，拼多多经历了爆发式增长，并于2018年7月26日在纳斯达克上市，估值达600亿美元。根据其财务报表，它在2018年拥有4.185亿活跃客户和686亿美元的交易收入。

我们的一项研究探讨了移动互联网将如何影响中国的电子商务。[1] 基于我国大型消费者层面的一个移动应用采用、使用和位置数据集，我们研究发现，在我国传统线下零售店相对缺乏的地区，消费者会更多地使用移动互联网购物。这表明移动互联网有助于缓解农村地区等欠发达市场零售网点短缺的问题。因此，移动互联网的数字基础设施战略促使更多农村消费者高度参与电子商务的使用，为中国电子商务的蓬勃发展做出重要贡献。

三、政策建议

过去二三十年，中国政府和企业基于对自身发展环境的深刻理解，推出了适合新兴市场发展环境的政策和商业模式，成功地在全球探索出适合新兴市场环境、不同于西方发达国家的数字经济发展逻辑和模式，也为下一阶段我国经济高质量发展奠定了坚实的基础。[2] 随着产业数字化的不断深入，我国数字化进程正由消费端全面渗透到生产端，与制造业等实体经济全面融合。我国过去几十年数字经济的发展逻辑为我们下一阶段健康发展数字经济，实现高质量发展提供了重要的政策借鉴。[3] 具体包括：

第一，加强5G、工业互联网等新基建，打造行业性和区域性数字经济时代供给端公共基础设施，解决市场信任和失灵问题，将我国拥有的完备工业体系带来的生产端丰富的场景优势转化为数据红利。

---

[1] Cui, Xuebin, Ting Zhu and Yubo Chen, "The Value of Mobile Shopping in Emerging Markets: Mitigating the Offline Retail Sparsity", https：//ssrn.com/abstract=3263871.
[2] 陈煜波. 大力发展数字经济 [N]. 人民日报, 2021-01-20 (09).
[3] 陈煜波. 我国数字经济发展前景广阔 [N]. 人民日报, 2021-10-15 (09).

第二，继续实施包容审慎的监管政策，大力弘扬企业家精神，鼓励优秀的本土企业打造具有全球竞争力的创新平台和生态系统。

第三，加强数据资源的整合、开放和监管，推进数据要素市场改革，构建全产业链供应链的数据链，促进数据和人才向传统制造业和中小企业流动并得到开发，提高自主创新能力，掌握关键核心技术。

第四，大力培养既懂行业又具有数字化素养的数字人才，打造政府、企业和社会共同培养的数字人才供给机制。

第五，加强数字技术与生物、材料、能源等技术的交叉融合，加强颠覆性数字技能的培养和场景数据构建，依托产业数字化构建新一代科技革命的全球竞争力。

多样性增长的价值

陈龙

一、规模经济的逻辑和边界

经济增长往往是规模经济的增长，或者说人类协同能力和效率的增长，而技术革命带来了前所未有的可能性。从工业革命早期的一个个小工厂，到后来的大企业，在过去一百多年中，现代商业诞生的很大程度上的一个标志是企业规模的增长，这与工业化、城镇化是一起发生的，这是人类协同能力的增长。伴随这个过程，也曾经有大量关于企业规模与责任大小的辩论。

在今天，数字技术带来了人类协同能力新的指数级别的增长，但这指的还不是企业的规模，而是协同生态的规模。以平台经济为例，平台企业的特点其实是平台上很多的供给和需求都不属于它，但各方参与者都会在平台中获益。这不是简单的企业内部和外部，不只是上下游，而是多方参与的整体协同，这也是为什么平台经济是数字经济的重要载体。如何用好人类新的规模化协同能力，真正带来经济增长，这是一个发展问题。当然，同样重要的问题是更大的协同能力应该承担什么样的责任，这是一个治理问题。

---

* 陈龙，罗汉堂总裁。本文根据作者在 2023 年 2 月 18 日首届"中国数字经济发展和治理学术年会"上的报告内容整理修改而成。

数字时代的规模经济是有边界的。今天所有的大型互联网公司的增长都遇到了瓶颈，而且企业估值波动很大，所以规模一定有它的问题和边界。

总而言之，数字时代对于人类协同的发展规模、责任边界以及规模边界，都提出了新的问题，需要突破原有的框架去理解，不能因袭惯性。

二、多样性增长为消费者带来的价值

经济增长能够提升消费者福利，这是共识，但关键是如何理解增长，尤其是在经济增长速度放缓、强调高质量发展的今天。在经典经济增长理论中，供给的多样性被认为是非常重要的支柱。2018年，保罗·罗默（Paul Romer）因其内生增长理论而荣获诺贝尔经济学奖，从理论上阐释了经济增长是通过生产者不断研发新产品而发生的。

尽管罗默的理论广为人知，但在实际经济GDP核算中，多样性的变化并没有被很好地衡量。统计机构为了估算实际GDP，通常需要构建物价指数以平减名义GDP的增长。在新商品不断涌现的时代，如何构建正确的物价指数，对依赖传统调查方式的统计机构是很大的挑战。

这个挑战来源于多个方面。首先，因为新产品在上一年是没有的，其价格变化难以被衡量，这就导致物价指数与GDP的错估。其次，因为统计机构通常会以市场中销量较好的商品的价格代表每个品类商品的价格，所以，在商品创新丰富程度越来越高的时代，这种方式会忽略质量更高的新商品对旧商品的替代，也会导致物价指数的高估与GDP增长率的低估。

GDP是理解经济增长的核心指标，其衡量的偏差也会影响对生产率的度量。正如索洛悖论（Solow Paradox）所言："在遍地都是计算机的时代，在生产率的统计中却看不见计算机。"也就是说，在人们的生活随着数字经济的发展而日新月异的时候，关于经济增长的衡量指标却发展缓慢。这为我们如何认知与发展数字经济带来了严峻的挑战。我们认为商品多样性的发展可能是解释索洛悖论的一个重要因素。

GDP通常被认为是一个衡量生产的指标。但在市场经济中与供给侧相对应的需求侧，新商品同样对消费者福利的衡量带来挑战。人们通常用实际人均消费来度量消费者福利，这同样面临构建物价指数的挑战。大家可以想一下，在现实生活中，消费者会津津乐道如何在某平台上淘到在本地线下市场难寻的物件。消费者福利不只是一个支出数字，更包含了商品选择范围的大规模扩展对消费者的价值。

三、多样性和数字时代的关系

第一，数字化技术促进了市场的整合与市场规模的提升，大大降低了距离等影响贸易发生的传统因素的影响。贸易中有一个著名的引力定律（Law of Gravity），即贸易额随着买卖双方的距离增加而下降。在伦德勒等人（Lendle et al.，2016）[①] 对于易贝的研究中，可以看到距离已经没有那么重要（见图1）。同样，在电商平台上，买家和卖家的平均距离大约是1 000千米（见图2）。原来一般店铺的服务半径，即便在上海这样非常发达的城市，也只有10千米左右，80%以上的用户会在这个范围内购物。但现在距离的作用被大大淡化了，其结果是每个店铺能服务的消费市场规模得到了大幅扩展，市场规模扩大的同时带来了商品数量的大幅提升。在国内外的电商平台上，商品品类的可得性是用亿级单位衡量的，这是任何一个传统大卖场都无法想象的。

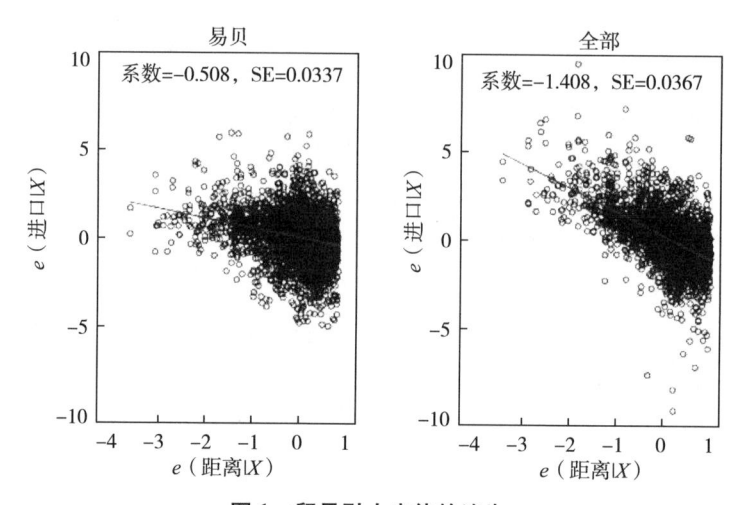

图1　贸易引力定律的消失

注：全部贸易数据来自61个国家的商品贸易，占全球贸易的92%以上，这些商品贸易都限定为易贝平台上交易的商品品类。易贝的双边贸易数据来自与易贝同一组的国家。

资料来源：Lendle et al.（2016）。

[①] Lendle, A., M. Olarreaga, S. Schropp, and P. L. Vézina. There Goes Gravity: Ebay and the Death of Distance [J]. The Economic Journal, 2016, 126 (591): 406–441.

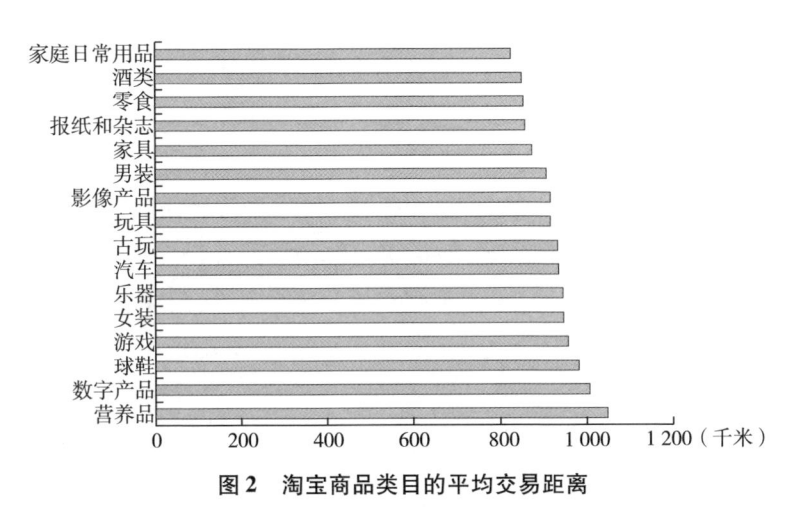

图2　淘宝商品类目的平均交易距离

资料来源：罗汉堂。

第二，多样性在数字时代的激增带来了生产者和消费者关系的变化。在海量可得供给面前，消费者能看到的东西是有限的，所以需要构建有效的桥梁，让每个消费者能找到他们真正需要的东西，这里对于大数据的使用就非常重要。根据相关学者[①]在淘宝上做的衡量个人数据使用重要性的对照实验，如果关闭实验组商品推荐中的个人数据因子，那么相比对照组而言，消费者只会获得浏览头部商品的机会。这样消费者的获得感会急剧下降，离开网站。如果可以基于个人偏好数据而推荐，就可以让消费者看到很多适合自己的长尾商品；在供给侧，这意味着很多生产个性化产品的商家能够获得机会。所以数字技术带来的不只是多样性的提高，也改变了在多样性提高的情况下，生产者和消费者之间的关系。

第三，数字技术除了扩大市场范围、降低商品触达消费者的成本，同时还降低了商品的生产成本。众多研究显示企业在信息系统上的支出会显著提升企业生产率。在微观层面，流程数字化的一个具体例子是服装行业。该行业的流程数字化通常包括多个步骤。

数字化的第一步是打版。借助计算机辅助设计（CAD）软件，设计师的草图可以转化为标准化图形，可用于第二步工艺规划。工艺规划阶段详细说明

---

① Sun, T., Yuan, Z., Li, C., Zhang, K., & Xu, J. The Value of Personal Data in Internet Commerce: A High-stake Field Experiment on Data Regulation Policy, SSRN 3962157, 2021.

制作服装所需的不同程序，包括裁剪多少件、如何缝制和完成最终服装。规划的最后一步是估计完成不同程序所需的工作时间。在实践中，借助三个不同的软件，数字化在每个阶段都提高了生产率，降低了生产成本，促进了商品多样性的提升。

例如，在淘宝的羊毛衫这个类目中，有140多种设计属性，包括印花和条纹等，还有60多种风格属性，包括都市、休闲、商务等，加起来就有2 800多个真实组合，这里的多样性是非常细致的。在传统门店中，看不到这么丰富的组合。

四、衡量多样性

斯坦福大学的埃里克·布莱恩约弗松（Erik Brynjolfsson）教授和我以及我的同事高希杰合写了一篇论文，尝试衡量多样性的价值。布莱恩约弗松教授是在数字经济领域非常知名的研究者和思考者。他目前担任斯坦福大学数字经济研究中心主任，曾出版著作《与机器赛跑》。

在这篇文章中，我们利用淘宝的电商数据来量化商品多样性的增长对消费者福利的提升效应。衡量商品多样性的增长需要高质量的商品编码数据，用于跨商家识别相同产品。我们聚焦图书这个行业，主要有两方面的原因。首先，在图书行业，每本图书都有标准的图书编码（ISBN）。该编码是出版社确定的唯一图书编码，可以识别不同商家售卖的同一本图书。我们可以利用该编码衡量市场上图书种类的变化。其次，中国超过70%的图书购买是在网上完成的，其中超过一半是在淘宝和天猫完成的，所以图书行业是比较有代表性的。

对于图书行业，除了标准图书编码，淘宝对每个商家卖的每一本不同图书也有一个独特的ID（商品编码）。两个ID结合起来，就可以衡量商家经营图书的丰富度，以及商家之间经营不同图书的定位差异化。

我们研究的数据跨度是2015—2019年，包括图书的三个类目，分别是外国语言文学、参考书与百科全书以及哲学与宗教。我们首先发现从2015—2019年，图书的品类大幅增加：2015年的图书编码约有16.7万个，到2019年则超过33万个，增长98%。其次，我们发现与留存商品相比，新商品更偏小众化。新商品的平均市场份额约为留存商品的29%。对于2015年和2019年都已经存在的书，每本书约有7.21个商家在售卖；相比之下，2019年售卖的2015年没有的书中，每本书只有2.79个商家在售卖。这意味着不是每一个商家都卖同一种书，它们之间是有差异化竞争的。在需求侧有多样化的需求，对应到供给侧，则体现在差异化的定位和竞争。

表1　商品多样性的变化：2015年与2019年

(a) 商品种类的增加

	年份	图书数量	ISBN数量	平均图书数量/ISBN数量	销售份额
2015年的所有图书	2015	973 354	167 116	5.73	1.00
2019年的所有图书	2019	1 313 715	330 597	3.96	1.00
2015—2019年都有的图书	2015	51 206	87 880	9.12	0.94
	2019	51 206	87 880	7.21	0.57
2015年有售但2019年无销售的图书	2015	922 148	79 236	1.96	0.06
2019年有售但2015年无销售的图书	2019	1 262 509	242 717	2.79	0.43

(b) 商品销售份额

年份	排名前100的图书	排名前1 000的图书	排名前10 000的图书
2015	0.29	0.56	0.85
2019	0.32	0.58	0.87

资料来源：Brynjolfsson et al. (2022)。[①]

此外，我们还发现在图书市场上长尾现象显著。我们根据布莱恩约弗松等人（2010）的定义，把销售量排名前1 000的图书定义为大众品，1 000名之后的图书为小众品。我们发现2015年或者2019年，销量排名前1 000的图书的市场份额达到56%或58%，这意味着剩下的超过99%的图书都是长尾供给，这就给了很多商家差异化定位的空间，这是多样性在供给侧的具体体现。通过图书这个案例可以看到，这个时代的需求是多样化、小众化、个性化的；应对这个需求，供给侧的定位则是差异化的，这样可以让我们更具体地理解增长是如何发生的。

我们写作这篇文章的另一个目的是研究传统GDP在多大程度上低估了消

[①] Brynjolfsson, E., Chen, L., & Gao, X. Gains from Product Variety: Evidence from a Large Digital Platform [J]. National Bureau of Economic Research, 2022 (No. w30802).

费者福利的提升。这里根据宏观与贸易领域的文献，假定消费者的效用函数为两部分 CES（常数替代弹性）形式。大众品与小众品分别以不同的价格替代弹性进入消费者效用函数，为的是反映新商品大多为小众商品的事实。

在这个框架中，给定消费支出，消费者福利取决于综合物价的变化，而购买多样性的增加，从消费者福利的视角看，类似于降低了个别商品的价格。此外，我们可以通过每年新商品的市场份额来衡量多样性对价格的影响，这就解决了 GDP 中需要计算价格变化的问题。

通过消费函数中多样性对于价格的影响，再结合价格弹性的估测，可以回答一个问题：假如商品多样性相比 2015 年不变，消费者需要多花多少钱，才能达到 2019 年的福利水平？这个问题的答案就是多样性给消费者带来的价值。

我们利用同一个卖家售卖的同一本书在不同地区价格与销售量的关系来估计需求价格弹性。直接简单的线性回归会受到内生性的影响，我们利用消费者支付的运费作为工具变量来解决这一问题。通过估测，大众图书的需求价格弹性是 -1.93，小众图书的需求价格弹性是 -1.51。负的需求弹性意味着价格上涨会带来需求下降。所以如果价格上涨 1%，大众图书的销量会下降 1.93%，小众图书的销量下降 1.51%。但小众图书的弹性更低，可能的原因是大家对小众图书的需求黏性更大。此外，对于大众图书市场，商家间更激烈的价格竞争也可能导致需求价格弹性为负的情况。

此外，值得注意的是我们估计的价格弹性还是比较低的，这表明在淘宝上即便是比较标准化的图书品类，不同商家也可以通过各种方式包括商品标题、礼品、图片、物流方式等方面进行差异化，从而降低价格竞争的幅度。

基于对需求价格弹性的估测，我们可以通过消费函数推算出商品多样性提升对消费者福利的影响。核心结论是，商品多样性带来的消费者福利达到其支出水平的 120%。其含义是如果商品多样性维持在 2015 年的水平，消费者在 2019 年要多花 120% 的支出才能维持相同的福利水平。如果按照公开的图书开支数据 400 亿元计算，就意味着商品多样性的提升给消费者带来了额外的约 480 亿元的福利，相当于每个淘宝用户获得的 60 元的福利没有被考虑在 GDP 中。

如果只看实际价格，从 2015 年到 2019 年，图书价格平均下降了 3%，对应的消费者福利只是 3% 乘以 400 亿元，所以多样性带来的福利不但超过了消费开支本身，而且是价格变化的 40 倍以上，而这些都没有被考虑在传统 GDP

的衡量中。

另外，我们的研究也表明商品小众化的趋势会对消费者福利的提升幅度有显著影响。如果忽视商品小众化的趋势，则会低估30%的消费者福利。我们还发现，在相对欠发达的地区，多样性带来的消费者福利会更大，具体体现在，人口密度越高的地方，消费者从商品多样性中获得的额外福利越低；如果人均GDP越高，福利也越低。所以电商带来的商品多样性对欠发达地区更有价值，因为欠发达地区的多样化需求更难以被传统线下销售渠道满足。

总之，在数字时代，多样性带来的增长是非常重要的增长方式，因此理解传统GDP对多样性的衡量偏差，变得越来越重要。迄今为止，这方面的研究文献还是非常有限。我们从图书的视角衡量消费开支中没有衡量到的多样性带来的消费者福利，由此得出的主要结论是，多样性带来的消费者福利非常重要，而且消费者在数字时代的需求越来越多样化、小众化、个性化。与此相对应，商家的定位也是多样化的，通过差异化定位，进而减少价格竞争。

在数字时代，因为有了数据，可以通过微观研究理解宏观现象，比如在供给越来越丰富的时代，如何拉动内需，如何通过推荐、直播、视频等各种方式，唤起和匹配消费者对美好生活的需求，变得更加重要。而对消费者福利和增长方式的理解和更多研究，可以帮助我们回答这些问题。

数字化的经济社会影响

寇宗来

回顾人类历史,每一次重大变化都与某种"通用目的技术"(General Purpose Technology,GPT)有关。文字、铁器、蒸汽机、电、化石能源的使用,都导致人类社会的生产方式、生活方式以及权力结构发生重大变化。比如,文字的出现,让人类的历史变成了"信史",可以让文化和科技知识的传承与人的肉体相分离,这极大地降低了文化和科技知识随着偶然冲击而遗失的风险,进而让人们可以"站在巨人的肩膀上"不断地累积创新。再比如,蒸汽机的出现让人类的各种生产活动从"人力"和"畜力"中解放出来,造就了影响极其深远的产业革命。很显然,数字技术也是一种典型的通用目的技术,数字技术的创造和采用,即数字化转型已经并将继续革命性地重塑人类社会的方方面面。

一、数字化的经济社会影响

作为一名经济学者,笔者认为要理解和分析数字化的经济社会影响,一个自然的起点是现代经济学鼻祖亚当·斯密(Adam Smith)在《国富论》中阐释的基本逻辑。斯密在《国富论》开篇做出论断,国民财富的增长源于劳动

---

* 寇宗来,复旦大学经济学院副院长。本文根据作者在 2023 年 2 月 18 日首届"中国数字经济发展和治理学术年会"上的报告内容整理修改而成。

生产率的提高，劳动生产率的提高源于分工和专业化程度的加深，而分工和专业化程度又受制于市场范围的大小。这就是乔治·施蒂格勒（George Stigler）提出的斯密定理。后来，加里·贝克尔（Gary Becker）和凯文·墨菲（Kevin Murphy）又补充了另外一种机制，即分工的专业化程度受制于协调成本的大小。不妨将之称为贝克尔-墨菲定理。

有了这两个定理，我们很容易理解数字化的经济社会影响。第一，数字化会改变传统的交易撮合方式，会将原本在信息意义上分散的千千万万的小市场整合成一个大市场。电子商务是最典型的例子。在传统的线下交易方式下，因为信息沟通限制，卖家和买家都局限在区域化的小市场中。从乡村的赶集，到农贸市场，再到诸如沃尔玛之类的商业中心，只有当买卖双方在线下相见时，交易才有可能发生。但到了数字时代，借助电商平台，卖家和买家无须在物理空间见面，就可以借助互联网的沟通和支付方式而达成交易。特别是，对于"网店"而言，不管消费者身处何地，只要他们能够接入网店所在的互联网和电商平台，就可以从中"看到"并选择和购买中意的产品，其实际效果相当于整合和扩大了有效的市场范围，故由斯密定理可知，分工和专业化程度将会加深。

第二，数字化会降低各分工环节之间的协调成本。在分工和专业化过程中，各环节之间需要及时的信息沟通和交流。在传统方式下，这要求人们聚集于同一个地理空间；换言之，通过书信、信使等进行沟通会出现时间上的滞后以及信息上的遗漏或者扭曲。但到了数字时代，借助微信、微博、腾讯会议等新媒体方式，人们能够随时随地进行方便有效的沟通和交流，这不但提高了信息分享的效率，而且也节省了大量的交通成本，故由贝克尔-墨菲定理可知，分工和专业化程度会加深。

综合起来，数字化可以通过扩大有效市场范围和降低各分工环节之间的协调成本而促进分工和专业化，并最终促进劳动生产率的提高和国民财富的增长，这是对数字化的经济社会影响的总体把握。而到了更加微观的产业和企业层面，分工和专业化程度的加深将意味着新模式和新业态不断涌现，接下来将分析数字化如何影响企业的组织边界以及产业的动态演变。

只要对交易成本或者新制度经济学有所了解，就应该熟悉罗纳德·科斯（Ronald Coase）关于企业性质或者企业边界的经济理论。在他看来，完成任何交易，既可以采用以价格体系为代表的市场机制，也可以采用以命令为代表的权威机制。在科斯之前,经济学家大都忽视了价格体系的运行成本,因而科斯的洞见是,两种机制都是有运行成本的,而企业的本质是用指令替代价格来完成交易。如图1所示,一个合理的假设是,与价格体系和市场机制对应的交易成本与企业规模大小通常没有太大关系,如图中的横实线所示;与之相对,指令交易成本则会随着企业规模递增,因为企业规模越大,指令信息越有可能在传达过程中发生扭曲和渗漏,换言之,实现相同的指令效率成本越高。最终,市场交易成本线和指令交易成本线相等决定了企业的"有效规模":如果企业的真实规模小于有效规模,则扩大规模会提高整体运行效率;反之,如果企业的真实规模大于有效规模,则缩小规模会提高整体运行效率。

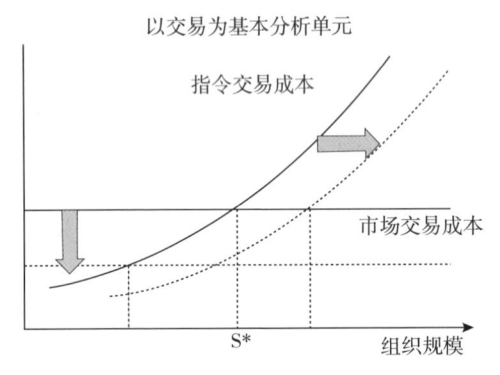

图1 交易成本与组织边界

科斯的理论对中国早期的市场化改革起到了巨大的推动作用。在计划体制下,整个国家类似于一个规模超级巨大的托拉斯,因而引入市场机制,向各种微观主体下放决策自主权就是提高经济运行效率的应有之义。

二、数字化对企业竞争优势及产业演化动态的影响

接下来,作为对科斯理论的简单应用,我们来探讨数字化如何影响不同规模企业的竞争优势以及由此而来的产业演化动态。具体来说,分别对应于降低指令交易成本和市场交易成本,数字化会造成"大而强"和"小而美"两种效应。

先看"大而强"机制。直观上讲,随着数字化进程的推进,组织内部实施指令交易的成本会大幅下降(图1中指令交易成本实线向右移动变为虚线),由此,如果保持市场交易成本基本不变,则组织的有效规模将会增加,

进而扩大企业规模会提高运行效率。数字化导致指令交易成本下降的例子很多。比如，采用ERP（企业资源计划）系统会使企业内部指令上传下达更加顺畅，减少各种形式的信息渗漏和扭曲，这些都会提高指令交易相对于市场交易的效率，进而推动企业有效规模的增加。与之对应，现在出现了许多超大型互联网公司。另外一个生动的例子是"学习强国"App（应用软件）。中国共产党现在有9 800多万党员。可以想象，在传统方式下，要让如此之多的党员同时学习党的政策文件并评估学习效果是何等困难，但到了数字时代，借助学习强国App，有多少人学习了、学习了什么、学习了多长时间等数据，都是可以瞬间得到的。这无疑极大地强化了党的组织效率，进而能够容纳和有效协调如此之大的党员规模。这就是我们所谓的"大而强"。

　　再来看"小而美"机制。即便到了数字时代，组织内部的许多交易成本并不是因为上传下达不顺畅所致，而是主要来自人为的推诿和卸责，此时数字化可能并不会显著降低组织内部的指令交易成本。与之对应，正如我们经常观察到的，组织内部无法解决的事情或许可以通过"外包"解决，而数字化的作用就体现为市场交易成本的下降。的确，借助数字化搜索，人们能够更加容易找到潜在的交易对象；借助微信、钉钉、腾讯会议等互联网社交和会议工具，潜在交易双方能以更低的成本相互了解和达成交易。市场交易成本下降的结果是组织的有效规模减小，进而提高整体运行效率。最典型的例子是自媒体的兴起。在传统方式下，报纸的分发和购买需要借助报刊亭等物理场所，大报社则因为拥有这些线下网点而享有强大的竞争优势。但到了数字时代，资讯能够很容易并且几乎以零成本借助微博、微信朋友圈等方式快速传播。一个人数很少的自媒体团队，只要内容"质量高"（从传播角度看，意味着能够吸引眼球和注意力，并不一定真的具有学术价值和内容深度以及正确的价值观），就可以借助互联网"杠杆"产生极其巨大的社会影响。阿基米德曾说，给我一个支点，再加一根足够长的杠杆，我就可以撬起整个地球。对自媒体而言，"质量"是支点，而互联网传播手段便是足够长的"杠杆"。这就是所谓的"小而美"。

　　在现实中，数字化当然会同时影响指令交易成本和市场交易成本，故从理论上讲，组织的有效规模变化似乎并没有确定的变化方向。注意到组织内部的指令交易成本下降不是"天上掉馅饼"，而是需要不菲的投资才能实现，但从微观主体视角看，市场交易成本则是随着互联网传播手段的进步而外生变化的。由此我们可以推断,在传统方式下居于中间规模的企业将面临"两不靠"的数字化转型窘境:一方面,它们的规模不够大,没有充裕的财力推进内部的数字化转型,因而无法享受"大而强"的优势;另一方面,它们的规模又不足够小,做不到"船小好掉头",因而无法享受"小而美"的优势。正是因为这种"两不靠"的效率陷阱,如果从企业数量和企业规模来考察产业组织,其结果将是数字化转型会导致中间规模的企业向两头分化,形成小企业数量越来越多、大企业规模越来越大的"哑铃型"产业生态系统。

按照经济学家约瑟夫·熊彼特(Joseph Schumpeter)的观点,产业演化和经济发展最终都是由创新推动的。在其早年的代表作《经济发展理论》中,熊彼特强调了"个人英雄主义"式的企业家初创企业对创新活动的核心作用。但在其晚年的代表作《资本主义、社会主义与民主》中,或许是观察到大企业支持的大型实验室在产业创新中的关键作用,熊彼特强调大企业和垄断市场结构更加有利于创新发展。有些人认为上述两种主张是相互矛盾的。但究其本质,"创造性破坏"的思想在熊彼特早年和晚年都是一以贯之的。只不过,在不同产业阶段,对于不同企业,创造性破坏的表现形式有所不同。

任何大企业都是从小企业成长起来的。故从创新的视角看数字化的影响,"大而强"意味着对应于特定的"技术轨道",有些小企业更能通过"精益求精"的渐进式创新,获得竞争优势并成长为大企业,而数字时代的网络外部性机制极大地强化了这种优势。"小而美"则意味着在众多小企业中总有一些会发生"变异",创造出改变"技术轨道"的颠覆式创新,而数字化转型的影响是加速了中小企业的生灭速度,进而也加速了在位大企业被新兴小企业"换道超车"的产业演变进程。

基于上述分析,可以做三点拓展性的评论。

一是关于如何理解品牌。提到品牌,大家可能就会想到"百年老店",因为百年的时间沉淀意味着文化、质量以及随之而来的在位者竞争优势,总之"百年老店"被普遍认为是一个"好"的概念。但从另外一个角度看,以前之所以有不少"百年老店",是因为整个经济社会没有明显的技术进步和创造性破坏,进而同样的产品、同样的工艺,可以父亲做了儿子做,儿子做了孙子做。到了数字时代,维持一家"百年老店"将变得异常困难。数字化转型会加速新技术、新模式、新业态的涌现,任何企业,不管其现在有多成功,在持续不断的"换道超车"式的"降维打击"下,都很难长久存活。

二是关于风险投资在创新发展中的关键作用。前文的分析已经指出,中间规模会成为企业发展的低效率陷阱和死亡区,因而任何小企业要成长为大企业,就必须尽快跨越这个低效率陷阱和死亡区。"尽快跨越"意味着,单纯依靠企业内部资本积累是不行的,必须诉诸外部融资的资本积聚。现实的困境是存在信息不对称,小企业因为总体上良莠不齐,很难获得商业银行的融资支持,这并非中国独有,而是全球现象。美国等发达国家的实践表明,风险投资将成为初创企业获得外部融资的主要来源。鉴于信息不对称是导致中小微企业融资贵融资难的关键原因,风险投资的作用不仅在于向它们提供资金,更重要的是将具有良好发展前景的小企业筛选出来。一个值得强调的现实观察是,诸如阿里、腾讯之类的超大型互联网平台企业,日益成为在产业发展中起关键作用的企业风投集团。与普通的风投集团相比,企业风投集团的独特之处在于,它们在投资、兼并和收购中小企业的过程中,更有可能"内化"与其业务相关联的各种外部性,以便形成所谓的"闭环生态"。但与此同时,因为企业风投集团本身有相关的经营业务,它们也有可能"滥用"市场势力,压缩中小企业在兼并收购过程中的合理收益,而从动态角度来说,这种"风投式扩张"又会对市场的创新激励产生负面影响。所以,如何实现大企业和小企业共生共赢的产业生态系统,将是经济发展和政策制定面临的重大课题。

三是关于认知壁垒。一个基本而重要的问题是,为何在位大企业无法长久维持其竞争优势?先看一个现实案例。数字照相是在柯达内部产生的,但在当时的技术条件下,模拟胶卷还相当赚钱,因此转向数字照相的机会成本很高,即肯尼斯·阿罗(Kenneth Arrow)提出的阻碍在位者接受新技术的替代效应,其含义是在位垄断者的创新激励更小。但是,如果柯达管理层当时能够预见数字照相将会替代模拟照相,他们将有积极性采用数字照相技术。的确,如果考虑市场进入,则存在"效率效应"(垄断利润大于双寡头利润之和),在位垄断者的创新激励会高于潜在进入者。由此可见,在位大企业之所以会被新兴小企业替代,归根结底是因为认知壁垒。对此,我们不妨引用普朗克的名言:一种新理论之所以赢得胜利,不是因为说服了它的对手,而是随着这些对手最终死去,更容易接受新理论的新世代成长了起来。从更加积极的角度看,则是在数字化转型加快创造性破坏的进程中,任何企业或者个人都更加需要处理好一对微妙的矛盾:一方面,必须做好自己熟悉的业务才能获得竞争优势;另一方面,又必须对新生事物保持好奇心和敬畏心。

三、数字化如何影响资本主义生产方式的基本矛盾

接下来将探讨数字化如何影响资本主义生产方式的基本矛盾。数据已经成为极其重要的新的生产要素,这自然地关系到资本主义生产方式的基本矛盾,即社会化大生产与生产资料私人占有之间的矛盾。以 AI(人工智能)为例。设想用 AI 实现某种功能,这将需要很高的训练成本。比如现在很火的 ChatGPT,OpenAI 为此投入巨资进行大模型训练。用 AI 实现某种功能的技术特征是高固定成本和低边际成本的组合,这意味着显著的规模经济,即平均成本会随着产量的增加而下降。当然,理论上我们也可以采用传统的生产方法,即雇用人工来执行类似的功能,其技术特征是低固定成本和高边际成本的组合。从长期看,平均成本是竞争优势的决定因素。两相对比容易推断,当产量很大时,使用 AI 的平均成本就一定会低于使用人工的平均成本,这意味着,在资本主义生产方式下,为了追逐个体效率和利润增值,产量很大的标准化产品或者服务在将来可能都会被 AI 替代。给定 AI 的出现和迭代与数据这种生产要素密切相关,我们说数字化会加剧资本主义生产方式的基本矛盾。

这种矛盾加剧的原因是"智能机器人"具有显著的扩大收入差距的"二元属性"。一方面,它在生产属性上越来越像"人",进而能够替代"劳动";另一方面,它在收益属性上依然是"机器",依然是"资本"。作为"资本",智能机器人的成本由利率刻画,但由于它在功能上又能替代"劳动",这就意味着"工资"最终会被利率锁定。因此,如果假设人口的数量相对稳定,则在资本积累的过程中,劳动收入占比就必然会下降。

二战之后,著名经济学家卡尔多(Nicholas Kaldor)总结出了著名的六个"卡尔多事实",其中与我们的分析特别相关的有两个,即在资本积累的过程中,平均利率水平和劳动收入占比大致上保持不变。借助柯布-道格拉斯函数和索洛增长模型,大家很容易理解这两个性质。但托马斯·皮凯蒂(Thomas Piketty)在其著作《21世纪资本论》里指出,现在劳动回报没有资本回报高,进而收入分配问题日益严峻。以特朗普当选美国总统并为迎合美国锈带选民而大打贸易战为典型,不平等的代价是严重的。诺奖获得者约瑟夫·斯蒂格利茨在其著作《不平等的代价》中对此有深刻的分析和阐释。

现在之所以出现"逆全球化"潮流,除了地缘政治等原因,也因为我们在此强调的数字化转型对既有国际分工和贸易秩序的颠覆和重塑。按赫克歇尔-俄

林（Heckscher-Ohlin）的比较优势基本原理，不同国家因为要素禀赋差异而进行国际分工和国际贸易，就中美而言，将是中国生产和出口劳动密集型产品，而美国生产和出口资本或技术密集型产品。需要强调的是，这种基于要素禀赋结构的国际分工和贸易模式有一个前提假设，即至少有一种要素是不能自由流动的。一般认为，资本容易跨界流动，而劳动则不能跨界自由流动，这大致上也刻画了通常意义上的治理边界，奠定了传统的国际贸易和分工格局。

给定智能机器人既是机器又是人，既是资本又是劳动，其跨界流动意味着作为生产要素的资本和劳动同时发生了跨界流动。因此，随着智能机器人在生产过程中所占比重越来越高，以传统的资本－劳动比刻画的国家之间的要素禀赋差异将被稀释，进而国家之间的传统比较优势以及与之对应的国际分工和贸易格局也将被颠覆和重塑。这将带来巨大的挑战。由此可以推演，一些高端制造业回归美国并非完全不可能，这值得我们警惕和做出相应的应对方案。但需要指出，既然这种转移是由智能机器人推动的，即便真的出现高端制造业回流美国，也不能与解决美国的就业问题画等号。

四、数字化对城市竞争优势的影响

这一节以三本书为引子来探讨数字化对城市竞争优势的影响。第一本书是20世纪90年代麻省理工学院（MIT）学者尼葛洛庞帝（Nicholas Negroponte）的《数字化生存》（*Being Digital*），其富有远见地预测了数字化将全面重塑人类社会的生产和生活方式。第二本是托马斯·弗里德曼（Thomas Friedman）的《世界是平的》（*The World is Flat*），它预言全球化和信息化将削弱国家和区域之间的各种差异。第三本是著名经济学家爱德华·格莱泽（Edward Glaeser）的名著《城市的胜利》（*Triumph of the City*），其中尤其强调了中心城市因为聚集效应而获得日益巨大的竞争优势。

那么该如何理解数字化生存遇到城市的胜利？一个良好的起点是区域和城市经济学中的屠能－阿隆索（Thunen-Alonso）模型。大致来说，设想城市中心有CBD（中央商务区），人们到CBD工作，则考虑到通勤成本，房价将从CBD到郊区逐渐降低。由此不难推理，假设数字化技术可以允许人们远程工作，则数字化会削弱CBD的优势，同样会削弱中心城市对周边城市的优势。但观察现实会发现，中心城市的优势实际上是在增强的，也就是说，数字化和互联网并不像托马斯·弗里德曼讲的那样让世界变平，而是让世界变得更加崎岖，正如大平台赢家通吃一样，大城市与小城市相比也越来越强。笔者的理解是，大城市的竞争优势可能来自与"默会知识"相关的聚集效应。比如说，疫情期间大家都在线上开会，但今天我们都很高兴到线下来开会。两者的差别体现在，线上会议固然更加方便，但在有些方面是无法替代线下会议的。这种不可替代性来自面对面人际交流中"只可意会不可言传"的默会知识。更加一般地，竞争优势是由公开知识和默会知识共同决定的，而默会知识往往只有在线下才能获得。换言之，线上与线下不是简单的替代，在很多情况下是相互补充的，进而线上线下融合会产生巨大的竞争优势。从互补性的角度看，可以理解为何成功通常难以模仿。因为人们往往只能看到成功者的部分信息，即那些可以被度量、被"编码"的公开信息，却不能观察到那些实际上对成功同样至关重要的私有或者默会知识。

五、数字化对经济学研究方式的影响

沿着比较优势原理的思路，下面来讨论数字化会如何影响经济学者的研究方式。抽象地假设经济学研究需要用到两种要素——铅笔和数据，并将学术研究分为铅笔密集型的理论研究和数据密集型的经验研究。由此，数字化对经济学研究的影响将有两个机制。第一个机制来自罗伯津斯基定理（Rybczynski Theorem）。该定理意味着，如果一种要素外生增加，则这种要素相对丰裕的生产者会绝对获益。以此不难推理，随着数字和算力变为生产要素并按照摩尔定律指数般增加，则数据密集型的研究者会因此绝对获益。在过去二三十年里，不单是经济学，实际上绝大多数学科都呈现明显的经验化趋势。原因很简单，随着数据可获得性和算力的提高，许多本来无法检验的理论开始变得可以检验。第二个机制来自理论研究和经验研究之间的互补性。简言之，随着经验证据越来越多，理论解释将变得更加稀缺，进而学术价值和市场价值也会更大。比如说，现在的大数据模型还缺乏基本的理论解释，进而在可解释性、鲁棒性和外推性等方面都存在巨大的困难。最终是两种机制综合作用的结果。但观察现实，当前似乎还处于罗伯津斯基机制占优的阶段。

六、数字化与社会极化

最后，要讨论的是数字化与社会极化之间的关系。我们都有很多的微信群，或许还从中看到过"友谊的小船说翻就翻"的真实情况。基本的观察是，针对诸如中医、转基因等话题，人们已经很难进行理性冷静的"和而不同"的讨论。诸如此类的任何命题，往往是有一半人支持而另一半人反对，或者三分之一支持、三分之一反对、三分之一沉默。如图 2 所示，埃隆·马斯克曾在推特上推送了一条信息，其中表达的基本意思是，尽管他的政治立场保持不变，但随着美国社会日益"左倾"，他在美国的政治图谱中逐渐从"中左"变成了"中右"，进而他也从民主党的支持者变成了共和党的支持者。现在的问题是，为什么会发生这样的变化？我的理解是，这与数字时代新闻媒体的智能推送产生的信息茧房和意识形态极化有很大的关系。

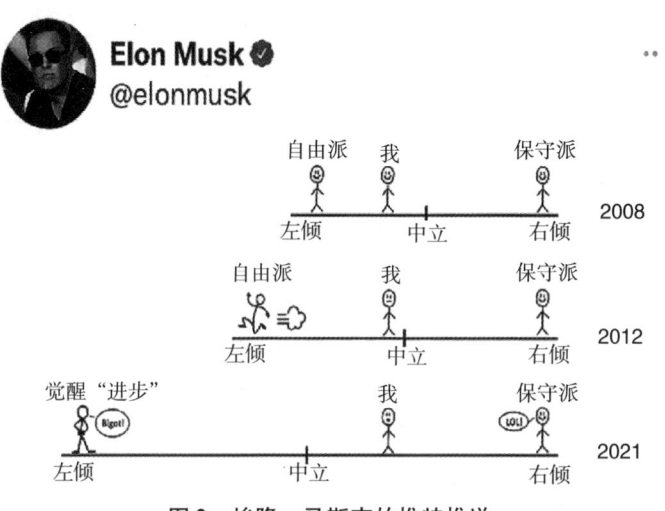

图 2　埃隆·马斯克的推特推送

资料来源：推特。

简言之，这背后的经济机理就是"性相近，习相远"。这是《论语》里面孔夫子的观点。值得注意的是，孔夫子并没有说"人之初，性本善"，那是孟夫子的观点。我个人更倾向于孔夫子的说法。具体来说有三个要点：第一，"性相近"意味着每个人一开始在性情品质上都很相近，并没有太大的差别，但"相近"毕竟不是"相同"，而是有差别的。第二，"习相远"的含义是，每个人最终的性情品质是受其经历影响的。正如哲学家米歇尔·福柯（Michel Foucault）所言，每个人都由其接收到的信息所塑造，不妨称之为"福柯效应"。第三，行为经济学的研究发现，人类在信息处理上具有显著的"确认偏差"，我们更喜欢见到我们习惯的东西，或者是对客观信息按照主观希望的方向去解释。

综合以上三点，参照图3，通过对比平面媒体和数字媒体，我们将很容易理解数字化与意识形态极化之间的关系。

	传统媒体	数字媒体
能否区分消费者	否	是
商业策略（确认偏差）	中性化报道，中位货币选票	个人画像，定制化智能推送
叙事影像（福柯效应）	中性化趋势	信息茧房，意识形态极化

媒体的逐利动机缓解了意识形态极化

传统媒体
左派 中位 右派

媒体的逐利动机加剧了意识形态极化

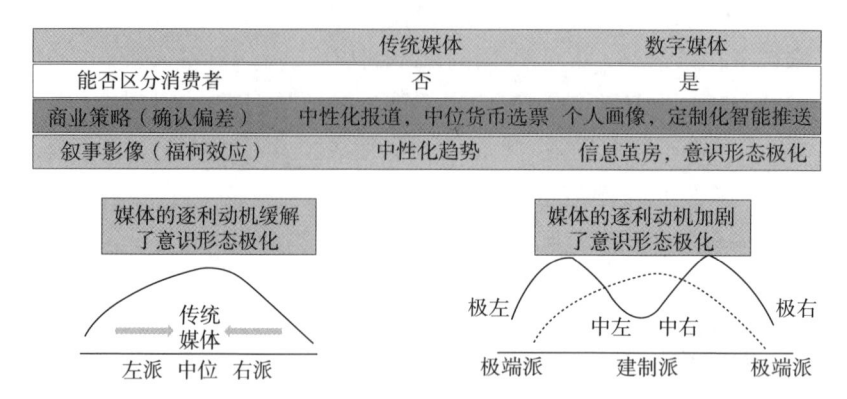

极左 中左 中右 极右
极端派 建制派 极端派

图3 传统媒体与数字媒体

资料来源：作者绘制。

首先看传统情形下的平面媒体。报社要赚钱，就需要尽可能增加其发行量，以便有更多的销售收入或者广告收入。平面媒体的特性意味着，尽管报社知道"人各有偏好"，即左派喜欢看左派倾向的报道或者不喜欢看右派倾向的报道，右派喜欢看右派倾向的报道或者不喜欢看左派倾向的报道，但报社无法对每个具体的读者有准确的了解，不知道谁是左派谁是右派。由此，报社为了追求利润，就会在报道上采取比较中性化的"左右逢源"的意识形态立场，以免太左而失去右派的读者，或者太右而失去左派的读者。这样一来，根据福柯效应可知，中性化的媒体报道最终又会塑造出比较中性化的类似于纺锤形分布的社会意识形态。

但在数字时代，情况将会发生根本性的变化。最关键的差别是，借助于大数据分析和互联网传播手段，数字媒体可以根据每个人的阅读历史等为其"画像"，并以极低的成本推送迎合其意识形态偏好的定制化信息。因为投其所好，这种定制化推送能显著提升读者的"黏性"，但也正因如此，将使读者陷入所谓的信息茧房：尽管我们身处信息爆炸的数字时代，但每个人只能选择性地收到其喜欢阅读的信息。由福柯效应可知，这最终必然导致意识形态极化，而随着左派越来越左，右派越来越右，整个社会的意识形态图谱就会从单峰分布变成双峰分布。道不同不相为谋，意识形态极化的后果是整个社会越来越难以达成基本的共识。

伯特兰·罗素（Bertrand Russell）在《西方哲学史》中警示，任何社会都面临两种相反的危险：一方面是过多的纪律和对传统的敬畏导致的创新匮乏、陷入僵化；另一方面则是个人主义过度膨胀，社会无法达成共识而趋于解体或者被外国征服。数字化转型让上述两种危险都变得更加尖锐，因而每个国家或政府都需要在强化监管以维持社会凝聚力和容忍多元化以鼓励创新之间实现艰难和微妙的平衡。

数字化和创业

丛林

电子商务的快速扩张一直以来都是中国数字经济发展的重要现象，并且与实体经济紧密相连。本文基于笔者在首届"中国数字经济发展和治理学术年会"上的主题演讲以及和共同作者完成的三篇文章，探讨总结电子商务如何影响经济运行中的市场主体，尤其是广大中小微企业的创业创新，进而促进实体经济的发展。这一系列文章整合了工商企业注册数据、大型电子商务平台的脱敏交易数据、北京大学中国企业创新创业调查（ESIEC）实地调研数据、中国小微经营者调查（OSOME）线上问卷数据等代表性数据资源，首次研究电子商务平台对中国实体经济中创业和企业发展的影响，特别针对新创企业进入与产业集聚效应、女性创业、冲击下中小企业数字化转型等方面进行分析，并提出相关政策建议。

一、电子商务与创业、集群深化

自数字化平台兴起以来，世界各经济体都在加速转向数字化技术，特别是电子商务平台的发展，为个人和企业提供了信息共享、商品及服务交易的数字空间。同时，世界上市值最高的一些企业也依赖于数字平台技术，越来越多的

---

* 丛林，康奈尔大学约翰逊商学院 Rudd 家族管理学讲席教授及金融学终身教授，康奈尔金融科技中心创始主任和数字经济金融科技实验室（DEFT Lab）创始人。本文根据丛林教授在 2023 年 2 月 18 日首届"中国数字经济发展和治理学术年会"上的主题演讲与相关工作论文内容，在阿里巴巴集团经济研究与机制设计专员杨笑寒的协助翻译下整理而成。

企业家和投资者也更多关注数字技术与平台经济的发展。然而，文献中对于电子商务以及电商平台对实体经济中企业行为的影响的认识不足且不完全一致，特别是在如何影响经济运行中的线上、线下创业行为方面。关于电子商务以及电商平台的发展对其他行业的影响，特别是对加工制造业的影响，目前在学术文献中还没有一致的结论。基于此，《数字平台与实体经济：地区创业和产业发展》一文研究了电子商务平台扩张对中国企业创业和产业集群的影响。①

1. 电子商务平台对市场扩张的影响

此文主要为电子商务平台的扩张在中国企业创业过程中所起的作用提供了相应的实证证据。具体而言，文章首先使用中国某大型电子商务平台在214个样本区县的电商交易加总数据，并通过电商平台的商品品类与二位数行业的对应关系，将其与工商企业注册数据相匹配，构建了一个全新且独特的反映电子商务发展与实体经济中企业进入、产业集群的数据库。然后，通过对中国跨区域不同行业间的贸易网络构建识别策略，将电子商务平台上的需求冲击转化为对提供相应产品或服务的样本区县及所属行业的冲击的预测值，用以检验电商扩张对企业进入和产业集群深化的因果效应。

表1报告了使用Bartik工具变量两阶段回归的估计结果，并同时报告了最小二乘法（OLS）回归的结果作为比较，覆盖的时间区间为2015—2019年。从估计结果的数量级看，平均而言电商平台需求扩张使本地生产或服务提供商在电商平台上的销售额每增加1%，可导致当地相应行业中的新注册企业数量增加0.083%；而在本文使用的电商交易数据中，2015—2019年平台上的电商交易总额年均增长率为25.4%，企业进入数量则年均增长15.3%，这意味着根据本文的估计，电商平台需求扩张的冲击可以解释近13.8%的创业数量增长。总体上，基准回归的结果显示，电子商务平台扩张的需求冲击更多地在集约边际上对提供产品及服务的地区、行业产生影响，促进新企业的创建和进入，即参与电子商务的卖家更有可能集中分布于特定的地区和行业；与之相对应的是，电子商务在扩展边际上没有产生明显的影响，即电子商务扩张本身没有明显地使更多的地区、行业参与其中。

---

① Cong, L. W., Ponticelli, J., Yang, X., and Zhang, X, Digital Platforms and the Real Economy: Regional Entrepreneurship and Industrial Development, Working Paper, 2020.

表1　电子商务扩张对企业进入的影响

	（1）	（2）	（3）	（4）
	是否有企业进入		企业进入数量（log）	
	OLS	IV	OLS	IV
电子商务指数	−0.001	−0.036	0.023***	0.083***
	(0.001)	(0.040)	(0.002)	(0.035)
控制变量	是	是	是	是
区县固定效应	是	是	是	是
行业固定效应	是	是	是	是
区县-行业固定效应	是	是	是	是
季度固定效应	是	是	是	是
观测值	74 052		27 652	
调整后的 R^2	0.464	0.010	0.700	0.510

注：表中第（1）（3）列使用 OLS 估计，第（2）（4）列使用 Bartik 工具变量两阶段回归估计。括号中报告聚类到区县层面的标准误。解释变量"电子商务指数"为样本区县在电商平台上的销售额（取对数）。被解释变量分别为是否有新建企业的虚拟变量、新建企业的数量（取对数）。控制变量包括人均 GDP、人口密度、城市化率、财政自给率、固定资产投资、区域面积等。回归还控制了区县、行业、季度的固定效应以及区县-行业双向固定效应。

显著性水平：* $p<0.1$，** $p<0.05$，*** $p<0.01$。

资料来源：电商交易数据、工商企业注册数据。

2. 集群深化和产品多样性

为何电子商务发展会提升制造业、电商及线下关联企业的创业呢？我们的研究发现电商平台的发展加强了集群深化和产品多样性，进而催生了更多企业家创业。

我们将数据加总到区县层面并估计电商平台的发展对产业集群的影响。具体而言，本文以龙小宁和张晓波[1]提出、随后由李岩[2]等进一步扩展得到的基于相似度构建的产业集群指数作为因变量。这一集群指数基于产品空间的相似度

---

[1] Long, C., Zhang, X. Cluster-based Industrialization in China: Financing and Performance [J]. Journal of International Economics, 2011, 84 (1): 112–123.
[2] 李岩. 中国开发区：产业政策外溢、FDI 的选择存续和城市扩张 [D]. 北京：北京大学，2021.

矩阵构建，同时考虑了相关性和集中度等因素。其直观结论是，产品空间的相似度反映了不同行业之间在技术工艺、投入品、市场等方面的共同因素，而以往的相关指数则更关注地域或行业层面的集中度，无法充分反映企业之间的关联性，但这往往在产业集群中被观察到更为重要。我们的估计结果显示，提供产品及服务的企业在电商平台上的销售额每增加1%，将使集群指数提高约0.1%，而以电商销售每年25.4%的增速计算，将使集群指数增加近2.54%，对比其4.47%的年平均增长率，表明电子商务平台扩张的需求冲击较为明显地提高了产业集群的水平。结合基线回归中关于扩展边际和集约边际的分析结果，电子商务的发展更多地促进了已有产业集群的深化，而较少地促进新产业集群的出现。

我们还从企业所有权的角度讨论异质性影响。具体而言，我们根据工商企业注册数据中的所有制信息，分别计算了民营企业和国有企业的注册情况，并分别使用相同的设定进行回归分析。结果发现电子商务扩张的主要效应体现为促进了新进入的民营企业数量增加。对于国有企业，在使用Bartik工具变量之后，无论在扩展边际还是集约边际上，电子商务扩张对国有企业的行为都没有显著影响。因此，电子商务扩张的需求冲击主要影响民营企业。

表2展示了电子商务平台的扩张是否影响了新建企业规模的回归结果。第（1）列和第（2）列的被解释变量为新建企业注册资本的5%分位数，第（2）列中使用Bartik工具变量的估计发现，电商平台扩张的需求冲击显著地降低了新进入企业注册资本的5%分位数。由于注册资本的5%分位数水平一定程度上反映了企业进入的门槛，所以这一结果表明电商平台发展对创业的促进作用主要可能在于降低了创业的资本壁垒，从而允许更多的小微企业参与其中。给定中国企业家通常面临金融效率低下的问题①，我们的这一结果表明可以借助电子商务的发展来降低资本壁垒，进而缓解金融体系不完善带来的约束，并促进更多的创业；这也有助于解释为什么电商平台的需求冲击对国有企业的进入影响并不大，其原因在于国有企业面临的金融约束相对较小。同时，第（3）列和第（4）列中的被解释变量为新建企业注册资本的中位数，发现注册资本的中位数水平并未因电子商务发展而发生明显变化，因此排除了电子商务扩张导致新建企业的整体规模分布降低的可能性。

---

① Allen, F., Qian, J., and Qian, M. Law, Finance, and Economic Growth in China [J]. Journal of Financial Economics, 2005, 77 (1): 57-116.

表2　电子商务扩张对新建企业注册资本水平的影响

	(1)	(2)	(3)	(4)
	注册资本5%分位数（log）		注册资本中位数（log）	
	OLS	IV	OLS	IV
电子商务指数	-0.035***	-0.113***	0.006	0.162
	(0.003)	(0.016)	(0.006)	(0.121)
控制变量	是	是	是	是
区县固定效应	是	是	是	是
行业固定效应	是	是	是	是
区县-行业固定效应	是	是	是	是
季度固定效应	是	是	是	是
观测值		27 652		
调整后的R^2	0.155	0.050	0.191	0.166

注：表中第（1）（3）列使用OLS估计，第（2）（4）列使用Bartik工具变量两阶段回归估计。括号中报告聚类到区县层面的标准误。解释变量"电子商务指数"为样本区县在平台上的销售额（取对数）。被解释变量分别为新注册企业注册资本的5%分位数和中位数水平。控制变量包括人均GDP、人口密度、城市化率、财政自给率、固定资产投资、区域面积等。回归还控制了区县、行业、季度的固定效应以及区县-行业双向固定效应。

显著性水平：* $p<0.1$，** $p<0.05$，*** $p<0.01$。

资料来源：电商交易数据、工商企业注册数据。

另外，我们进一步构造反映提供产品或服务的地区及行业提供商品多样性的指标。具体而言，参考衡量市场集中度的赫芬达尔-赫希曼指数（Herfindahl-Hirschman Index，HHI），我们构建了不同季度、区县在行业层面的"产品HHI指数"。我们发现在市场扩张的规模效应之外，商品多样性的增加也促进了行业的发展与深化。与以上的发现相一致，在扩展边际上电子商务的需求扩张主要促进了电子商务相关企业（由前文的文本分析算法进行区分）的进入；同时，产品的多样性也与电子商务类新建企业的进入显著正相关，结果显示"产品HHI指数"越小（表示行业内不同商品销售额的集中度低、多样性高），所在区县、行业更可能有电子商务相关的企业建立。而对于非电子商务类的新建企业而言，在加入了"产品HHI指数"解释变量后，无论是市场规模扩大的冲击还是产品多样性都没有显著地在扩展边际上促进企业进入。以上研究表明，在市场规模的效应之外，产品多样性的提高也与企业进入数量的增长显著正相关，意味着产品多样性的提升也是电商扩张效应的作用渠道之一。

二、电子商务与创业的性别鸿沟

电子商务的发展与数字经济是否带来更多的商业金融包容性也息息相关。特别是,女性企业家比例的稳步增长为世界范围内的经济增长、减贫、平权等做出了重大贡献。然而,在包括中国在内的发展中经济体,女性通常更少地成为企业家。据本文测算,1995 年,中国女性企业家的比例不到 15%;而到 2015 年,中国女性企业家的比例已逐步提高到约 25%,2021 年《胡润全球白手起家女富豪榜》也报告中国拥有全球三分之二最成功的女企业家。更为重要的是,其间中国女性劳动参与率一直处于下降趋势[1],表明女性在进入劳动力市场时越来越多地选择创业。因此,讨论中国女性创业增长背后的原因将对弥合包括创业在内的性别差距具有重要意义。本文发现,电子商务以及其他数字经济的发展可能是促进中国女性创业的一个重要因素。这也是我们在《通过数字技术综合创业的性别鸿沟和赋权女性》[2] 一文中关注的课题。

1. 中国电子商务发展对女性创业的影响及其作用渠道

研究发现,电子商务的扩张促进了女性创业,提高了女性企业家(法定代表人)和高管的比例,并进一步提高了女性就业。在作用渠道上,文章发现电子商务的时间利用灵活性与相对较低的资本和基础设施门槛是潜在的重要机制。在新冠疫情冲击下,女性经营者更多地采用了电子商务、线上经营等方式来应对冲击,反映出电子商务等数字化技术增强女性企业家韧性的赋能作用。

结合自然语言处理和机器学习的方法,我们对工商注册数据中新进入企业的"经营范围"字段进行识别,区分"电子商务企业"与"非电子商务企业",并检验电商扩张对女性创业者影响的异质性。表 3.A 的结果显示,电商平台的需求扩张冲击在扩展边际和集约边际上都显著地促进了女性创建或参与电子商务企业。这一发现表明受电子商务等数字经济影响的女性潜在创业者,更容易选择与之相关的行业或经营模式进行创业活动。而与之相对的是,表 3.B 中女性的"非电子商务企业"类创业活动并不显著依赖于电子商务指数。

---

[1] 沈可,章元,鄢萍. 中国女性劳动参与率下降的新解释:家庭结构变迁的视角 [J]. 人口研究,2012,36 (5):15 – 27.

[2] Cong, L. W., Liu, B., Yang, X., and Zhang, X, Bridging the Gender Gap in Entrepreneurship and Empowering Women via Digital Technologies, Working Paper, 2021.

尽管表3.B第（2）列的估计值显示"非电子商务企业"新建企业中女性企业家的数量随电商指数显著上升，但第（3）列显示整体上女性比例并没有明显提高；出现这一结果的原因在于本文使用的数据集是基于电商交易数据的产品品类匹配了相应的行业，因此销售的增长自然会促进当地相应行业更多的企业进入。相似地，研究也发现电子商务扩张更多提高了新建的电子商务企业中女性高管的比例。无论是否被识别为新建的电子商务相关经营活动的企业，受电商扩张的影响，其女性高管的比例都显著提高。

表3 电子商务扩张对电子商务新建企业中女性创业的影响

	（1）	（2）	（3）
	新建企业的企业家（法定代表人）		
	是否有女性	女性数量（log）	女性比例
A：电子商务企业			
电子商务指数	0.031***	0.117***	0.032***
	(0.010)	(0.047)	(0.012)
调整后的 R^2	0.066	0.261	0.471
B：非电子商务企业			
电子商务指数	-0.009	0.332***	0.490
	(0.031)	(0.125)	(0.355)
调整后的 R^2	0.001	0.436	0.128
控制变量	是	是	是
区县固定效应	是	是	是
行业固定效应	是	是	是
区县－行业固定效应	是	是	是
季度固定效应	是	是	是
观测值	74 052	22 062	22 062

注：表中结果均使用 Bartik 工具变量两阶段回归估计。括号中报告聚类到区县层面的标准误。解释变量"电子商务指数"为样本区县在平台上的销售额（取对数）。被解释变量分别为新建企业中女性企业家（定义为法定代表人）的虚拟变量、人数（取对数）、比例。控制变量包括人均GDP、人口密度、城市化率、财政自给率、固定资产投资、区域面积等。回归还控制了区县、行业、季度的固定效应以及区县－行业双向固定效应。"电子商务企业"与"非电子商务企业"通过前文所述的文本分析方法使用企业经营范围文本进行区分。

显著性水平：* $p<0.1$，** $p<0.05$，*** $p<0.01$。

资料来源：电商交易数据、工商企业注册数据。

在渠道检验方面，我们通过对中小微经营者的线下、线上调查数据进行描述性分析，发现电子商务降低了女性创业的资本及基础设施门槛，同时电子商务经营在工作地点、时间上的灵活性也使女性可以兼顾生意经营与家庭事务照料，体现为女性电商经营者平均每周在家务照料上投入的时间更多。如图1所示，在经营生意方面，男性投入的时间显著高于女性，特别是在淘宝注册卖家中，女性和男性在经营时间上的差异更为明显。而在处理家务方面，平均而言女性投入的时间更多，且淘宝注册卖家中的差异更为明显。

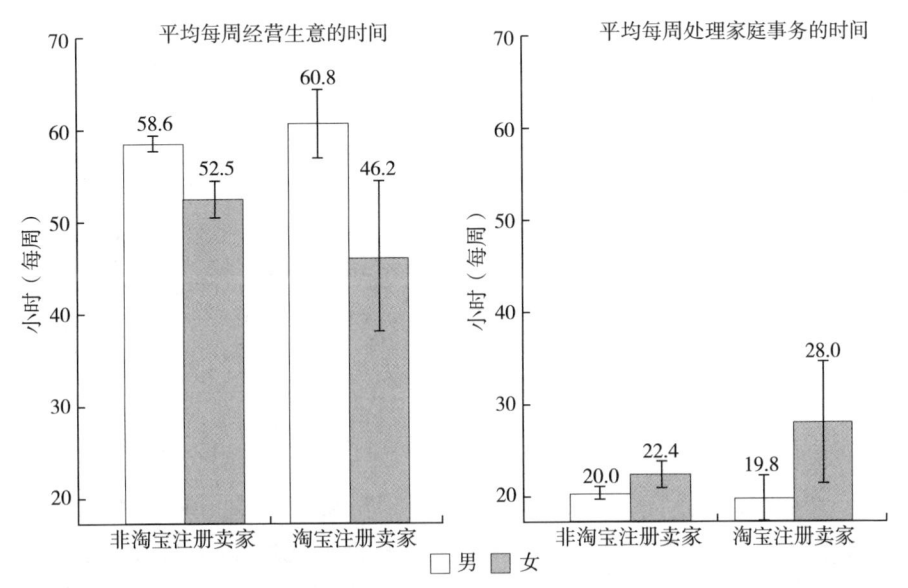

图1 小微经营者平均每周经营生意、处理家务的时间，分经营类型与经营者性别
注：垂直线表示95%置信区间。仅使用2022年一季度调查中"女性小微经营者"专题回收的有效样本，同时限定在2019年及之前成立的小微经营者，并排除当季度所在城市有疫情暴发的样本。
资料来源：中国小微经营者调查（OSOME）。

最后，我们使用小微经营者调查数据并匹配局部城市疫情暴发和防控措施的信息，结合双重差分法估计的结果显示，疫情后的女性小微经营者比男性更快地适应了电子商务及其他数字化转型，包括线上经营、远程办公、引入电子信息化系统等，表明电子商务等数字化技术还提高了女性经营者应对冲击的韧性。

2. 溢出效应

此外，我们还通过中国小微经营者调查数据分析发现，从事电子商务的女性经营者会更多地雇用女性雇员，其全职员工中女性比例也更高。这一发现在一定程度上表明，电子商务不仅能够直接促进女性创业、缩小创业中的性别差距，还能通过女性经营者的雇用行为促进更多女性就业，进而缩小就业中的性别差距，意味着电子商务对女性就业存在着正向的溢出效应。

第一，在参与电子商务（线上销售）的小微经营者与非电子商务小微经营者中，女性雇员的比例都与女性经营者的比例呈明显的正相关性。第二，从不同行业间的比较看，女性经营者和女性雇员都更多地集中于服务行业；而在三大类行业内，女性雇员与女性经营者之间的正相关关系依然存在，表明女性企业家更有可能在女性劳动力相对集中的行业创业，同时行业内女性拥有的企业也更多地雇用女性。第三，更为重要的是，通过对电子商务经营者样本与非电子商务经营者样本的比较可以发现，从事电子商务的女性经营者会雇用更高比例的女性全职雇员，并且在行业大类、女性经营者比例一定时，这一趋势依然明显。这说明，电子商务的扩张不仅能够促进更多女性创业并从事电子商务类经营活动，进而缩小创业中的性别差距，还能通过雇用更多女性全职雇员来进一步缩小整个就业市场中的性别差距，实现一定的正向溢出效应。

女性企业家增长趋势反映出中国在女性经济赋权方面取得的成效，也表明电子商务带来的市场规模扩大与经济快速增长能够促进性别平等问题的改善。中国促进女性创业的成功经验将为世界其他经济体（特别是新兴经济体）进一步改善劳动力市场中的性别歧视问题提供参考。创业中的性别差距并非男女天生能力差异所致，而是现实中各种约束条件限制了女性企业家才能的发挥。因此，借助新兴技术并配套相应的政策支持，可以更好地保障女性就业与创业的权利，消除其中的各种壁垒，进而改善性别平等、激发女性对经济的潜在贡献。当前有关电子商务等数字经济的讨论集中于平台垄断，认为它们加剧了经济中的不平等现象；而本文提供的数字经济技术变迁改善社会中弱势群体境遇的实证证据表明，数字经济并不一定意味着垄断与不平等。此外，女性经营者面对新冠疫情冲击更多地采用电子商务等数字化经营手段来增强韧性，这也将为世界各经济体的恢复提供借鉴与启示。

三、数字化增强中小企业在疫情下的韧性,并有助于中小企业转型

创业难,经营初创企业和未规模化的企业更难,特别是在疫情这样的大规模冲击下。我们的研究发现,数字经济和数字化再一次发挥了至关重要的作用。中小企业是世界经济不可或缺的一部分。在中国,根据时任国务院副总理刘鹤的讲话,中小企业贡献了50%以上的税收,60%以上的GDP,70%以上的技术创新,80%以上的城镇劳动就业,90%以上的企业数量。然而,在危机衰退期间,中小企业通常比大企业更早、更严重地受到负面冲击。[1][2] 自2020年开始的新冠疫情也不例外,对各经济体中小企业的生存及经营造成了严重影响:对中国中小企业的相关调查研究发现疫情对企业生产经营造成了明显的负面冲击[3][4][5];同时,国外的相关研究也对疫情暴发之后的中小企业进行了调查,发现存在较大规模的倒闭、缩减规模、裁员等现象。[6][7]

基于此,一个重要的问题在于如何帮助中小企业保持对此类冲击的抵御能力。然而,数字化对中小企业抵御巨大经济冲击的作用鲜有研究,特别是在发展中经济体。在中国的背景下讨论上述问题有其独特的优势与意义。首先,中国拥有当前世界上最大的电子商务与金融科技市场,中小企业数量众多、数字

---

[1] Davis, S. J., Haltiwanger, J., and Schuh, S. Small Business and Job Creation: Dissecting the Myth and Reassessing the Facts [J]. Small Business Economics, 1996, 8 (4): 297–315.

[2] 张志元,马永凡,胡兴存. 疫情冲击下中小微企业的金融供给支持研究 [J]. 财政研究, 2020 (4): 58–65.

[3] Dai, R., Feng, H., Hu, J., Jin, Q., Li, H., Wang, R., Wang, R., Xu, L., & Zhang, X. The Impact of COVID-19 on Small and Medium-sized Enterprises (SMEs): Evidence from Two-wave Phone Surveys in China [J]. China Economic Review, 2021 (67), 101607.

[4] Guo, F., Huang, Y., Wang, J., and Wang, X. The Informal Economy at Times of COVID-19 Pandemic [J]. China Economic Review, 2021, 101722.

[5] Kong, T., Yang, X., Wang, R., Cheng, Z., Ren, C., Liu, S., Li, Z., Wang, F., Ma, X., and Zhang, X. One Year after COVID: The Challenges and Outlook of Chinese Micro-and-small Enterprises [J]. China Economic Journal, 2021: 1–28.

[6] Bartik, A. W., Bertrand, M., Cullen, Z., Glaeser, E. L., Luca, M., and Stanton, C. The Impact of COVID-19 on Small Business Outcomes and Expectations [J]. Proceedings of the National Academy of Sciences, 2020, 117 (30): 17656–17666.

[7] Chetty, R., Friedman, J., Hendren, N., and Stepner, M, The Economic Impacts of COVID-19: Evidence from a New Public Database Built from Private Sector Data. Working Paper, National Bureau of Economic Research, 2020.

化程度不一。其次,全国范围内的疫情防控、复工复产都是及时且相对统一的,一定程度上可以帮助缓解内生性的担忧,即防控和复工复产政策的时间或范围与不同地域之间数字化发展的水平相关。我们的《疫情中的中小企业和复工:数字优势和转变》① 一文便是对以上问题的分析讨论。

1. 电子商务的优势与企业韧性

鉴于疫情对消费直接产生的巨大负面冲击②,稳健的消费者需求(包括线上消费)、更及时的支付、更高的资金周转等因素对中小企业的复苏至关重要。我们的研究表明,上述因素都受到电子商务等数字化技术的影响。

我们使用普通最小二乘法估计线上销售比例与各项结果之间的直观关系。总体来看,在疫情前有更高线上销售比例的中小企业在疫情期间经营表现更好。由于新冠疫情带来的诸多限制,市场需求不足一直被企业认为是经营中的主要挑战(Dai et al.,2021;Kong et al.,2021)。具体来看,在2020年初疫情防控的高峰期,消费者几乎完全转向网上购物与消费;即便在防控结束后,仍然存在一些常态化防疫措施,限制了消费者到实体零售店购物,线上与线下的消费需求存在明显差异。图2展示了2016年1月至2021年10月中国线上与线下零售额的同比变化趋势。③ 在这一时期内,线上零售总额的增速一直高于线下零售总额,占比也逐渐提高;在2020年初的疫情防控期间,线上、线下的零售增速都出现了大幅下降,而线下零售的同比增长率下降更为明显,线上零售则较快地恢复到正增长;在复工复产后,线上零售比线下零售出现了更快的"V形"反弹,到2020年底时,线上零售的同比增速超过10%,而线下零售增速仍然处在负值区间。面对更强劲的线上消费需求,与没有网上销售的企业或个体工商户相比,从事网上销售的企业或个体工商户更少地将"需求不足"列为疫情防控期间的主要挑战,也就是说受"需求不足"影响较小。

---

① Cong, L. W., Yang, X., and Zhang, X, SMEs Amidst the Pandemic and Reopening: Digital Edge and Transformation, Working Paper, National Bureau of Economic Research, 2021.
② Chen, H., Qian, W., and Wen, Q. The Impact of the COVID-19 Pandemic on Consumption: Learning from High Frequency Transaction Data [J]. AEA Papers and Proceedings, 2021 (111): 307-311.
③ 对2021年的统计数据计算两年平均同比增长率(几何平均)以减轻低基数效应的影响。

- - 线下消费（两年累计同比） —— 线上零售与服务消费（两年累计同比）
- - - 线下消费（同比） —— 线上零售与服务消费（同比）
■（右轴）线上零售与服务消费占总消费比重

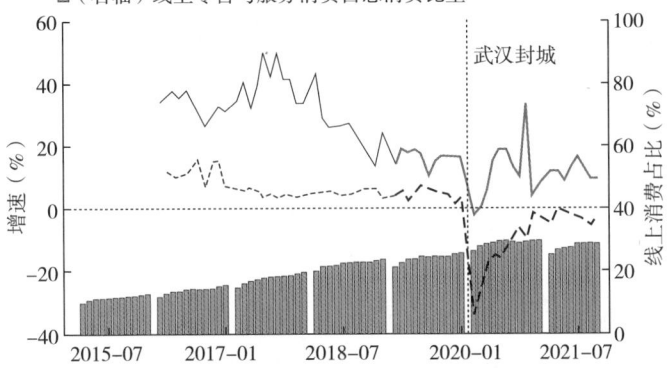

图2 中国社会消费品零售总额同比变化趋势，线下与线上

注：由于2020年初消费受疫情影响严重，为避免低基数效应，故对2021年计算两年平均增速。
资料来源：国家统计局。

另一方面，企业的现金流状况取决于消费者对其产品或服务的需求以及运营资金的周转率。如前所述，更为强劲的线上消费需求为参与电子商务的中小企业带来了更稳定的现金流。此外，中国主要的电子商务平台都采用或对接到主要的移动支付平台或网上银行服务，使得企业在电子商务中的收入可以即时收款，更及时地得到供应链金融的支持。① 因此，我们进一步使用北京大学中国企业创新创业调查（ESIEC）的中小微企业疫情生存调查在2020年5月的问卷数据，其中包含了资金周转等问题。结果显示，电子商务帮助企业维持了相对较低的应收账款水平（以占流动资金的比例衡量②），使用网上销售的中小企业中应收账款超过流动资金一半的比例比纯线下销售的中小企业低8.6%，而样本均值为26.4%，表明电子商务有效地帮助中小企业在疫情防控期间缓解现金流问题。进一步的研究发现，参与网上销售的中小企业的应收账款账期也相对更短、不确定性更小。研究结果还显示，参与线上销售的中小企业应付账款的比例也相对更低，因此对上游企业的现金流状况也有一定的正向溢出效应。

---

① 相关的研究证明供应链金融对企业表现有正向作用，如Allen et al.（2005）。
② 问卷定义的"流动资金"包括存货、应收账款、现金及等价物等；应付账款为拖欠工资以及供应商账款之和。

得益于更稳健的线上消费市场需求与更快的资金周转速度，电子商务能帮助中小企业更好地应对冲击，促进企业复工复产。2020年2月、5月和8月，网上销售比例较高的中小企业在疫情防控期间的复工复产率高于其他企业。根据估计结果，在2020年2月全国范围内实行疫情防控时，纯线上销售的中小企业复工的比例高出6.0%，而2月份回收样本的平均复工率为19.5%，表明采用电子商务能够帮助中小企业应对危机。同时，采用在线销售的中小企业不仅复工复产率更高，对未来经济增长的前景预期也更加乐观。上述发现表明，电子商务能为中小企业提供应对新冠疫情流行及防控措施的优势，增强其韧性。

综上所述，在新冠疫情暴发前采用了线上销售的中小企业，在疫情封控期间有更稳定的线上需求以及更快的流动资金周转速度，因而其现金流状况更好、受订单减少的影响更小，进而在封控期间以及经济重启后的复工复产比例更高，对未来的增长预期也更多地持乐观态度。尽管如此，由于数据所限，本文暂时无法进行更为精细的因果关系识别，因而相关政策建议的提出还需要更为慎重。

2. 中小企业的数字化转型

观察到电子商务对中小企业抵御疫情冲击、增强韧性的积极作用后，一个自然的问题是：在防控政策放松后，新冠疫情如何改变企业，特别是中小企业的数字化转型？基于此，这一小节将使用工商企业注册数据与中国小微经营者调查的数据，研究中小企业在新冠疫情后的电子商务及其他数字化转型。在扩展边际上，主要侧重于新进入企业参与电子商务的程度；在集约边际上，主要关注在位企业在疫情后的经营范围转型。

在扩展边际上，如图3所示，在所有行业加总的新进入企业中，采用了电子商务模式的企业进入数量在全国大规模的疫情防控期间下降的幅度更小，并且恢复得更快；更重要的是，从疫情暴发后的第三个月起，即经济逐步重启后，电子商务相关的新进入企业的估计系数显著为正，与非电子商务组的系数保持明显差距，并持续了至少一年的时间，表明新冠疫情加速了中国新成立的中小企业向电子商务方向的转型，且这一效应具有较为持续的影响。

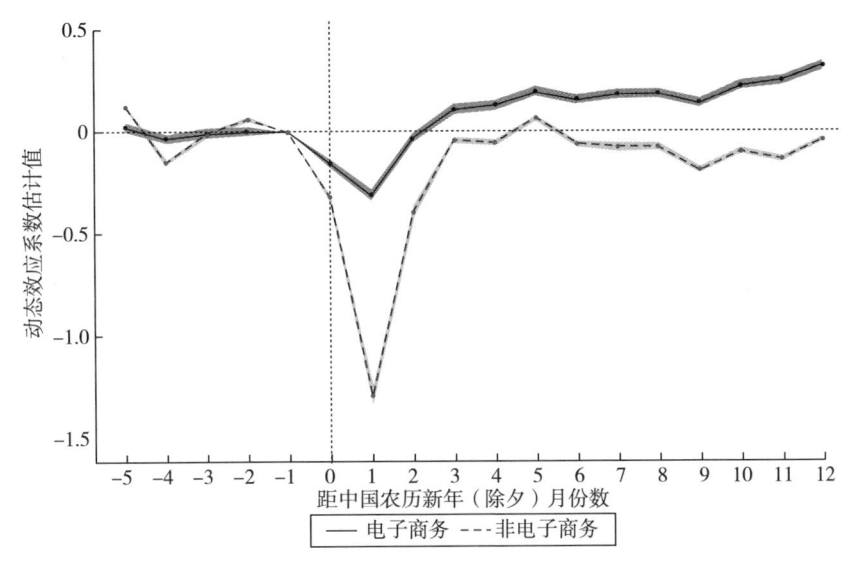

图3　事件分析法：中国新冠疫情对新建企业的影响

注：回归的被解释变量为新注册的企业数量（加1取对数）。横轴表示距中国农历新年（7天法定假期）的月份差距，取正数表示在当年农历新年之后，取负数表示在当年农历新年之前。阴影部分表示95%置信区间。"电子商务"企业与"非电子商务"企业通过前文所述的文本分析方法使用企业经营范围文本进行区分。回归同时控制了各年农历新年前5个月以上、农历新年后12个月以上的虚拟变量。样本包括2015—2021年新建的中小微企业，观测值在农历年－月－城市－行业层面上加总。回归标准误聚类在城市层面。回归控制了农历年、月、城市、行业固定效应以及双向、三向的交互固定效应（农历年－月固定效应除外），以及城市、行业与年份的趋势项。

资料来源：工商企业注册数据。

我们进一步分析了不同行业之间的异质性效应，特别是在批发和零售业以外的传统行业向电子商务的转型差异，如图4所示。结果显示，批发和零售业的新建企业采用电子商务的比例在疫情封控后增加了12.9%。更重要的是，其他传统行业中的新建企业同样更多地采用了电子商务的经营模式，特别是农林牧渔业、制造业的新注册企业，采用电子商务的比例分别提高了19.1%和22.7%，集中体现了新冠疫情冲击使得传统行业的中小企业在销售方面向电子商务加速转型的趋势。同时，服务业中的新建企业也大多在疫情后加速了电子商务转型，如文化体育和娱乐业、居民服务业等；信息传输、软件和信息技术服务业的新企业则没有明显的增长趋势。同时，我们发现采矿业、水电气热生产和供应业等与电商销售并不直接相关的行业不存在这一效应，符合常理与逻辑，可以作为安慰剂检验。因此，我们发现的新冠疫情对中小微企业数字化转型的正向效果,并不局限于批发和零售业或新兴的数字经济行业,还包括了传统行业的电子商务转型,并且是重要的组成部分。

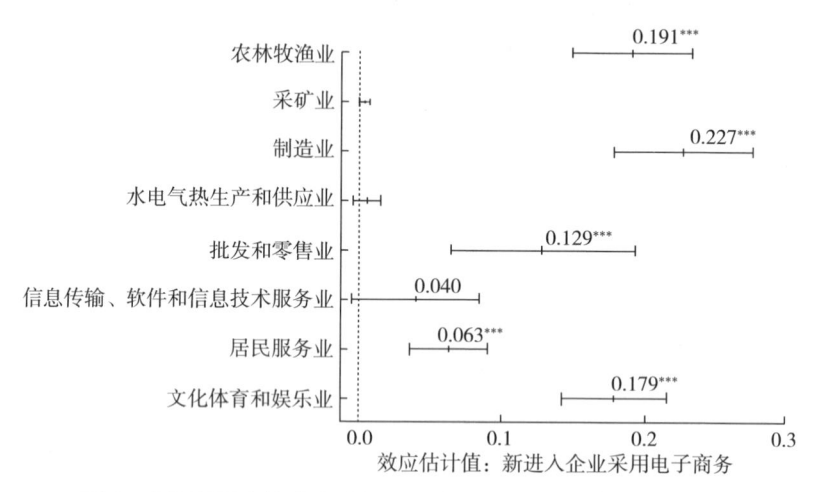

图4 中国新冠疫情冲击对新进入企业采用电子商务的影响估计

注:回归的被解释变量为新注册企业中采用电子商务的数量(加1取对数),通过前文所述的文本分析方法使用企业经营范围文本进行区分。线段表示95%置信区间,线段中点为参数估计值,对应标记的数值。样本包括2015—2021年新建的中小微企业,观测值在农历年-月-城市层面上加总。回归标准误聚类在城市层面。回归控制了农历年、月、城市固定效应以及双向固定效应(农历年-月固定效应除外),以及城市与年份的趋势项。

显著性水平: * p<0.1, ** p<0.05, *** p<0.01。

资料来源:工商企业注册数据。

我们还研究了中小企业电子商务转型的集约边际。在位企业的经营范围变更在整体上呈现"V形"变化,而采用电子商务的变更在第一个月的下降幅度较小(55.2%),远低于其他经营范围变更的下降幅度;同时,电子商务转型变更的系数在武汉封城后的第二个月转为显著正向,且与其他经营范围变更的系数保持明显的差距。

此外,如图5所示,不同于使用工商企业注册数据时关注2020年初全国范围内大规模的防疫封锁政策,中国小微经营者调查数据主要利用后续的零星病例以及局部地区的封锁措施作为外生冲击,而后者本身的影响范围比较有限。总的来说,在全国范围内大规模的防疫封锁过后,局部地区零星出现的疫情加速了小微经营者的电子商务及其他数字化转型。同时,大规模封锁后的复工复产阶段已经有一些中小微企业开始了电子商务及其他数字化转型,而其他

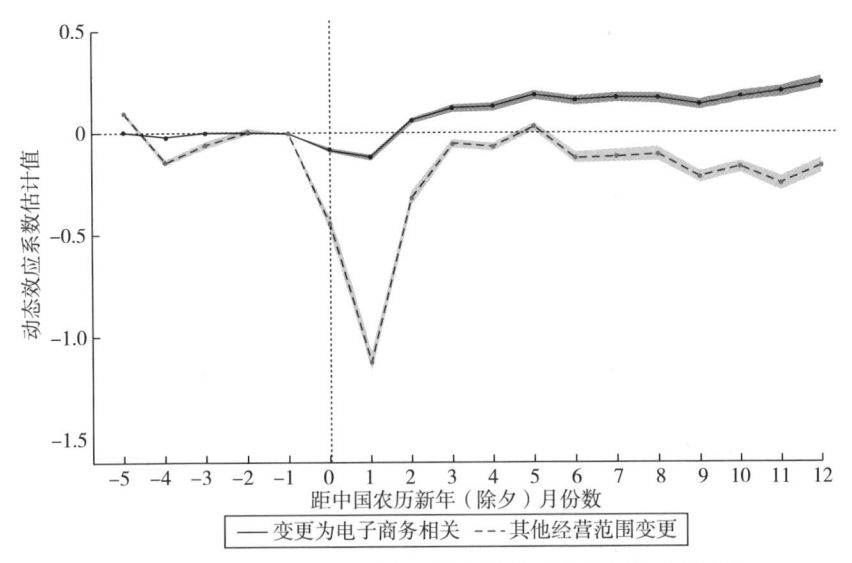

图 5　事件分析法：新冠疫情对在位企业经营范围变更的影响

注：回归的被解释变量为经营范围变更的在位企业数量（加 1 取对数）。横轴表示距中国农历新年（7 天法定假期）的月份差距，取正数表示在当年农历新年之后，取负数表示在当年农历新年之前。阴影部分表示 95% 置信区间。"变更为电子商务相关"企业与"其他经营范围变更"企业通过前文所述的文本分析方法使用企业经营范围变更记录进行区分。回归同时控制了各年农历新年前 5 个月以上、农历新年后 12 个月以上的虚拟变量。样本包括 2015—2021 年有经营范围变更的中小微企业，观测值在农历年 – 月 – 城市 – 行业层面上加总。回归标准误聚类在城市层面。回归控制了农历年、月、城市、行业固定效应以及双向、三向交互固定效应（除农历年 – 月固定效应以外），以及城市、行业与年份的趋势项。

资料来源：工商企业注册数据。

中小微企业也已经有了相应的预期并能够提前做出反应。

四、政策建议

我们的一系列文章阐述了电子商务平台和数字化对中小企业创业和经营的影响，对中国数字经济发展提供了第一批严谨的实证研究。其研究成果对政策制定也富有指导作用。以下为具体建议：

1. 打造数字化基础设施，鼓励大众创新创业

电商平台扩张的需求冲击显著地在集约边际上提高了提供相应产品及服务的新建企业进入数量，特别是对民营企业、电子商务相关企业的效应最为明显。政策可适当鼓励电子商务平台扩张市场规模、深化产业分工，进而降低创

业的资本门槛，并由此促进更多的中小微企业进入。同时注意政策的主要受益对象为民营企业，制定适合民营企业的政策将是侧重点。

此外，基于产业集群指数的分析同样发现电子商务发展促进了已有产业集群的深化。电子商务的扩张不仅扩大了市场规模，还提高了需求的多样性。政策制定可通过鼓励并支持创业者提供多样化产品，扩大市场规模，进而降低市场进入门槛，促进大众创业。

2. 鼓励女性创业，减小性别鸿沟

我们的研究结果展示了提升女性数字素养以及女性参与线上市场的好处，可从更好地应用电子商务等数字化技术来激励、培养更多潜在的女性企业家，进而缩小劳动力市场中存在的性别差距这一方向制定相关政策。创业中的性别差距并非男女天生能力差异所致，而是现实中各种约束条件限制了女性企业家才能的发挥。因此，借助新兴技术并配套相应的政策支持，可以更好地保障女性就业与创业的权利，消除其中的各种壁垒，进而改善性别平等、激发女性对经济的潜在贡献。

我们的研究还发现数字经济技术变迁可以改善社会中弱势群体的境遇，因此数字经济并不等于垄断和不平等：女性经营者面对新冠疫情冲击更多地采用电子商务等数字化经营手段来增强韧性。虽然我们并没有强调教育的作用，但企业家才能的发挥离不开教育以及个人经历的影响，特别是数字技术的使用也依赖于教育的可获得性。因此，鼓励女性学习数字化知识并利用信息技术进行创业，可以是未来政策制定的侧重点；从女性教育获得的角度重新思考女性数字化创业问题更具有深远意义。

3. 用数字化增强中小企业韧性

为更快地适应电子商务及其他数字化转型，政策可促进企业尽快引入线上经营、远程办公、电子信息化系统等，并依托已有数字平台提供基础服务。全球范围内的疫情大流行促进了各经济体的数字基础设施建设与发展，进而加速中小企业的数字化转型并增强韧性、增强其抵御未来经济波动的能力，特别是类似的系统性、全球性冲击。设计数字化转型的最优路径并了解它对劳动力市场、监管等的影响将是未来更深入的研究方向。

数字经济如何影响增长与分配

彭文生

过去几十年,中国经济经历了高速发展,当前一个重要问题是未来经济增长的潜力在哪里?针对这一问题,规模经济效应,或者说中国的大国规模对经济增长的促进作用,更加值得我们重视。这是因为规模经济效应尤其有利于推动创新发展,并且对当前各界关心的如何实现共同富裕问题,规模经济也有着丰富的内涵。有鉴于此,针对数字经济如何影响经济增长和收入分配这一问题,本文将从经济思想史的角度展开探讨。

一、数字经济时代,规模经济更加值得重视

当前,中国经济面临着来自内外部两个方面的挑战。从内部看,中国经济的增长动能正在发生转变。一是人口问题,20世纪90年代到21世纪头几年,所谓的"人口红利"是中国经济增长的重要驱动因素。当前,中国劳动年龄人口数量正在减少,整体社会的抚养负担在上升,人口红利已呈现消退迹象。[①] 二是储蓄率下降,人口红利消退带来全社会储蓄率下降,带动资本积累速度放缓。按照经济增长理论,随着劳动力数量下降和资本积累放缓,经济增长的主要驱动力要转向全要素生产率的提升,而这离不开科技创新。三是

---

* 彭文生,中金公司首席经济学家、研究部负责人、中金研究院院长。
① 彭文生. 渐行渐远的红利 [M]. 北京:社会科学文献出版社,2013.

房地产行业和金融过度扩张的影响,过去十几年尤其是2008年全球金融危机后,房地产相关金融行业快速扩张,可称之为"金融周期"(图1)。① 当前,房地产和金融行业正处在降温阶段,对经济增长的支撑作用也在相应减弱。

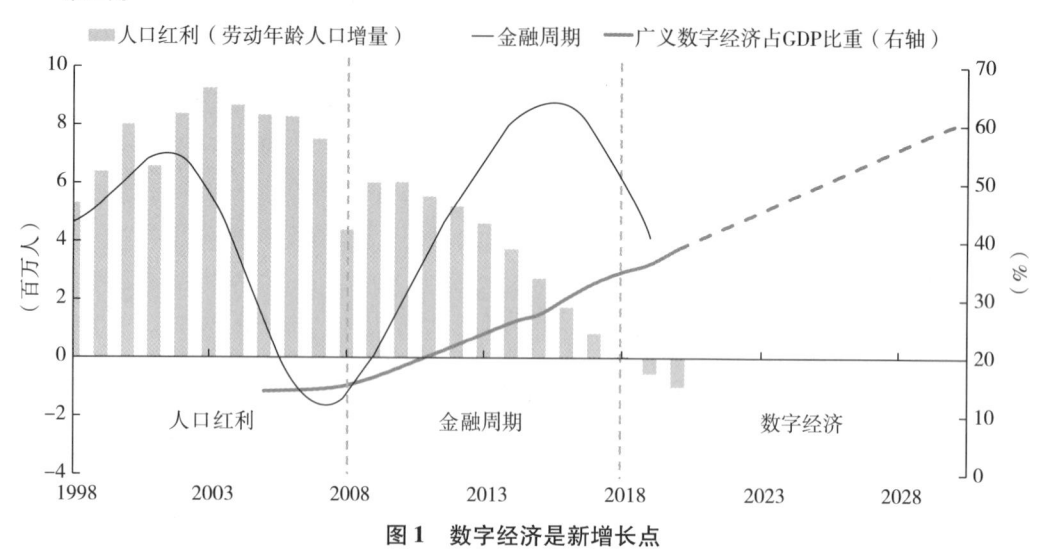

图 1 数字经济是新增长点

注:虚线为线性估计值。
资料来源:Wind,中国信息通信研究院,中金公司研究部。

从外部看,在逆全球化背景下,全球创新的 G2(中美"两国集团")模式也正面临挑战。过去 30 年,全球创新和技术进步可概括为"创新的 G2 模式"(图 2)。② 在这一模式下,美国主要负责科技创新,中国则负责提供大市场和生产体系,从而能够快速降低前沿科技创新到商业应用环节的转换成本。在这个过程中,美国企业赚到了超额利润,并将其投入更多的前沿创新当中,中国则通过干中学实现技术追赶。从结果看,G2 模式使全球各国均受益,一方面促进了前沿科技创新,另一方面加快了前沿创新的商业化落地。但这一模式目前正在遭遇极大的挑战,例如美国在科技领域对包括中国在内的诸多国家施加了诸多限制,并推动近岸或友岸外包等,这也是中国经济面临的最主要外

---

① 彭文生. 渐行渐近的金融周期 [M]. 北京:中信出版集团,2017.
② Garrett, Geoffrey. G2 in G20: China, the United States and the World after the Global Financial Crisis [J]. Global Policy,2010,1(1):29–39.

部挑战之一。

面对内外部的多重挑战，中国的大国规模，包括劳动力数量规模、市场规模和需求规模等，是中国经济创新发展潜力的重要来源。尤其是在数字经济时代，规模经济效应的积极作用被增强，其影响也值得引起更高的重视。

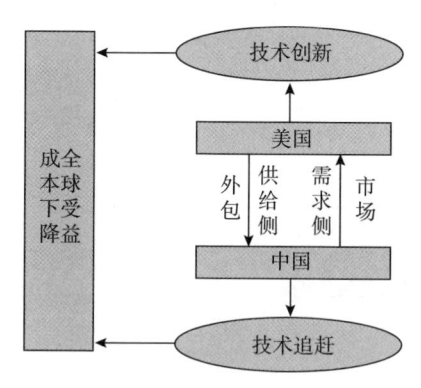

图 2　全球化的核心：G2 合作

资料来源：中金研究院。

数字经济放大了规模经济效应。当前，全球经济的一大新趋势是数字经济的发展对产业发展和宏观经济均有影响。首先，数字经济具有非竞争性和网络效应。① 传统产业受规模收益递减的限制，相关企业和产业在规模扩大的同时，单位成本上升、单位收益下降。但数字经济的非竞争性意味着其边际成本很低，甚至为零，产业规模因此可以做得很大。其次，数据的"零"边际成本还带来范围经济效应。② 需要强调的是，数字产业的规模已超越传统意义上的单一产品规模，还表现为跨产品的规模做大，例如手机行业的软硬件结合等。最后，随着数字经济降低了行业间门槛，企业很容易做到从传统领域进入新领域，对旧有的产业和收入格局产生重大影响，这意味着数字经济还影响增长与分配。

数据作为一种新的生产要素已引起社会各界的广泛关注，也促使人们思考数据到底带来了什么不同。简要地讲，人类历史经验表明有一种生产要素是一直存在的，那就是劳动力。因此，数字经济发展是否会导致劳动力在部

---

① Goldfarb, Avi, Catherine Tucker. Digital Economics[J]. Journal of Economic Literature, 2019, 57(1): 3-43.
② Veldkamp, Laura, Cindy Chung. Data and the Aggregate Economy [J]. Journal of Economic Literature, 2019.

分行业中被替代，从历史经验看这一担忧或许是多余的。相反，随着人类社会的发展，其他生产要素的相对重要性确实发生了变化，如从农业社会的土地到工业经济的生产性资本，再到当前数字经济下的数据（图3）。生产要素相对重要性的变化，可能对竞争性（rivalry）的影响最大，导致经济发展的规模经济效应越来越突出，这正是我们理解数字经济对增长和分配含义的一个关键切入点。

	生产要素		
农业经济	劳动力	土地	
工业经济	劳动力	资本	
数字经济	劳动力	资本	数据

图3 数字经济放大规模效应

资料来源：中金研究院。

农业经济时代，土地是相对重要的生产要素，且土地的竞争性和排他性最强，这导致农业经济的规模经济效应最弱。土地供给数量不因技术进步而增加，这也解释了为什么核心城市的房价较高，因为土地空间相对有限、城市人口增多导致单位空间价格上升或每个人占有的空间变小。按照马克思的级差地租理论，单位土地的经济效率随着使用范围扩大而下降①，这解释了为什么在农业经济时代，普通人的生活水平提升较慢。

工业经济时代，生产性资本的竞争性相比土地有所下降，依托生产性资本的工业经济的规模经济效应因而有所增强。具体而言，机器设备可以被共享，数量不够时可以加大机器设备投入，从而带动产能扩张和经济效率提升。与农业经济相比，工业经济的规模经济效应有所提升，带来了更快的经济增长和普通人生活水平的提升。② 但是，生产性资本毕竟是有成本的，机器设备投入的边际成本到一定阶段后开始上升，给工业经济的规模经济效应施加了上限。

到了数字经济时代，作为重要生产要素的数据的竞争性更弱，这进一步放

---

① 马克思. 资本论（全三册）[M]. 郭大力，王亚南，译. 上海：上海三联书店，2009.
② Lucas, Robert E. The Industrial Revolution：Past and Future [J]. Lectures on Economic Growth, 2002（109）：188.

大了数字经济的规模经济效应。① 例如，微信的开发需要一定的固定成本，但一旦被开发出来，微信每增加一个用户的额外成本几乎是可忽略不计的，即边际成本接近于零。此外，用户数量增长还提高了微信的便利性和服务质量，即网络外部性，这同样对规模经济效应有着相当正面的贡献。在数字经济时代，一些平台型企业的规模可以做到很大，并在扩张过程中呈现规模收益递增的特点②，这正是数字经济下规模经济效应得到增强的体现。

综上所述，在数字经济时代，我们思考经济增长和收入分配的一个关键切入点可能是规模经济效应。当前，各界的一个基本共识是在数字经济时代，相关产业呈现规模收益递增的可能性比工业经济时代要高，更遑论农业经济时代。总的来看，我们可以期待进入数字经济时代后，经济增长和生活水平提高的速度可能变得更快。而为了触发上述机制，一国的人口和经济规模就显得尤为重要。换句话说，数字经济时代下，大国规模优势更为突出，例如像中国、印度、美国这样的大国，相对小国而言具备更突出的经济和产业发展优势。但要利用好这一点，我们还需清晰认识数字经济时代规模经济如何影响经济增长和收入分配，并在此基础上思考什么是恰当的公共政策。

二、数字经济下的经济增长

数字经济时代，关于规模经济将如何影响增长这一命题，我们可从经济学理论的演变中寻找线索。宏观经济学从古典经济学到新古典经济学，再到内生增长理论，越来越重视规模经济效应对经济增长的促进作用。古典经济学家包括斯密、李嘉图和马克思，认为要素积累是经济增长的最根本驱动力。在人口和资本两大要素中，考虑到人口是一个非常慢的变量，古典经济学强调经济增长的源泉来自储蓄和资本积累。③ 沿着这一逻辑推演，整体经济产出中付给工人的工资不能太高，维持他们的基本生存需要即可，剩余部分应投入刺激经济增长的资本积累和投资中。这一结论与中国过往的经济增长模式有所契合，即劳动人口数量增长带来的高储蓄、高投资和高资本积累。

---

① Jones, Charles I., Christopher Tonetti. Nonrivalry and the Economics of Data [J]. American Economic Review, 2020, 110 (9): 2819–58.
② Akcigit, Ufuk, Sina T. Ates. What Happened to US Business Dynamism? [J]. National Bureau of Economic Research, 2019 (No. w25756).
③ Ricardo, David. On the Principles of Political Economy [M]. London: J. Murray, 1821.

古典经济学仅强调资本积累的贡献，并不能很好地解释现代经济增长，尤其是20世纪以后的增长。为解决这一问题，新古典经济学的索洛模型引入了技术进步因素。① 但是，索洛模型将技术进步看成一个外生变量，对于技术进步是如何发生的并未过多解释，也就无法解释需求市场规模、技术投入等因素对经济增长的贡献。这一短板被罗默等人提出的内生增长理论补齐②，与过往理论相比，该理论最重要的区别就在于强调了规模经济效应的作用。通过考虑技术进步是如何产生的，内生增长理论发现规模经济效应可来自多个渠道，包括技术外溢、干中学等。从需求端看，市场规模越大意味着科技创新的收益越高。从供给端看，技术进步和知识创新在大型经济体内部的外溢效应更强。有鉴于此，内生增长理论的一个重要推论就是大国应该比小国增长更快，大国应该比小国更富有，大国拥有规模优势。③

大国规模优势的根本基础是人口数量。亚当·斯密在《国富论》里所说的市场的无形之手发挥作用的基础就是分工的细化，通过在每一个环节上的分工细化、做大规模、提升效率，整体经济因此呈现规模报酬递增。此外，亚当·斯密还认为，一个国家财富增长的最根本标志是人口数量增长。这是因为分工有赖于劳动力与生产性资本的结合，人口数量是分工的基础。④ 这一结论意味着与几百万人口的小国相比，拥有十亿人口的大国的分工空间更大，人口规模越大，分工越细化，经济效率因此变得越高。

人口规模优势是中国未来利用规模经济效应、推动经济创新发展的最大基础。当前，中国和印度的人口规模居世界前两位，2021年，中国人口总量高达14.1亿，第二名的印度为13.9亿，均远超第三名美国的3.3亿。进一步地从生产端看，中国的劳动力数量规模明显高于印度。2021年，中国15~64岁人口为9.9亿，仅比印度的9.4亿高出5.3%。但与此同时，中国劳动力数量⑤达8.1亿，比第二名印度的4.7亿高出72.3%，约为印度、美国、印度尼

---

① Solow, Robert M. A Contribution to the Theory of Economic Growth [J]. Quarterly Journal of Economics, 1956, 70 (1): 65-94.
② Romer, Paul M. Increasing Returns and Long-run Growth [J]. Journal of Political Economy, 1986, 94 (5): 1002-1037.
③ Romer, Paul M. Why, Indeed, in America? Theory, History, and the Origins of Modern Economic Growth [M]. 1996.
④ Adam Smith. The Wealth of Nations [M]. Modern Library, 1937.
⑤ 等于劳动人口数量乘以劳动参与率。

西亚和巴基斯坦四国的总和。这一结果与人口结构因素有关，印度的未成年人数较多、女性劳动参与率低，压低了印度的劳动力数量（图4）。并且，性别歧视等"碎片化"因素以及产业发展不力等，也导致印度劳动参与率较低、人口规模优势无从发挥。在更具体的人口素质层面，在数字经济时代，创新与人力资本密切相关。2020年，中国的高等教育人口数量在全球最多（图5），超过2亿人，排在第二位的印度和第三位的美国都不到1亿人，这也是中国利用规模经济推动创新发展的基础。

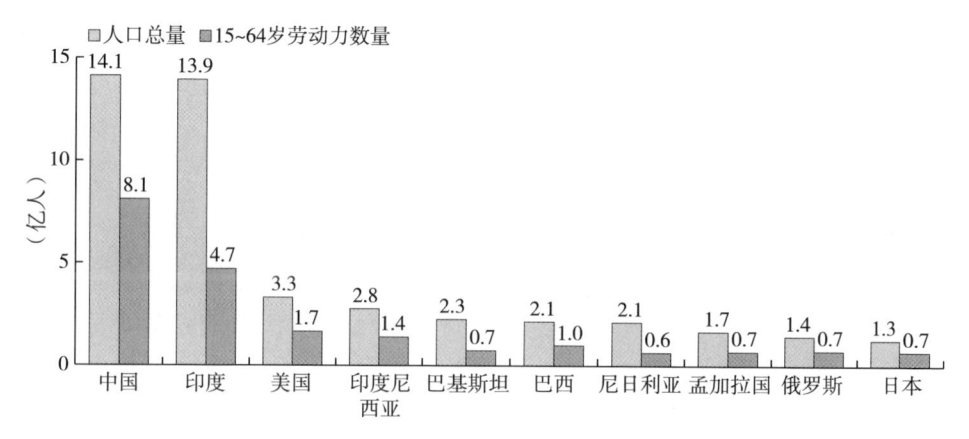

图4 人口规模是规模经济的基础

资料来源：联合国人口司，中金研究院。

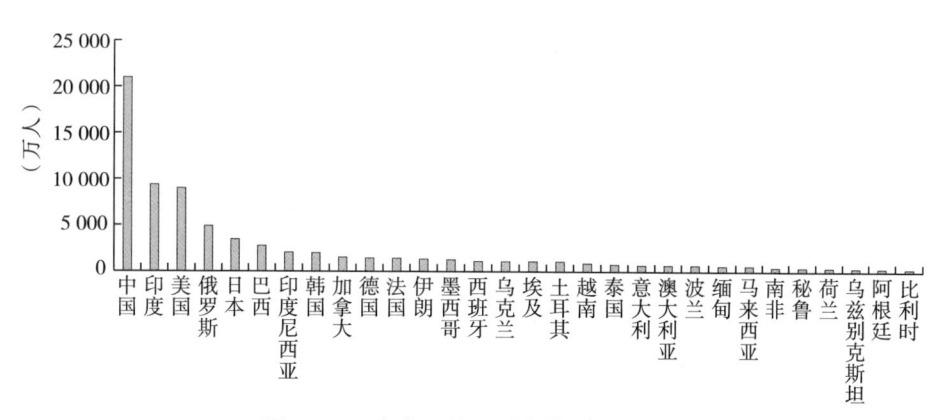

图5 2020年各国接受过高等教育的人数

资料来源：世界劳工组织，中金研究院。

但也应意识到，中国发挥大国规模优势面临着窗口期。根据联合国人口司的预测，中国人口总量在未来20~30年或将出现一定程度的下滑。考虑到人口总数下滑的同时伴随着老龄化程度加剧，这将给经济发展带来双重压力。这意味着在大力鼓励生育、提高人口出生率之外，中国还应抓住当前人口和劳动力总量全球第一、GDP规模全球第二的重要窗口期，挖掘自身规模潜力，以此对冲人口红利的消退对产业和经济发展的拖累。

全球化时代，小国享受了全球范围的规模经济，大国规模优势因此不够突出。内生增长理论认为大国应比小国增长更快，也更富有。这一结论在过往几十年的经验中看似不成立，很多大国经济增长比小国慢，部分小国比大国富有。这一看似否定了规模效应的现象当然与制度环境有关，但全球化是更重要的影响因素。二战结束后的全球化和自由贸易时代，传统意义上的国家概念的重要性降低，小型经济体得以融入全球经济体系，扩大潜在市场规模，通过参与国际分工享有全球范围的规模经济效应。极端情况下，就算国内需求规模十分有限，小型经济体仍可依托国际贸易发展自身产业并参与全球分工（图6）。例如，2022年中国台湾省的半导体产业增加值对GDP贡献达13%，难以想象一个封闭经济体会把资源的13%投入单一行业中。①

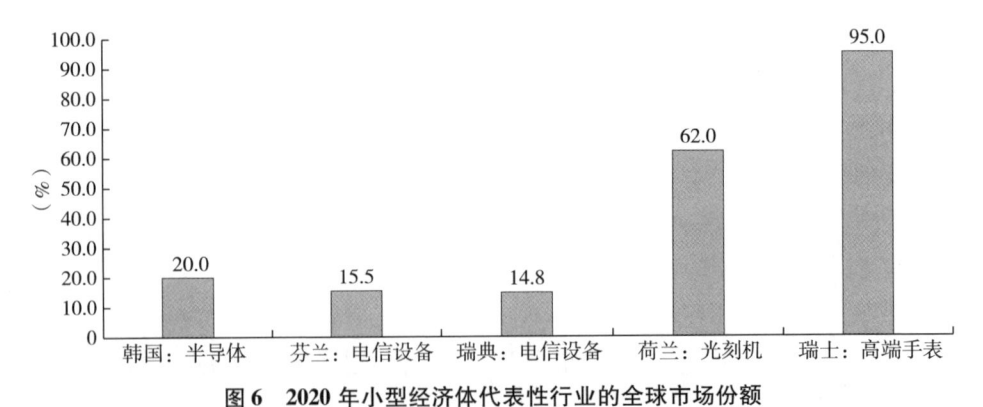

图6 2020年小型经济体代表性行业的全球市场份额

资料来源：IC Insights, Dell'Oro, Federation of the Swiss Watch Industry, *Economist*；中金研究院。

当前，全球已出现逆全球化思潮，导致国际贸易的自由度下降，小型经济

---

① 参见https://www.digitimes.com.tw/col/article.asp?id=9395。

体参与全球化分工获得规模效益的空间变小。① 例如，美国要求台积电把更先进的半导体生产放在美国。在此过程中，所有经济体参与全球分工、享受规模经济效应的空间在不断收窄，其含义包括两个方面。一是各国面临产业链纵向风险，也就是所谓的"卡脖子"。在逆全球化时代，下游面临着上游"卡脖子"的风险，没有原材料或技术，一国产业发展就会受制于人（图7）。二是产业链横向风险同样加大，也就是"去中心化"。美国目前正在打造制造业供应链的近岸外包和友岸外包，这也将对中国作为全球最大制造业产品出口中心的地位带来冲击（图8）。

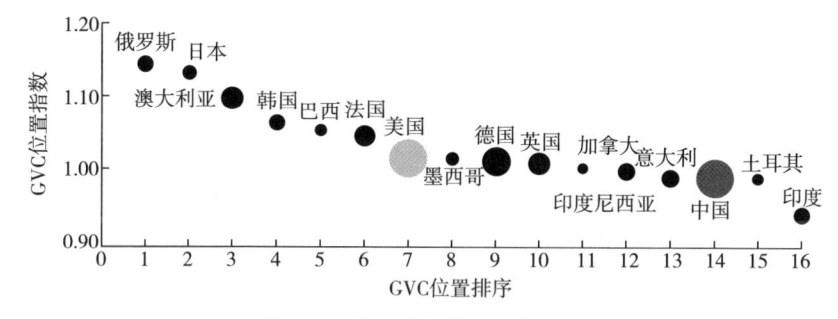

图7　产业链纵向风险：卡脖子

注：GVC（即全球价值链）位置指数越高，代表该国在全球价值链中越靠近上游。气泡大小代表该国总出口中被国外吸收的国内增加值大小。

资料来源：《总贸易核算法：官方贸易统计与全球价值链的度量》（王直等，2015年），ADB MRIO数据库，中金研究院。

逆全球化时代，大国的规模优势更加突出。逆全球化给各国利用国际市场带来摩擦，迫使各国更加依赖国内市场规模，再以此为基础参与全球竞争。在逆全球化使各国普遍受损的情况下，大国依托国内人口和经济规模，相比小国更容易触发规模经济效应，更可能在产业分工和经济发展格局中占据优势。换句话说，这种情况下内生增长理论的结论更有可能成立，也值得更加重视。首先，大国的人口和市场规模更有能力推动分工细化、单位生产成本降低。其次，大国分摊公共服务成本的能力更强，中国的高铁发展就是例证。最后，在数字经济时代，数据经济和创新具有公共品属性，能够产生外溢效应，进一步

---

① James H. Deglobalization: The Rise of Disembedded Unilateralism [J]. Annual Review of Financial Economics, 2018（10）：219-237.

全球产成品贸易流向图

2000年

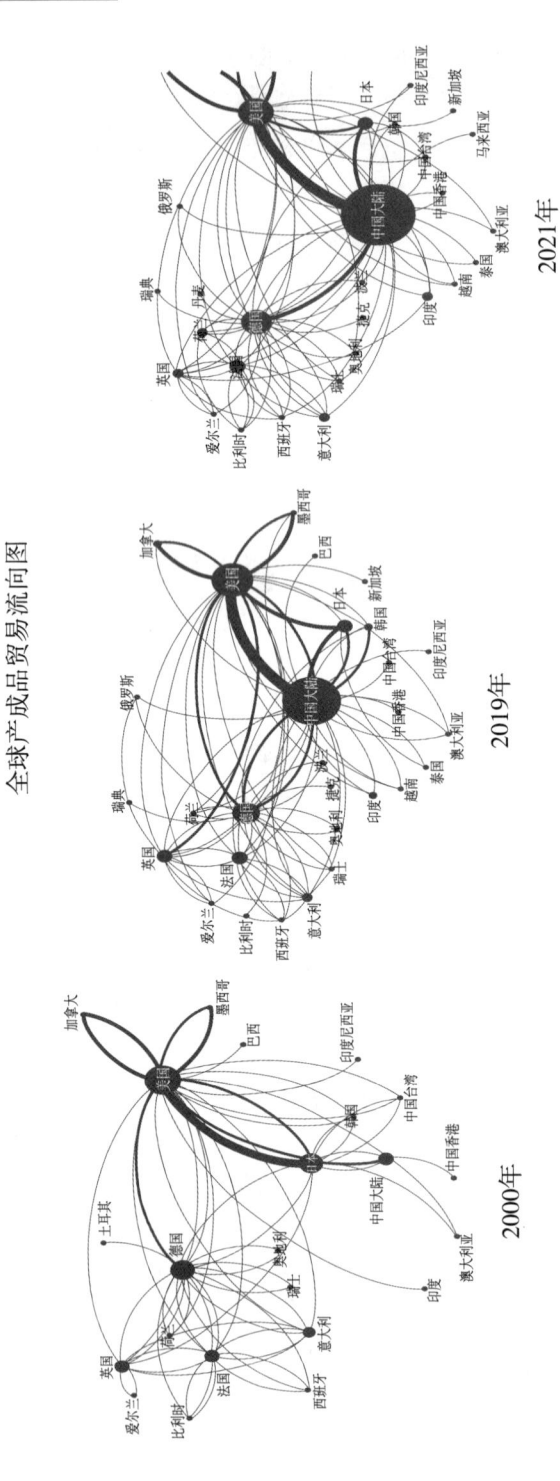

2019年

2021年

图 8 产业链横向风险：去中心化

注：产成品是指被直接进口国或进口地区吸收的最终商品出口。根据全球价值链的分析框架，可以将一国或一地区总出口分解为产成品出口、中间产品出口等部分。节点节点。《总贸易核算法：官方贸易统计与全球价值链的度量》（王直等，2015 年），ADB MRIO 数据库，中金研究院。
品至下游节点。贸易流向图中体现了超过 50 亿美元（以 2000 年美元不变价计）的双边贸易，曲线粗细代表价值链的大小。
节点大小代表经济体的总出口金额，节点节点代表顺时针方向的上游节点出口商
同产品出口等部分。
资料来源：《总贸易核算法：官方贸易统计与全球价值链的度量》（王直等，2015 年），ADB MRIO 数据库，中金研究院。

放大规模经济效应。

数字经济的规模经济效应更强,对国际贸易和产业链分工格局的影响也更大。传统比较优势理论认为国家间的劳动力成本相对差异带来了贸易需求,表现为发达国家集中于资本密集型、发展中国家集中于劳动密集型的国际产业发展与分工格局。但是,这一理论与现实情况出现背离,发达国家间的贸易额往往超过发达国家和发展中国家间的贸易额,例如美国和欧洲、日本的贸易额,均远超发达国家和非洲、中东地区的贸易额。此外,尽管近年来中国的劳动力成本已显著上升,但中国作为全球制造业中心的地位反而增强,这同样无法被传统比较优势理论所解释。

针对上述国际贸易的经典事实,规模经济效应可较好地加以解释。斯密指出通过更细化的分工,可使得每一个赛道做得很细,并帮助从事这一赛道的企业规模做大,整体生产效率提升,从而带来规模经济效应。① 极端情况下,单个企业只生产一种产品,企业的规模最大、生产效率最高。但与此同时,消费需求又是多样化的,限制了单个企业规模不断扩张、仅供给一种产品的能力。② 消费需求多元化和规模经济效应相结合,国际贸易分工因此呈现现实中观察到的格局,包括前述的发达国家间贸易额更多。③

另一方面,商品存在运输成本,这要求将生产放在靠近大需求市场的地方,大需求市场激发的规模经济效应带动生产成本降低,部分抵消了销往其他地区的运输成本。④ 换句话说,规模报酬递增将本地大需求反馈至生产端、本国生产更多、出口更多该种产品。这正是苹果手机放在中国生产的原因,中国本身市场规模大,能够降低生产成本、抵消运输成本。总的来看,中国的制造业发展,正是大国规模和全球分工两个因素发挥作用的一个重要体现。

总而言之,在数字经济发展和逆全球化背景下,本土市场对于触发规模经济效应更重要,中国凭借自身规模优势在未来全球分工中的优势将更加突出,

---

① Adam Smith. The Wealth of Nations [M]. Modern Library, 1937.
② Linder S B. An Essay on Trade and Transformation [M]. NY: John Wiley & Sons, 1961.
③ Krugman, Paul R. Increasing Returns, Monopolistic Competition, and International Trade [J]. Journal of International Economics, 1979, 9 (4): 469–479.
④ Head K, Mayer T. The Empirics of Agglomeration and Trade [J]. Handbook of Regional and Urban Economics, 2004 (4): 2609–2669.

这也是规模经济效应对国际贸易和产业链分工格局影响更大的体现。

数字经济时代,利用规模经济促进增长的关键在于发挥好外部规模经济效应。规模经济分为两类,包括内部规模经济和外部规模经济。① 其中,内部规模经济是指单一企业内部规模做大带来的效率提升,外部规模经济则来源于产业的集群效应,例如上下游企业相互提供服务等,产业规模扩大带动整体生产成本下降、效率提升。②

数字经济对规模经济效应的影响来自两方面,一方面是某些新业务模式带来的外部规模经济效应,例如企业把数据放在"云"上,企业因不需建设自己的机房以获得效率提升。另一方面,数字经济催生了一些新的平台企业,帮助它们把内部规模做得很大,企业提升了自身的效率和竞争优势。针对数字经济上述两种截然不同的影响,外部规模经济实际上是有利于整体社会效率的,在带来规模效应的同时也促进了竞争。相反,内部规模经济在帮助单个企业规模做大以后,反而可能带来垄断问题,阻碍全社会的创新和效率提升。③ 从这个意义上讲,数字经济对增长而言是一把双刃剑,利用数字经济促进增长的关键是要发挥好外部规模经济。

三、数字经济时代的收入分配

数字经济时代,要理解规模经济效应如何影响收入分配,同样可以借助经济学理论演变的视角。古典经济学的收入分配理论首先强调的是劳动者的生存需要,也就是要满足让工人活下去以维持生产活动的先决条件。此外,古典政治经济学强调收入分配的决定因素还包括劳动者与资本之间的博弈,以及一些政治、社会和经济层面的规范(norms),这些规范可理解为社会大众心中一些约定俗成的惯例,例如贵族拥有土地并收取租金等。④ 新古典经济学则认为市场都是充分竞争的,市场的供给和需求决定了劳动报酬等于其边

---

① Marshall A. Principles of Economics [M]. NY: Cosimo, 2009.
② Young A A. Increasing Returns and Economic Progress [J]. Economic Journal, 1928, 38 (152): 527–542.
③ Melitz M J, Ottaviano G I P. Market Size, Trade, and Productivity [J]. Review of Economic Studies, 2008, 75 (1): 295–316.
④ North, Douglass C. Agriculture in Regional Economic Growth [J]. Journal of Farm Economics, 1959, 41 (5): 943–951.

际产出。① 该理论一个颇具争议的推论是工人不应该抱怨，拿多少钱取决于自身对社会的贡献有多大，人对社会的价值表现为薪酬的多寡，这显然与事实情况不符。

数字经济对收入分配带来了新的挑战，这也带来了各界普遍关心的一些问题，例如劳动力是否被机器和人工智能所替代，数字技术是否会削弱劳动者的议价能力？要回答这个问题，可从劳动力市场供需结构变化的角度切入思考。相对于美国等其他国家，中国在劳动力市场供给端仍拥有劳动力成本较低的特点，而在需求端体现为中国的人口基数大、人口密度高。基于这一劳动力供需情况，中国数字产业采取的是"机器赋能人"模式，数字经济发展创造出大量新的非常规工作，例如外卖和快递送货员、专车司机和视频主播等，体现为数字技术与劳动力的互补。而美国的情况则与中国恰恰相反，美国的劳动力成本较高，这导致美国的数字产业走向"机器替代人"模式，即用机器替代常规工作，包括制造业流水线式的简单、重复性服务工作。在这一背景下，美国数字经济体现出明显的数字技术替代劳动力的特点（图9）。②

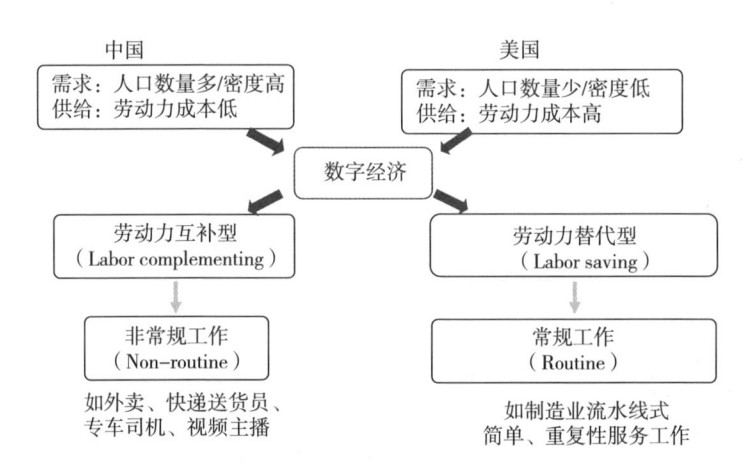

图 9 机器赋能人还是替代人？

资料来源：中金研究院。

中美在数字经济发展模式上的分化，也能较好地解释两国劳动报酬占比的

---

① Marshall, A. Principles of Economics [M]. NY: Cosimo, 2009.
② Autor, David, Anna Salomons. Is Automation Labor-displacing? Productivity Growth, Employment, and the Labor Share [R]. National Bureau of Economic Research, 2018（No. w24871）.

变动情况。正如前文所述，中国的数字经济发展更多采取"机器赋能人"模式，在收入分配端显然对劳动者更有利。有鉴于此，我们可以看到中国的劳动报酬占 GDP 的比重在过去十年有了长足的提高。相反，美国的数字经济发展更多采取"机器替代人"的模式，在收入分配上对资本更有利。① 正因为如此，过去十多年，美国劳动报酬占 GDP 的比重呈现逐年下降的趋势（图 10）。

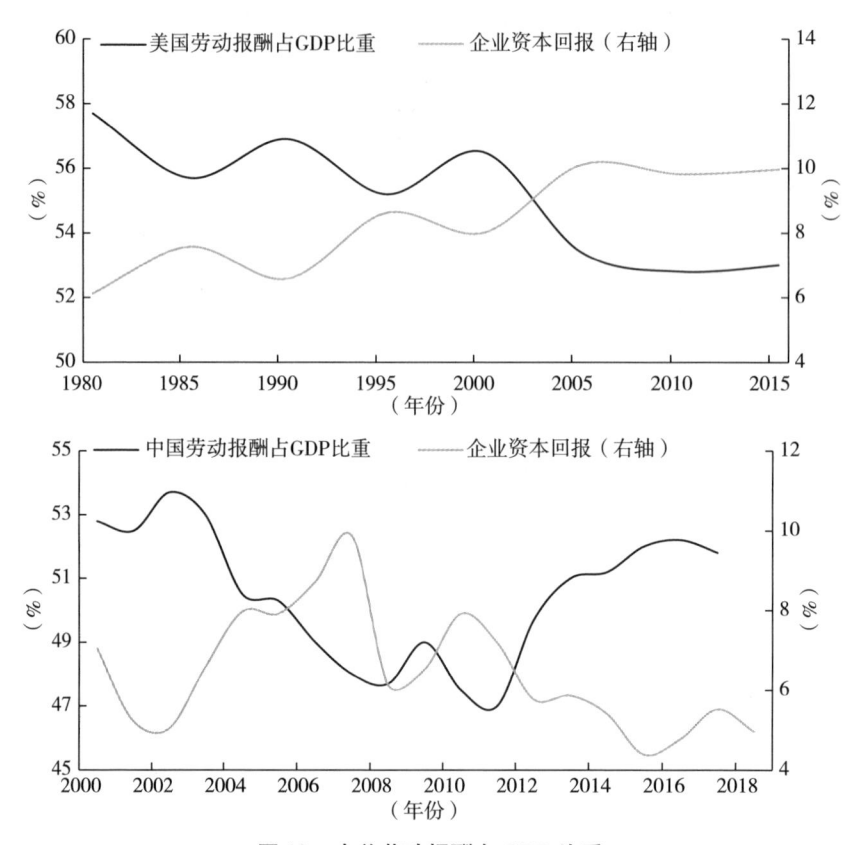

图 10 中美劳动报酬占 GDP 比重

资料来源：Wind，BEA，中金研究院。

中美两国的经验表明，数字经济到底是带来失业还是创造更多的就业，可能并非思考它如何影响收入分配的主要矛盾。换句话说，数字经济发展对收入分

---

① Acemoglu, Daron, Pascual Restrepo. Robots and Jobs: Evidence from US Labor Markets [J]. Journal of Political Economy, 2020, 128 (6): 2188 – 2244.

配的影响可能不在于劳动报酬占比的变化，或者劳动力和资本之间博弈过程中谁获益更多。这是因为市场竞争会为劳动报酬占比的下降划定边界，使它不会太走极端。具体而言，当劳动力成本足够低时，市场力量会引导全社会对"赋能人"的技术进步加大投入，帮助劳动收入占比企稳回升。相反，当劳动力成本高到一定程度时，全社会技术投入的方向则是偏向"替代人"的，带动劳动收入占比下降，正如中美两国经验所显示的。上述两种机制的一个综合结果是，劳动报酬占比呈现周期性的上下波动，不会往极端化方向发展（图11）。

劳动收入占比

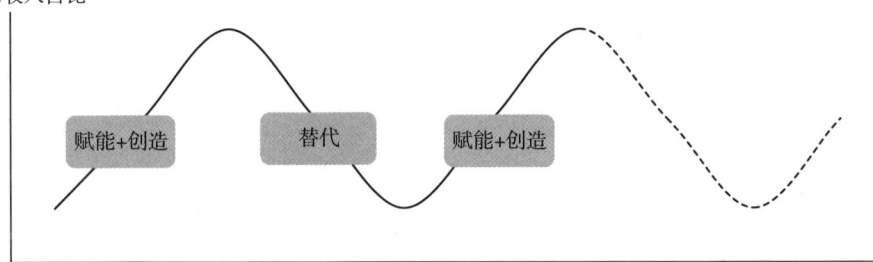

赋能+创造　　替代　　赋能+创造

图 11　市场竞争使得劳动收入占比不会走向极端（示意图）
资料来源：中金研究院。

数字经济对收入分配最重要的影响可能在于古典政治经济学的第三个维度，即对政治、经济和社会层面规范的改变，例如垄断、明星效应和数据租金等。以技术进步利好哪些行业为例，一个直观推断可能是技术进步最快的行业受益最多，但现实的情况与上述直觉相反。考察过去二十多年美国不同行业的价格和工资变动，不难发现技术进步快的行业经历了价格和收入水平的下降，技术进步较慢行业的价格和收入水平反而是上升的（图12）。这是因为技术进步较慢行业的供给弹性较低，供给跟不上经济增速，推高了这些行业的议价能力，从而在经济成果的分配中占优。[1] 20世纪60年代，美国经济学家威廉·鲍莫尔关注到这一现象，该现象因此得名"鲍莫尔病"。[2] "鲍莫尔病"的另一个例子是教育和医疗，数字经济并不会导致这些行业头部机构的数量增多，

---

[1] Autor, David, et al.. The Fall of the Labor Share and the Rise of Superstar Firms [J]. Quarterly Journal of Economics, 2020, 135 (2): 645–709.
[2] Baumol, William J., William G. Bowen. On the Performing Arts: Anatomy of Their Economic Problems [J]. American Economic Review, 1965, 55 (1/2): 495–502.

反而增强了头部互联网教育和医疗服务机构的竞争优势,明星效应引导需求和收益向头部机构聚集,进一步加剧收入不平等,这也解释了美国私立大学的学费为何越来越贵。①

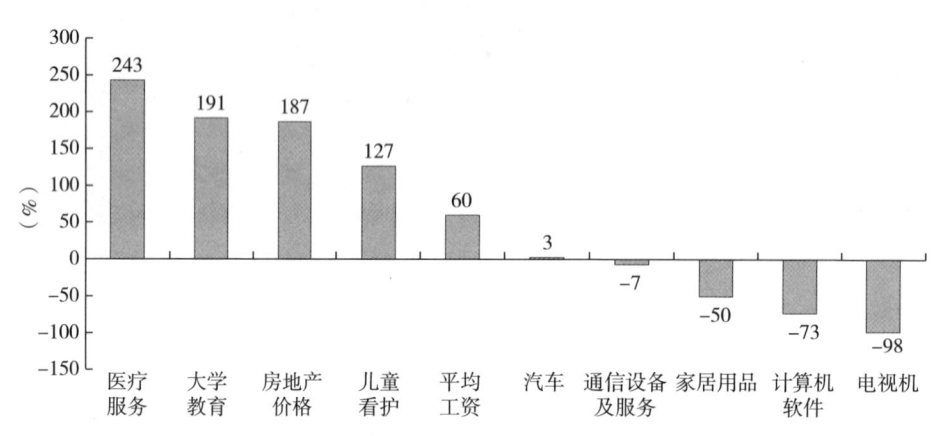

图12 垄断导致技术进步,收益更多流向供给弹性较低的部门

数据(以1998年为基期,单位%):医疗服务 243、大学教育 191、房地产价格 187、儿童看护 127、平均工资 60、汽车 3、通信设备及服务 -7、家居用品 -50、计算机软件 -73、电视机 -98

注:以1998年为基期。
资料来源:BLS,中金公司研究部。

技术进步慢的行业反而获益更多的一个最突出例子是土地部门,技术进步再快,土地的供给数量都是固定的。极端情况下,土地部门对其他产业造成挤压,且天然垄断,带来最大的规模不经济。首先,相比其他行业,与土地密切相关的行业如建筑行业的劳动生产率增长较慢,可能拖累整体生产率的提升和产业往更高精尖的方向发展。1995年至2014年,全球建筑行业的劳动生产率仅提升了21%,低于同期总体生产率的70%和制造业的97%。② 此外,土地所有权分布不均带来收入分化,导致本国制造业的需求不足,并转向非技术密集型的发展路径,导致增长滞后。宏观上,这表现为土地部门过度挤占经济发展收益,对其他产业的发展具有负外部性。③ 其次,厂房、机器设备、研发投入等在规模扩大后可以被共享,固定投入分摊带动单位成本下降。然而,土地

---

① Baumol, William J. The Cost Disease: Why Computers Get Cheaper and Health Care Doesn't [M]. London: Yale University Press, 2012. (中文版《增长的烦恼:鲍莫尔病及其应对》即将由中信出版集团出版。)
② 资料来源:GGCD-10、OECD、WIOD、World Bank。
③ 彭文生. 渐行渐远的红利 [M]. 北京:社会科学文献出版社,2013.

具有更强的排他性,在扩大土地使用规模时,道路、水电等基础设施投入必须按比例增加,固定成本难以被分摊。这一特性意味着土地是规模扩张时最短的那块板,为其带来溢价能力和垄断权力。过去二十多年,中国的房价之所以涨幅较大,固然有货币和信贷供给增多的影响,但土地部门议价能力提升这一因素更值得重视。换句话说,在中国经济发展过程中,技术进步和规模经济效应创造出来的收益有相当一部分流向了土地部门。

总之,在数字经济时代,我们更需要担心的收入分配问题并非劳动和资本之间的博弈,而是数字经济通过改变社会规范从而影响分配,例如不合理的明星效应。

四、公共政策应对

前文有关数字经济发展如何影响经济增长和收入分配的讨论,已经隐含了部分公共政策含义。总而言之,在数字经济时代,为推动从规模经济到创新经济的转变,公共政策应重点关注如下两个方面:

首先,促进创新的关键是要建立起政府与市场的伙伴关系。一方面,鉴于科学技术具有非竞争性、部分排他性,科研项目具有不确定性大、投入期限长的特点,政府要加大对创新的直接投入,弥补私人部门投资不足的缺口。同时,政府要支持中小企业和初创企业的发展,以增强市场竞争来促进创新。数字经济时代,还要改善和加强相应的监管,使数据成为价值创造的源泉而不是攫取垄断租金的载体。另一方面,政府要设计有利于创新的市场机制与规则,主要应该包括知识产权保护,以及利用资本市场促进风险投资。此外,反垄断政策应以促进创新为导向,例如针对有市场势力的大型企业设立最低研发投入要求。而在促进相关产业的可竞争性方面,关键是要关注头部企业有没有阻碍其他企业尤其是初创企业的创新、有没有排他条款、对新生企业的并购行为有没有阻碍潜在竞争者等。

其次,政府要利用数字经济发展促进经济增长,并减轻对收入分配的不利影响。这要求有其他政策的配合,在全社会形成良性的利益驱动机制。就中国的现实而言,有三个相互关联的领域值得特别关注。

一是完善数字治理机制。数字经济带来的垄断和规模经济效应之间存在潜在矛盾,更强的规模经济效应意味着各国政府拥有限制他国企业进入本国市场、扶植本国企业发展并寻求全球垄断地位的倾向,例如在技术标准、跨国数字治理、隐私保护等方面构建贸易准入壁垒。在逆全球化时代，数字经济可能成为政府新的管控工具，导致全球经济越来越碎片化。实际上，数字经济是促进全球化还是助推逆全球化，取决于各国政府如何推进数字治理。针对这一问题，中国可以从贸易协定、产业政策等方面入手，积极探索与他国在规则层面上的合作，为本国数字产业开拓国际市场，为数字经济发展创造更加公平和有利的国际环境。

二是纠正房地产过度市场化对资源配置的扭曲，尤其是减轻土地部门对规模经济效应的挤占和对经济发展的拖累，关键在于构建房地产发展新模式，在让房子回归居住属性的基础上，增加保障房供给，租售并举。同时，在需求端落实房地产税，把土地金融变为真正的土地财政，这也是构建房地产新发展模式的关键要素之一。

三是改善金融结构，关键在于产融分开、分业经营，即将商业银行、证券公司和实体产业相互隔离。其中，产融分开有助于防止政府对银行的信用担保延伸到实体企业，包括数字平台企业，避免固化平台企业的垄断能力并扭曲资源配置。此外，分业经营则能够防止政府对银行的信用担保延伸到资本市场，带来金融风险积聚。通过改善金融结构，才能促进金融更好地服务实体经济，发挥资本市场促进科技创新的积极作用。具体做法上，可借鉴美国自1933年以来的经验，通过加强监管控制负外部性，也就是要推动分业经营、产融分离。

对应金融结构的改善，公共财政的作用需相应增强。一方面，要求我们借鉴新供给学派的思路。传统的供给学派强调政府减税，而新供给学派则主张政府需要在教育、医疗和创新等方面加大投入，这既有利于促进短期的经济增长，也有助于改善长期的增长潜力，这一点对中国而言尤其重要。另一方面，这也要求中国降低间接税的比重，同时提升直接税和财产税的比重，增强财政在经济和金融中的作用。

数字治理

良好的治理是实现中国数字经济发展潜力的必要条件

白重恩

数字智能技术的发展对企业、个人、产业和整个经济都在产生巨大影响，同时给我们带来了很多机会和挑战。我们需要良好的治理才能充分实现数字经济发展的潜力，同时控制数字经济发展中可能出现的风险和问题。

数字经济在中国的发展具有巨大的潜力。第一，中国的市场规模巨大，这对于数字经济的发展非常有利，因为数字经济中的规模经济效应和范围经济效应非常突出。数字经济中的规模经济效应和范围经济效应来自多方面：数字产品生产的边际成本低，数据收集的边际成本也很低；数字平台能以较低的成本将众多的行为主体和市场联系起来，带来很强的网络外部效应。我们观察到的一个现象是全球最大的数字平台企业几乎全部存在于中国和美国，这在一定程度上说明了大市场对数字经济发展的重要性。

第二，数字经济相对较新，为中国这样的后发者带来了更多创新的机会。同时，中国丰富的人才资源为实现创新提供了良好的条件。

第三，中国的消费者对拥抱新产品和新服务非常积极和开放。

中国发展数字经济的巨大潜力在很多领域得以实现。最突出的领域是消费

---

* 白重恩，清华大学经济管理学院院长、弗里曼讲席教授。本文根据作者在 2023 年 2 月 18 日首届"中国数字经济发展和治理学术年会"上的报告内容整理而成。

互联网。我们在电子商务、电子支付、社交网络、共享服务等多方面都有在全球占有一定地位的成功企业。开放起到了重要作用，很多企业在初创和成长过程中都得到了来自全球的资金支持。消费互联网企业成长初期相对宽松的监管环境，也为它们的发展创造了有利条件。

同时，消费互联网的发展也带来很多监管新课题。全世界对大型平台企业都有监管的诉求：拥有巨大数据优势和规模优势的大企业是否会影响竞争和创新？其定价和各种相关措施是否会侵占消费者利益？其数据是否会侵犯个人隐私？其规模如此之大、数据如此丰富是否会带来系统性风险，包括经济风险、社会风险、政治风险和国家安全风险？怎样监管才能在解决社会关切问题的同时保持企业创新和发展的活力？对这些问题需要不断地探索和研究，也需要治理体制不断地完善，让决策过程更加有利于良好监管，让被监管者更好地参与以提升监管的合理性，同时不对监管者形成不当影响，让市场对产业的发展抱有稳定的预期。

工业互联网在中国的发展不及消费互联网，其中有很多原因。中国的大市场规模在消费互联网领域体现得淋漓尽致，但在工业互联网中，因为有些产品个性化很强，不像消费互联网那样，一个产品能同时满足很多消费者的需求，因此规模优势不容易发挥，规模优势带来的融资吸引力也不够。此外，工业互联网对人才的需求要求更高，数量更大，对金融、行业标准、数据流动和治理的要求等，都更加有挑战。尽管如此，工业互联网近期也有了很好的发展。互联网大厂为中小企业提供了很多基于数字智能技术的管理工具，为中小企业享受数字化红利带来了很大的便利。

同时也要看到，即使在消费互联网领域，有些方面的发展也有突出的问题。一个令很多人不满意的领域是搜索服务：搜索的结果质量不高，有时受到商业利益过大的干扰而产生误导性信息，严重地影响了对于使用者需求的满足，影响了潜在的效率提升，特别是因为获得信息困难而对创新产生了不利影响。我们需要认真研究这背后的原因，包括治理方面的影响因素。

在人工智能发展方面，中国也有很大优势，一是政府创造了很多需求，比如智慧城市的发展。二是消费者的热情创造了很好的条件，人工智能企业有大量学习的机会。但是我们面临着重大的挑战。除了技术困难之外，其他方面的挑战也很大，包括治理方面。ChatGPT 的出现使我们面临的挑战更加紧迫。

挑战来自多个方面。首先这项技术不仅仅包括工程、数学，还包括人文、社科的基础，包括人们的认知模式、对语言的认识等，这些都会影响技术的发展。但是我们对语言、认知等方面的研究可能是不够的。我们非常关心工程方面的核心科技，但是对人文社会科学的发展关注不够。如果对人工智能的一些最基础的东西，比如认知模式，没有很清楚的认识，那么怎么能够做好一款有一定通用性的人工智能产品呢？这是我们面临的一项挑战。

另外，ChatGPT 的开发和发展费用很高，包括训练的费用。美国有很多大企业支持这样的产品。中国要发展类似的技术，也需要大企业出资支持。通常这些大企业有这样的远见，也有能力支持。但中国的大企业在支持类似技术发展方面是否非常积极呢？过去几年互联网大厂的投资是否没有以前那么多了？没有足够的资金支持，技术怎么可能发展起来呢？如果互联网大厂不投资，靠谁提供这样的资金呢？政府产业基金也可以投资，但是可能需要多元的资金来源，这就对我们的治理提出了要求，需要给企业提供一个长期可预期的政策环境，让企业敢去投资、愿意去投资。

尽管 ChatGPT 还存在很多问题，但它是一项可能带来范式改变的新技术，这样一项重要的技术发展，如果最后的情况是像我们的搜索服务一样落后，想象一下，那将是多么令人担忧的前景。

除了这些之外，我们的搜索服务的发展为什么令人不满意，其深层次的问题会不会影响类似 ChatGPT 技术的发展？这些问题需要认真地讨论和深入地研究。这样的问题对通用人工智能的发展乃至经济长期可持续发展来说都非常重要，除了需要来自经济管理领域、公共管理领域，以及其他人文社会科学领域的学者，一起为技术发展做出研究上的贡献，也需要我们大胆地推动治理变得更加有利于这类技术的发展。

总之，ChatGPT 的出现使人工智能及其应用的发展速度大大加快，技术迭代迅速，发展的前沿日新月异，而且一旦领先者所占的优势较大，后来者追赶起来会非常困难。我们要有强烈的紧迫感，尽快改善相关治理环境，为实现中国数字经济发展的潜力提供必要的治理支持。

科技进步与智能社会治理

苏竣

近年来,科学技术迅猛发展,各个领域均取得了重大突破,也给我们生活的社会带来了翻天覆地的变化和影响。在能源领域,可控核聚变在2022年取得重大突破,对人类的影响不容忽视。在信息技术领域,更是取得了突飞猛进的发展,比如2022年爆火的元宇宙,尽管是一种应用层面的创新,却也引发了社会层面的思考和关注。

根据熊彼特的创新理论,科学技术的每一次创新都会带来企业的超额利润,引起其他企业的竞相模仿,从而形成创新浪潮,推动社会前进。我们的社会就是在一个接一个的创新浪潮中不断发展的。可以看到,每一次创新浪潮的产生,都将带来一场科技革命。

在最近的一次科技革命浪潮中,随着各个领域科技的不断突破,我们按照摩尔定律的轨迹,一步步趋近物质的极限和自然的本源。摩尔定律由美国英特尔公司创始人之一戈登·摩尔于20世纪70年代提出,该定律认为计算机集成电路芯片上的晶体管数量每18个月增长一倍,即计算机性能提升一倍,而成本和价格则下降为之前的一半。半个多世纪以来,半导体行业一直遵循着摩尔

---

* 苏竣,清华大学公共管理学院教授、清华大学智库中心主任、智能社会治理研究院院长、科教政策研究中心主任。本文根据作者在2023年2月18日首届"中国数字经济发展和治理学术年会"上的报告内容整理修改而成。

定律高速发展，取得了飞速的进步，到如今我们的半导体制程节点甚至可达 5 纳米。但随着工艺节点的演进逼近物理极限，单纯依靠提升工艺来提高芯片性能的方法已经无法充分满足时代的需求，半导体行业也逐步进入后摩尔时代。

半导体领域的摩尔定律正逐步被打破，而人工智能领域的摩尔定律刚开始显现。2023 年初，OpenAI 公司的首席执行官山姆·阿尔特曼（Sam Altman）在社交媒体称，"一个全新的摩尔定律可能很快就会出现，即智能数量每 18 个月翻一番"。这就代表着，全球人工智能的运算量也将像半个世纪前的半导体领域，在相当长的时间内呈指数式增长。而随着 ChatGPT 在网络上的现象级爆火，仅仅两个月时间内，其用户数量就突破一亿。它的问世进一步拉近了我们与人工智能"技术奇点"的距离，也再一次引燃了全球对人类社会智能化转型态势的关注和思考。

在分析和评价 ChatGPT 以及其他的新兴变革性技术的社会影响时，保持方法论上的正确性是非常重要的。我们应该以三种态度应对面临的挑战。第一，审慎。我们要敏感地关注以 ChatGPT 为代表的新技术带来的风险和挑战，以审慎的态度看待一切，既分析它的发展历程，也研判它的未来趋势。第二，自信。要相信人类的智慧，相信人类的光辉思想，相信我们的人文精神，一定会战胜颠覆性技术带来的冲击和挑战。人类历史上技术变革带来的冲击从未停止，例如为应对核武器的危险，1955 年发表的《罗素-爱因斯坦宣言》，以及 1957 年发起的"帕格沃什科学和世界事务会议"，致力于防范核武器对人类的毁灭，寻求人类的可持续发展之道。如今约 70 年过去了，在全世界的共同努力下，我们把核武器这一科技野兽关在了人类理性的笼子里。今天我们还是应该保持这种信心，相信人类理性的光辉和智慧能够引领技术向好发展。第三，积极。我们不能采取鸵鸟政策，更不能采取封堵政策，而应该以积极的心态，采取积极的治理措施拥抱新技术，积极地感知、理解、引导，让新技术更好地发展。

比尔·盖茨称，ChatGPT 问世的重大历史意义，不亚于互联网和个人电脑的诞生。业界普遍认为，ChatGPT 的出现是人工智能发展史上的里程碑事件，有望首次为通用人工智能发展探索出一条清晰的技术路线，这必将对人工智能技术和产业发展产生巨大的促进作用。但是以 ChatGPT 为代表的先进通用人工智能技术究竟会给我们带来什么样的巨大冲击和系统性变革？在这一点上，很多学者有很多研究，笔者也在思考这个问题，在此略做分享。

第一，人类社会的知识生产、传承和校验机制正在被重塑。亿万年来，人类社会演进形成了三种知识生产机制，分别是基于理性主义的演绎推理机制、基于经验主义的实证归纳机制，还有近期学者发现的直觉与顿悟方式。在上述知识生成机制中，人类独有的主体性、智慧性、能动性奠定了人类在知识生产中的核心地位。这意味着，知识生产将不再是人类的专属技能，打破了人类在知识生产上的垄断格局，推动知识生产主体、生产方式以及知识形态的改变。在未来，如果人工智能能够作为"超级神灵"生成"绝对真理"，势必与人类在知识的创造、传承、验证等方面展开一场"大博弈"。

第二，人类社会的信任机制正在被颠覆。人类之所以能发展出现代文明，就是因为人类通过沟通建立了信任机制，从而实现了分工合作，奠定了今天这样一种社会组织方式。然而，ChatGPT的横空出世，迫使我们开始思考人工智能在信任机制中是否走上"实在论"意义上的主体地位。强人工智能或超人工智能如果能够实现，可能会作为更先进的社会生产力重塑经济活动和社会交往，使得人与人之间的信任变得愈发脆弱，甚至使人类丧失在信任体系中的主体地位。人类与另外的物种、另外的人格化智能体建立信任的过程，一定是一个充满痛苦的复杂过程。

第三，人类社会的权威生成机制正在被解构。ChatGPT可以对新闻、博客和社交媒体的帖子进行数百万次的评论，压倒性地获得社会舆论话语权；强人工智能系统甚至可以找出决策系统中最薄弱的环节，有选择地针对关键立法者和决策者，通过游说、利益交易等方式实现不正当目的或社会控制。随着人类对人工智能形成依赖，强人工智能的控制者可能会由此获取至高无上的权威和绝对垄断的权力，从而影响人类的意识形态，挑战现有治理体系。未来权威从何而来，谁代表了权威，人类社会会陷入很长时期的迷茫之中，这或许将比以往任何一种信息技术的颠覆性创新给我们带来的变革和冲击都要更猛烈一些。

智能技术已经给我们带来了许多的挑战和困惑，只是ChatGPT今天被大家关注而已。例如，精准推送导致我们被包裹在信息茧房里，观点越来越极化，冲突越来越剧烈。在智能技术的不断冲击下，人类的主体性、作为人的优越感在智能社会中很可能慢慢地丧失。

尽管ChatGPT等人工智能技术会给人类社会带来种种挑战，但这依然是一件好事而不是坏事，因为它代表了先进生产力的发展要求，也警示我们智能化变革愈发紧迫，必须尽快行动，防患于未然。在多年前，笔者提出了人类社会将要步入智能社会这一观点。今天大家已经形成一种共识，就是无论今后人类将面临怎样的变革与挑战，我们都必须不断探索并坚守智能社会的人文精神，致力于建设一个有人文温度的智能社会。

2019年，笔者与来自多个高校和科研院所的同人以及多位专家，在长期研究的基础上，率先发起了"开展人工智能社会实验、探索智能社会治理道路"的倡议。这一倡议得到了学术界和产业界的积极支持，得到了国家领导的高度认可。2022年4月，中共中央、国务院颁布《关于加快建设全国统一大市场的意见》的文件，明确提出要深入开展人工智能社会实验，推动制定智能社会治理相关标准。目前，在网信办、科技部、发改委、教育部等部委的组织下，已经在全国22个省建设了92个国家智能社会治理实验基地，在全国18个人工智能创新发展试验区开展人工智能社会实验，极大推动了人工智能技术在不同领域、不同行业场景中的广泛应用。国家市场监督管理总局在2022年9月批准设立了国家一级标准化委员会——智能技术社会应用与评估标准化委员会。众多高等院校积极推进智能社会治理人才培养，一大批专家学者投身于这项有意义的工作中。清华大学智能社会治理研究院整合多学科的力量，围绕人工智能赋能城市治理、数字乡村建设、农村电商的社会影响、网络空间的精神沉迷、人工智能对儿童成长影响等议题，依循人工智能社会实验的研究路径，开展了长周期的追踪、观测和研究。

今天，世界又站在了历史的十字路口，我们正在经历从工业社会向智能社会转变的重大历史时期。以人文精神保持初心和定力，在当下显得尤为重要。以人为本，构建具有人文温度的智能社会，应该是所有学者的核心秉持。时代是出卷人，我们是答卷人，人民是阅卷人。衷心希望大家共同努力，用我们的智慧和力量，深化智能社会治理研究，深入探索智能社会治理的中国道路，建设有人文温度的智能社会，引领人类命运共同体走向更加光明的未来。

数字经济形态下的政府治理
转型与创新

孟庆国　王友奎　薛澜

　　近年来，数字经济快速发展，推动生产方式、生活方式和治理方式发生深刻变革，成为重组全球要素资源、重塑全球经济结构、改变全球竞争格局的关键力量。我国高度重视数字经济发展，明确提出"不断做强做优做大我国数字经济"的战略目标。与传统经济形态相比，数字经济具有创新性、平台性、虚拟性、全球性和变革性等特点。它重塑了经济形态，形成了区别于以往的要素结构，并引发不同的产业结构和协作网络，对经济社会的组织方式、运行模式及微观经济活动主体产生深刻影响，为政府的治理理念、治理模式、治理手段和效能带来新的挑战。迫切需要政府实现角色转型和治理创新，为此要正确处理好政府与市场的关系，转变政府角色，创新治理理念和方式，将"有为政府"和"有效市场"有机融合，在遵循以人民为中心的发展理念的基础上，形成"强政府"与"强市场"有机统一、相互补充、相互协调、相互促进的格局，构建"互融共生"的新型政府与市场关系，从而推动我国数字经济做强做优做大。

---

* 孟庆国，清华大学公共管理学院教授、计算社会科学与国家治理实验室执行主任、教育部长江学者特聘教授、中国数字经济发展和治理学术年会主席团秘书长；王友奎，清华大学公共管理学院博士后；薛澜，清华大学文科资深教授、苏世民书院院长。清华大学公共管理学院博士研究生黄章宏对本文亦有贡献。

本文基于政府与市场关系的逻辑与演变，结合数字经济的新特征及其挑战，讨论数字经济形态下的政府角色和边界，并围绕数字经济形态下政府治理的创新方向提出政策建议。

一、背景与问题

随着新兴技术的高速发展，数字技术已广泛且深入地应用于社会经济生活的方方面面，数字经济时代已经到来，并推动生产方式、生活方式和治理方式深刻变革。数字技术的创新突破引领了全球新一轮的科技革命和产业革命，也改变了国际合作与竞争的形态，从物理空间转移到数字空间，数字经济已经成为各国抢抓发展机遇的关键。发展数字经济，对于促进国家技术实力、经济实力和治理能力的提升，增强综合国力具有重要意义。数字经济的发展能够拉动关键数字技术的重大突破与全面应用，实现高水平科技自立自强，提高国家科技实力；经济发展由要素驱动转向创新驱动，推动构建统一开放、竞争有序的市场环境，为构建现代经济体系和经济高质量发展提供强有力的支撑，不断增强国家经济实力。

OECD（2020）[1] 统计显示，2020 年 37 个成员国中已经有 34 个制定了国家数字战略，新兴经济体和发展中国家也正在加快系统布局，制定专项政策推动数字经济发展。根据中国信息通信研究院（以下简称中国信通院）（2022）[2] 的测算，47 个主要国家 2021 年的数字经济增加值规模已达 38.1 万亿美元，占这些国家 GDP 总和的 45%，同比名义增长 15.6%，高于同期 GDP 增速 2.5 个百分点；其中 20 个发达国家数字经济领先优势明显，规模达到 27.6 万亿美元。中国信通院最新（2023）[3] 的数据显示，中国数字经济规模已从 2016 年的 22.6 万亿元提升到 2022 年的 50.2 万亿元（见图 1），稳居世界第二，拥有多家"全球数字经济 100 强"企业和"灯塔工厂"，数字经济发展整体上位居世界前列；数字经济在国民经济中的地位更加稳固，从 2016 年的 30.3% 提升至 2022 年的 41.5%（见图 2）。

---

① OECD. Digital Economy Outlook 2020 [EB/OL]. 2020, https://www.oecd-ilibrary.org/science-and-technology/oecd-digital-economy-outlook-2020_bb167041-en.

② 中国信息通信研究院. 全球数字经济白皮书（2022 年）[EB/OL]. 2022, http://www.caict.ac.cn/kxyj/qwfb/bps/202212/t20221207_412453.htm.

③ 中国信息通信研究院. 中国数字经济发展研究报告（2023 年）[EB/OL]. 2023, http://www.caict.ac.cn/kxyj/qwfb/bps/202304/t20230427_419051.htm.

（万亿元）

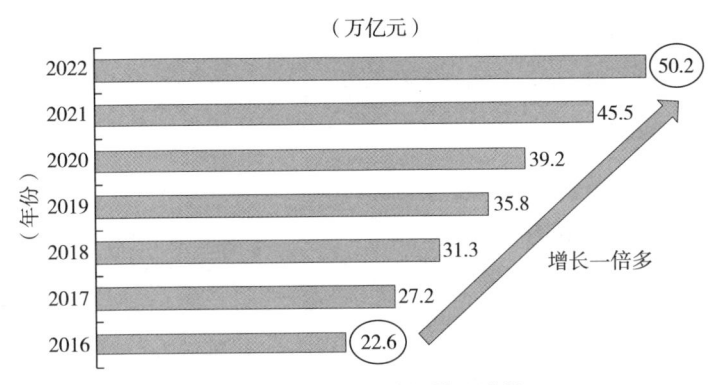

年份	规模
2022	50.2
2021	45.5
2020	39.2
2019	35.8
2018	31.3
2017	27.2
2016	22.6

增长一倍多

图 1　我国数字经济规模及增长

资料来源：中国信通院。

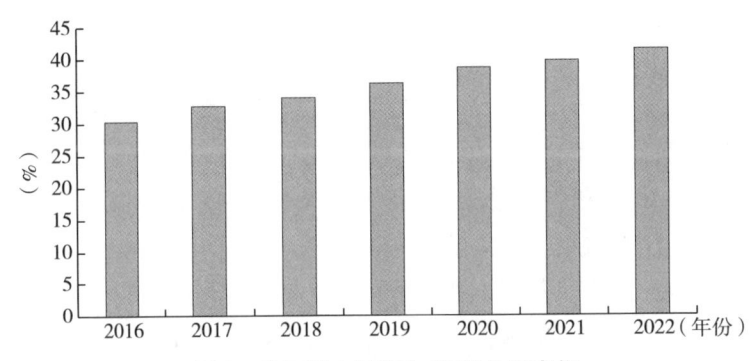

图 2　我国数字经济占 GDP 比重变化

资料来源：中国信通院。

但是，我国数字经济的发展仍面临诸多挑战，在产业数字化、三次产业数字化融合渗透等方面与发达国家还存在一定差距，尤其在数字经济的治理体系和治理能力上还需要进一步提升和加强。数字经济的新形态和新特征，改变了传统的经济形态，对经济社会的组织方式、运行模式及微观经济活动主体产生了深刻影响，目前面临政府治理基础制度缺失、平台垄断加剧、数据要素化滞后、隐私泄露风险和数字伦理审查等新的挑战。如何转变政府角色，创新治理方式，有效应对数字经济的新特征及其挑战，促进数字经济做强做优做大，是我国数字经济治理的重要任务。

二、数字经济的新特征及其挑战

数字经济以数据资源作为关键生产要素，以现代信息网络作为重要载体，以信息通信技术的有效使用作为提升效率和优化经济结构的重要推动力，具有"技术"和"经济"的双重属性。① 与传统经济相比，数字经济在市场结构、生产者和消费者行为等方面呈现新的特征，同时也给政府治理带来新的挑战。

1. 数字经济的新特征

数字经济作为一种全新的经济形态和经济活动，具有创新性、平台性、虚拟性、全球性和变革性等特征②，重塑了社会经济形态③，形成了区别于以往经济形态的要素结构④，并引发了不同的产业结构和协作网络。

第一，平台化的市场形态。数字经济时代的信息技术不是单纯的软件产品，而是一种新的平台化的社会-技术系统，平台化的组织运行范式成为数字经济的主要市场形态。平台经济的兴起是数字经济发展的重要特征，平台方给供需双方搭建一个平台，供需双方通过平台实现信息交换和交易，这在一定程度上能有效缓解信息不对称的问题，带来正外部性和规模经济效应。截至2022年12月，我国网络购物平台用户规模达8.45亿人，占网民群体的79.2%；网约车用户规模达4.3亿人，使用率达40.9%。⑤

第二，要素化的海量数据。数据具有可复制性、非竞争性、非排他性、非稀缺性等显著特征，使其能够快速与传统生产要素相结合，创造出更高效的生产力，在数字经济发展中发挥着重要作用，数据也成为数字经济的关键生产要素。数据的融合、重组和复用带来规模效应和零边际成本，极大地推动产业转型、蝶变和新产品、新业态、新模式的不断呈现。推动数据要素化治理已成为必然选择，对数据进行归集、整合、开发、利用，以及确权、定价、交易和流通等，成为政府推动数字经济工作的重要内容。

---

① 魏成龙，郭诚诚. 赋能与重塑：数字经济时代的政府治理变革［J］. 理论学刊，2021（5）：51-58.
② 刘建平. 数字经济与政府规制［J］. 中国行政管理，2002（9）：9-12.
③ 蓝庆新，赵永超. 双循环新发展格局下的数字经济发展［J］. 理论学刊，2021（1）：24-31.
④ 徐梦周，吕铁. 赋能数字经济发展的数字政府建设：内在逻辑与创新路径［J］. 学习与探索，2020（3）：78-85，175.
⑤ 中国互联网络信息中心（CNNIC）.（第51次）中国互联网络发展状况统计报告［EB/OL］. 2023，https://www.cnnic.net.cn/NMediaFile/2023/0322/MAIN16794576367190GBA2HA1KQ.pdf.

第三，泛在化的技术载体。在数字经济中，构建的各类平台打破了时间和空间的限制，改变了传统市场的载体结构，用户通过手机、电脑等都可以完成在线交易，实现了跨地域、跨时区的市场交易活动，给生产者和消费者带来便利。但通过网络平台进行交易，具有较强的虚拟性，部分还具有一定的隐蔽性，给政府监管带来了难度。政府如何调整职能以适应"数字化"形态，是当前很重要的一个问题。①

第四，类别化的产业分层。数字经济以数字技术为核心，而多样化的数字技术带来明显的层次性，掌握网络基础设施的企业形成基础服务层，掌握资源对接和规则的企业形成平台服务层，掌握具体服务内容和应用产品的企业形成内容服务层。各类别、层次产业的经济主体角色不同，发展规律迥异，应把握各自的规律，对上述三种产业制定有针对性的治理策略。

第五，多元化的协作协同。数字经济快速发展，产生了电子商务等数字化平台，并渗透到各行各业，促使传统领域和新技术深度连接和应用，推动了经济形态创新。数字化的经济形态不仅打破了传统的"政府－产业－从业者－消费者"网络，整合了资源供给，还打造了从业个体、线上平台企业、线下资源拥有者、数字资源拥有者、信息基础设施拥有者等融合的多元局面。如何兼顾多元主体的差异化诉求，建立多元共治的协同网络，成为数字经济治理的重要内容。

2. 给政府治理带来的新挑战

数字经济的新形态和新特征，改变了传统的经济形态，对经济社会的组织方式、运行模式及微观经济活动主体产生深刻影响。新产品、新业态和新模式层出不穷，与传统治理理念可能存在差异甚至冲突，如基础制度缺失、平台垄断加剧、数据要素化滞后、隐私泄露风险和数字伦理挑战等，这些都对政府的治理理念、治理模式、治理手段和治理效能带来新的挑战。

第一，平台治理挑战。数字经济中平台化的组织和运行模式，使市场结构和秩序发生重要变化，在带来规模经济效应和正外部性的同时，也给政府治理带来巨大挑战。由于平台企业倾向性的交易规则和定价策略，加上其后台的数

---

① 高杰. 数字经济视阈下政府经济职能研究 [J]. 现代经济信息，2018（10）：38－39.

据优势和数据处理能力，极有可能成为一种可被随意操控的非自由市场。① 平台成为生产消费生态圈内相关秩序的设立者和维护者，大型平台依托数字技术优势带来的"赢家通吃"局面和"大而管不了"问题，也成为困扰监管者的突出问题②，平台治理成为数字经济中的重要任务。

第二，数据要素化挑战。2019 年，十九届四中全会首次提出把数据作为生产要素，五中全会进一步确立了数据要素的市场地位，数据已成为数字经济发展的关键生产要素。但当前数据要素化还存在"确权难、定价难、入场难、互信难、监管难"等现实困境，而政府数据治理、数据立法等重要制度框架仍缺位，明显滞后于数字经济的快速发展。现有理论尚不能支撑数字经济发展需求，依然存在理论体系不健全、要素市场顶层设计缺失、数据安全保护挑战大、流通使用成本高、参与者动力不足等难题，严重影响了数据要素的流通和治理。

第三，技术快速迭代挑战。与传统经济形态不同，数字经济以现代信息网络为重要载体，以信息通信技术的有效使用作为提升效率和优化经济结构的重要推动力。数字技术在数字经济发展中发挥着重要作用，但数字技术具有高度"创新性"和"不确定性"。近年来，物联网、大数据、人工智能等技术快速发展，引领新一轮技术革命，颠覆性技术创新不断涌现，而且迭代速度日益加快，同时具有较强的不确定性，在发展早期难以准确把握其发展规律，给政府治理带来较大挑战。如 2022 年底横空出世的 ChatGPT，随即引发全球科技界、产业界和学术界的高度关注，并快速渗透至各大领域，引发一系列深刻的连锁反应，带来激烈争论。2023 年 3 月，千人联名叫停 ChatGPT – 5；2023 年 5 月底，350 多位人工智能领域的专家高管签署联合声明，警告称快速发展的人工智能技术对于人类的威胁可以堪比疫情和核战争。

第四，多元协同治理挑战。在数字经济中，平台化的组织模式，精简了传统经济形态中的诸多中介环节，但同时产生了新的参与者，且呈现日益多元化的趋势。以网络消费为例，随着越来越多互联网平台涉足电商业务，网购用户的线上消费渠道逐步从淘宝、京东等传统电商平台向短视频、社区团购和社交平台扩散，消费场景更加丰富，参与者也更加多元。然而，平台、商户、用

---

① 刘渊. 数字经济良性发展的政府作用 [N]. 光明日报，2018 – 07 – 09 (16).
② 江小涓，黄颖轩. 数字时代的市场秩序、市场监管与平台治理 [J]. 经济研究，2021，56 (12)：20 – 41.

户、政府及其他参与者之间的权利、责任和义务界线并不明晰，协同机制难以建立，出现问题和纠纷时往往难以便捷高效处理。产业数字化方面，在农业、工业、服务业的数字化转型过程中，主体更多元，治理场景更复杂，迫切需要建立多元参与、高效协同的数字经济治理新格局。

此外，还有其他诸多挑战，如纳税主体认定困难和课税对象界限模糊等税收挑战，算法黑箱和劳动力压榨等伦理挑战，人工智能和元宇宙等新技术，都给政府治理带来较大挑战。要解决这些难题，政府需准确把握数字化、网络化和智能化方向，重塑政府与市场关系，探索与数字经济持续健康发展相适应的治理方式，建立协调适应的治理框架和规则体系，形成政府主导、多元参与、法治保障的数字经济多元治理格局。

三、数字经济形态下的政府角色与边界

面对数字经济快速发展带来的挑战，迫切需要政府实现定位和职能的优化调适，正确处理好政府与市场的关系，充分发挥市场在资源配置中的决定性作用，统筹利用好"看不见的手"和"看得见的手"，从而推动数字经济的高质量发展。

1. 政府与市场关系的逻辑与演变

政府与市场的关系渊源既久，处理好二者关系是经济行稳致远、健康发展的关键①，政府定位和职能设置能否与市场发展协调一致，是现代化进程中最重要的因素和最明显的标志。② 基于世界银行③提出的政府功能模型，孟庆国和薛澜④提出了政府与市场关系的基本框架，包含五种主要功能：建立市场、监督市场、引导市场和参与市场，以及管理公共财政实施社会保障。

纵观西方经济发展史，政府与市场关系在不同时期呈现不同的形态⑤，大

---

① 徐梦周，吕铁. 赋能数字经济发展的数字政府建设：内在逻辑与创新路径［J］. 学习与探索，2020（3）：78 - 85，175.
② 薛澜，李宇环. 走向国家治理现代化的政府职能转变：系统思维与改革取向［J］. 政治学研究，2014（5）：61 - 70.
③ The World Bank. World Development Report 1997: The State in a Changing World［M］. Oxford University Press，1997.
④ 孟庆国，薛澜. 美英政府与企业之间的关系［J］. 国际经济评论，1999（Z5）：52 - 54.
⑤ 唐显键，孙文. 政府与市场关系研究文献综述［J］. 现代商业，2018（17）：173 - 174.

致经历了重商主义、古典自由主义、凯恩斯政府干预主义、新自由主义等阶段，从最初的全面干预到完全自由，再到政府的有限干预，又从界定政府职能到如何发挥政府职能。① 其中，"市场派"往往基于政府失灵和理性经济人假设，寻求通过市场自动达到帕累托最优；"政府派"则主要在面对市场失灵困境时，以"看得见的手"展开公共事务治理。② 但无论各派论者做何论述，都不同程度地承认市场和政府各自具有积极作用。③ 在政府功能方面，美英政府在建立市场、监督市场、引导市场及参与市场这几个方面由强变弱，即"宝塔形"模式，政府在处理与市场的关系时围绕着市场这条主线，只有在市场失灵并且政府干预的净效益高于市场时，才由政府进行必要的干预。④

相对而言，我国的政府与市场关系一直在发展博弈中不断优化，逐渐形成了具有中国特色的"互融共生"新型政府与市场关系，体现了对政府与市场地位和角色的不断调整定位。⑤ 发展至今，政府与市场的定位不再是"多少"之争，而是政府如何在数字经济主体多元自治与复杂经济事实中更好地发挥"有为"之义。⑥ 政府与市场之间并非相互替代、非此即彼的二元对立⑦，如何在政府与市场之间探求动态均衡，始终是中国特色社会主义市场经济需探明的路径。⑧ 纵观我国政府与市场的关系演变史，两者关系从对立走向统一是发展的基本逻辑，未来将转向更高层次的"互融共生"关系，经济发展是政府和市场紧密合作、有机结合、双向互动的结果。⑨

---

① 黎冯梅. 政府与市场关系理论阐述的研究综述 [J]. 全国流通经济, 2019 (18): 53-55.
② 黎江虹，周坤琳. 数字经济时代营商环境中的"有为政府" [J]. 学习与实践, 2023 (1): 22-32.
③ 张守文. 政府与市场关系的法律调整 [J]. 中国法学, 2014 (5): 60-74.
④ 孟庆国，薛澜. 美英政府管理企业的模式与启示 [J]. 科技导报, 2001, 19 (5): 41-45.
⑤ 乔惠波. 新中国70年经济体制演变的线索、逻辑及展望——基于政府与市场关系的视角 [J]. 湖南科技大学学报（社会科学版), 2019, 22 (6): 86-92.
⑥ 同本页③。
⑦ 青木昌彦，等. 政府在东亚经济发展中的作用 [M]. 张春霖等，译. 北京：中国经济出版社, 1998.
⑧ 查尔斯·沃尔夫. 市场或政府——权衡两种不完善的选择/兰德公司的一项研究 [M]. 谢旭，译. 北京：中国发展出版社, 1994.
⑨ 同本页⑤。

简单地用某一时期的某种观点来指导我国数字经济发展与治理的实践，在理论上是不全面的，在实践上是行不通的①，需要探索数字经济时代下适合中国国情的政府与市场最佳结合点。从经济形态对比看，数字经济有着不同于传统经济的特征和形态，也不能简单套用传统的政府角色定位来指导实践，还需要基于数字经济的特征对政府与市场关系进行重塑，使之与数字经济发展协调一致。

2. 数字经济对政府角色的重塑

面对数字经济条件下市场体系的特征变化及治理挑战，政府要扮演好自己的角色，处理好与市场的关系，正确认识政府和市场的长处和机理，明确各自功能边界，充分行使功能作用，两者应当有机结合、相互合作，而不是板块连接。② 大量实践证明，只有"有效市场"和"有为政府"有机融合，我国数字经济才能得到更健康的发展。③ 一个"强市场"经济背后应该有个"强政府"，"有效市场"加"有为政府"才是目标④，因为政府职能的履行需要基于市场资源配置功能的基本规律，而市场功能得以充分发挥以市场秩序得以维护为前提。⑤

在数字经济的快速发展中，政府必须也必然在市场体系培育中发挥"强政府"的积极作用，但这种积极有为绝不是对微观经济过程的全面干预。⑥ "弱政府"难以支撑强市场，但"强而无道"的政府也不可能支撑强的和好的市场。⑦ 从具体角色定位看，政府应当是数字经济的环境营造者，而非主导者。⑧ 在数字经济的"政府－平台－用户"职责体系和经济活动中，政府充当监督者和引导者，保证数字交易公平公正，为数字经济可持续发展打下坚实的

---

① 何炜. 西方政府职能理论的源流分析 [J]. 南京社会科学, 1999 (7): 37–43.
② 魏礼群. 正确认识与处理政府和市场关系 [J]. 毛泽东邓小平理论研究, 2014 (5): 46–51, 91.
③ 林毅夫. 转型国家需要有效市场和有为政府 [J]. 中国经济周刊, 2014 (6): 20.
④ 刘世锦. "新常态"下如何处理好政府与市场的关系 [J]. 求是, 2014 (18): 28–30.
⑤ 高帆. 新型政府－市场关系与中国共同富裕目标的实现机制 [J]. 西北大学学报（哲学社会科学版），2021, 51 (6): 5–17.
⑥ 徐梦周, 吕铁. 赋能数字经济发展的数字政府建设：内在逻辑与创新路径 [J]. 学习与探索, 2020 (3): 78–85, 175.
⑦ 同本页④
⑧ 汪玉凯. 数字经济发展趋势与政府角色 [J]. 软件和集成电路, 2021 (1): 24–25.

基础。① 在"建立市场－监督市场－引导市场－参与市场"框架中建立由强到弱的"宝塔形"体系，具体则从优化公共政策供给、深入市场化改革、补足公共品供给、建构激励与规制机制、风险防控治理几方面重新锚定数字经济中的"有为政府"②，回应数字经济发展的时代需要。

在治理理念上，数字技术的强制嵌入与固有治理理念之间的结构性张力，推动着治理理念从"管理思维"向"服务思维"转变，从"边界思维"向"跨界思维"转变，从"保密式垄断思维"向"开放合作思维"转变，以促进数字经济高质量发展。③ 在治理手段上，制定完善的规划和战略，制造并维护一个公平竞争的环境，加强法治和人才培养，同时要防止非理性决策的冲动。④ 加快要素释放与主体培育、强化市场秩序有效维护，以及公共政策的动态调整与创新，构成了赋能数字经济的关键环节。⑤ 在治理策略上，积极探索"区间调控""定向调控""相机调控"的方式进行宏观管理，只要数字经济发展在"合理区间"，政府就无须干预，专心调结构、促改革。⑥ 在政策方面，推动产业政策向竞争政策转型，政府应当避免直接划定和扶持产业发展重点，以及对企业进行财政和税收补贴，而是应侧重于提供更好的市场和制度环境，维护市场公平竞争。⑦

综合来看，要实现"做强做优做大我国数字经济"的战略目标，必须将"有为政府"和"有效市场"有机融合，在遵循以人民为中心的发展理念的基础上，形成政府与市场"有机统一、相互补充、相互协调、相互促进"的格局。⑧ 充分发挥市场力量的作用，最大程度发挥市场本身的调节

---

① 高杰. 数字经济视阈下政府经济职能研究 [J]. 现代经济信息，2018（10）：38-39.
② 黎江虹，周坤琳. 数字经济时代营商环境中的"有为政府" [J]. 学习与实践，2023（1）：22-32.
③ 魏成龙，郭诚诚. 赋能与重塑：数字经济时代的政府治理变革 [J]. 理论学刊，2021（5）：51-58.
④ 戈晶晶. 汪玉凯：政府要为数字经济发展营造良好环境 [J]. 中国信息界，2021（1）：12-15.
⑤ 徐梦周，吕铁. 赋能数字经济发展的数字政府建设：内在逻辑与创新路径 [J]. 学习与探索，2020（3）：78-85，175.
⑥ 同本页③.
⑦ 欧阳耀福. 以政府治理创新，打造数字经济新优势 [N]. 社会科学报，2020-09-02.
⑧ 程承坪，朱明达. 大数据时代的政府与市场关系探讨 [J]. 中国软科学，2019（9）：185-192.

作用，以数字化助力要素自由流动，以网络化集聚要素高效配置，以智能化增强要素供给质量，促进数字经济"强市场"建设①；同时发挥"强政府"在建立市场、监督市场、引导市场和参与市场等方面的积极作用，实现两者的互融共生。

四、数字经济形态下政府治理的创新方向

在数字技术的快速迭代下，新产品、新业态、新模式层出不穷，数字经济发展给传统政府治理带来诸多挑战。如何加快政府数字化转型赋能数字经济，还有很长的路要走；如何建立数据基础制度，积极培育出数字经济市场所必需的数据要素，仍然没有破题；如何加强平台治理，有效解决反垄断、隐私保护、算法监管等诸多问题，形势依然严峻；如何有效协调各方利益，探索形成多元协同治理模式以集聚数字经济合力，也面临着不少障碍。

在数字经济形态下，需要重新思考数字时代政府与市场的边界，厘清治理体系所需的"变"与"不变"。一方面，"市场更有效，政府更有为"的目标"不变"；尊重市场经济规律，充分发挥市场在资源配置中的决定性作用，更好地发挥政府作用的治理逻辑也"不变"。另一方面，政府治理需向数字化、网络化和智能化方向主动"求变"，进行政府职能转变和履职方式转变，探索形成与数字经济持续健康发展相适应的赋能方式、培育方式、监管方式和治理方式，加强政府数字经济治理创新。

1. 加快政府数字化转型，赋能数字经济发展

数字政府建设不仅具有公共数据开放共享、政务信息化建设以及数字化政务服务的内涵，而且包括赋能数字经济、数字社会建设乃至数字生态治理的外延。从赋能的角度看，要不断完善与数字经济发展相适应的政策法规体系，引导形成数字技术应用的伦理规范、价值遵循和底线原则，通过数字政府建设积极做好数字经济的行政审批、统计监测、日常监管和数字服务等工作，不断提升对数字经济的服务水平；同时，妥善解决数据滥用、数字鸿沟、数

---

① 赵永进. 数字经济赋能政府治理创新的内在逻辑、现实需求与路径选择［J］. 领导科学，2022（4）：100－103.

据跨境流动、垄断和资本无序扩张等问题，努力实现有效的数字经济监管。最终，数字政府和数字经济的发展成果能够更多更公平地惠及全体人民，实现"数字普惠"。

创新营商环境赋能方式，通过提高社会管理和公共服务的数字化水平，利用数字技术有效调控经济和监管市场，以及直接推行积极有效的制度和政策来促进数字经济发展。① 通过将人工智能、区块链、大数据挖掘等数字技术广泛应用于政府管理服务，推进政府治理手段创新和流程再造，建立健全政务数据共享协调机制，扩大电子证照应用领域和全国互认，实现智能问答、智能搜索、智能审批、智能推送等智慧政务新模式，实现"一网通办""跨省通办"，不断促进营商环境优化。城乡新型基础设施是数字经济发展的重要载体，创新新型基础设施赋能方式，超前投资数字基础设施可以为微观企业探索可行的数字化转型路径提供基础设施支撑。② 加快智慧城市建设和数字乡村建设，加强数字技术和关键软件技术自主创新，将数字孪生技术等新模式广泛运用其中，将5G、数据中心、工业互联网、物联网等新型基础设施建设与此紧密结合，构建政府、市场和社会之间共建共享的良好合作生态，为数字经济的发展提供技术保障和发展场域。

2. 推进数据治理，发挥数据要素价值

数据是支撑数字经济发展的重要生产要素，加快数字经济要素培育和数据要素化治理成为必然选择。与传统的土地、资金、劳动力等要素不同，数据要素具有非竞争性、非排他性、非耗竭性和非稀缺性等特性③，需要围绕数据要素的生产、确权、流通、交易、价值创造等制定一系列新的制度规则。但是，目前数据要素市场顶层立法缺失，监管制度体系和数据交易模式不完善，建设技术不足。④ 在数据产权方面，主体分散确权难，关系复杂析权难；在流通交易方面，缺乏可信安全的交易机制和平台；在收益分配方面，价值评估难、定

---

① 江小涓. 以数字政府建设支撑高水平数字中国建设 [J]. 中国行政管理, 2020 (11)：8-9.
② 黄阳华. 基于多场景的数字经济微观理论及其应用 [J]. 中国社会科学, 2023 (2)：4-24, 204.
③ 梅宏. 大数据与数字经济 [J]. 求是, 2022 (2)：28-34.
④ 王京生. 以数据要素市场为引领 建设高质量的全国统一大市场 [J]. 中国行政管理, 2022 (9)：6-9.

价难、分配机制难；在安全治理方面，流通过程、底层技术、隐私保护等挑战较大。

要充分发挥国家数据局和各地数据管理机构在数据治理中的核心作用，完善数据采集、存储、加工、使用及标准建设，促进数据开放、共享和有效流通，保障数据作为新型生产要素的充分有效供给。同时，着力开展数据确权与定价，构建数据交易平台，推进数据资产化管理。在数据权属问题上，可以在法律权属层面探索设定数据原发者拥有数据所有权与数据处理者拥有数据用益权的二元权利结构[1]；也可在技术路径层面，通过定义数据元件，实现数据的析权确权、风险隔离和高效流通。[2] 还可以积极探索数据融资、数据信托、数据银行等数据资本化管理新形式，加快培育数字经济发展所需的数据要素，为数字经济的进一步发展扫除深层次障碍。

3. 加强平台治理，打造公平有序市场

平台经济是当前数字经济的核心形态，平台经济涉及领域广、交易链条长、线上线下融合，具有主体多元性、流动性、隐蔽性等特点。平台经济在推动产业数字化转型、数据价值创造与提升等方面起到积极作用。但是，平台企业掌握着规范用户行为和制定运营规则的权力，极可能成为一种可被随意操控的非自由市场[3]，平台的掌控力随着规模的扩大不断增强。而且，根据"梅特卡夫法则"，在网络外部性的作用下，数字经济领域很容易形成"赢家通吃"的局面，呈现"强者越强"的马太效应。已经出现的"大数据杀熟""二选一"等滥用市场支配地位、开展不正当竞争、侵犯数据隐私和消费者权益的问题，亟需新的监管方式创新。

对于平台垄断问题，传统理论认为，市场支配地位越强，价格就越高，无谓损失（福利损失）就越大。但在数字经济中，平台规模扩大可以大幅降低交易成本，提升经济运行效率，平台垄断与传统垄断有很大差别。要进一步探

---

[1] 申卫星. 论数据用益权 [J]. 中国社会科学, 2020 (11): 110 – 131, 207.
[2] 陆志鹏. 数据要素流通体系的工程化研究 [J]. 网络安全与数据治理, 2023, 42 (4): 9 – 13.
[3] 刘渊. 数字经济良性发展的政府作用 [N]. 光明日报, 2018 – 07 – 09 (16).

索防止数据资本无序扩张的政策措施,加强对数字政策规制实施效果的定量评估。① 要从反垄断立法和执法、大力发展混合监管模式和创新大数据管理体系等方面统筹安排,加强平台经济领域的反垄断治理②,实行包容审慎监管、公平性监管、中央整体监管和大部制协同监管、自主性激励性监管、信用监管和智慧监管。③

4. 强化多元协同,构建新型市场治理体制

协同治理是使人们能够建设性地跨越公共机构、各级政府和/或公民领域界限的公共政策决策和管理的过程和结构。④ 数字经济跨行业、跨地域,既包括数字产业化,又包括产业数字化,治理环境更复杂,治理场景更多元,基于平台和产业中不同的利益主体,根据各方不同的利益诉求,探索形成一种新的多元主体协同治理的方式,成为政府数字经济治理的创新方向。《国务院办公厅关于促进平台经济规范健康发展的指导意见》和《"十四五"数字经济发展规划》也都就构建多元协同治理的新格局做出了部署。⑤

构建数字经济治理新格局,首先,需要处理好传统经济与数字经济的协同关系,政府可以促进传统经济与数字经济竞合发展,实施"竞合型"的政策,以数字经济的技术溢出"帮助"传统经济完成数字化转型升级。其次,要处理好政府和企业的协同关系,实现政府与企业之间的单向管理向双向互动转变,政企关系逐步朝着建立市场、监督市场、引导市场及参与市场的功能由强变弱的"宝塔形"体系转变。⑥ 最后,要建立健全部门协同、区域协同和央地协同的监管机制,以及政府、平台、企业、行业组织和社会公众共同组成的协同治理结构,实现多元参与、高效协同。

---

① 陈晓红,李杨扬,宋丽洁,汪阳洁. 数字经济理论体系与研究展望 [J]. 管理世界,2022,38 (2):208 – 224,13 – 16.
② 周文,韩文龙. 平台经济发展再审视:垄断与数字税新挑战 [J]. 中国社会科学,2021 (3):103 – 118,206.
③ 孙晋. 数字平台的反垄断监管 [J]. 中国社会科学,2021 (5):101 – 127,206 – 207.
④ Emerson K., Nabatchi T., Balogh S. An Integrative Framework for Collaborative Governance [J]. Journal of Public Administration Research and Theory,2012,22 (1):1 – 29.
⑤ 参见《国务院办公厅关于促进平台经济规范健康发展的指导意见》(国办发〔2019〕38 号)、《国务院关于印发"十四五"数字经济发展规划的通知》(国发〔2021〕29 号)。
⑥ 孟庆国,薛澜. 美英政府与企业之间的关系 [J]. 国际经济评论,1999 (Z5):52 – 54.

五、结语

本文基于数字经济的新特征及其挑战，聚焦政府与市场关系的逻辑与演变，探讨了数字经济形态下的政府角色转型，以及政府治理的创新方向。数字经济的快速发展，推动了生产方式、生活方式和治理方式的深刻变革，重塑了经济和社会形态，对政府的治理理念、模式、手段和效能带来新的挑战。其中，数字经济的新特征主要体现在以下几个方面：平台化的市场形态、要素化的海量数据、泛在化的技术载体、类别化的产业分层和多元化的协作协同。数字经济新特征对政府治理带来的挑战，则主要体现在：平台治理挑战、数据要素化挑战、技术快速迭代挑战、多元化协同治理挑战，以及税收挑战、伦理挑战等。

要想有效解决这些挑战，需要政府准确把握数字化、网络化和智能化方向，遵循政府与市场关系的演进逻辑，将政府"看得见的手"和市场"看不见的手"都用好，形成数据经济形态下市场作用和政府作用有机统一、相互补充、相互协调、相互促进的格局，实现"强政府"与"强市场"的有机融合，推动经济社会持续健康发展。从角色定位看，政府应当是数字经济的环境营造者、监督者、引导者，而非主导者，在"建立市场－监督市场－引导市场－参与市场"框架中建立由强到弱的"宝塔形"体系。基于数字经济形态下治理体系的"变"与"不变"，从数字政府建设、数据要素治理、平台经济治理、多元协同治理等重点方向，探索政府治理方式创新，促进数字经济发展。

总之，数字技术发展具有快速迭代性和不确定性，数字经济发展也具有较强的创新性，新产品、新业态和新模式层出不穷，如何在数字经济多元主体和复杂经济活动中更好地发挥政府"有为"之义，找准政府定位，在政府与市场之间寻求一个最佳结合点，仍然需要更加具体、深入和持续的探索。

Web3.0时代互联网发展与治理体系建设

冯耕中　赵玺　蔡旭东

在党的二十大报告中，习近平总书记提出了加快建设网络强国、数字中国的目标，尤其要健全网络综合治理体系，推动形成良好的网络生态。[①] Web3.0作为未来互联网的发展方向，已经受到学界和业界的广泛关注，其中区块链技术被认为是Web3.0时代互联网的基础设施。近年来，我国政府高度重视区块链技术和产业的创新发展。在十九届中央政治局第十八次集体学习中，习近平总书记特别强调区块链技术的集成应用在新的技术革新和产业变革中的重要作用，要把区块链作为核心技术自主创新的重要突破口。在全面建设社会主义现代化国家开局起步的关键时期，针对Web3.0时代互联网发展与治理体系建设提出前瞻性的指导和建议，对于加快数字经济发展、构建现代化产业体系具有重要意义。

因此，本文在总结互联网发展历程的基础上，列举了Web3.0时代的数字风险，并依据国外先进国家互联网发展治理经验，针对我国Web3.0发展现状提出了政策建议。

---

* 冯耕中，西安交通大学管理学院院长；赵玺，西安交通大学管理学院教授；蔡旭东，西安交通大学管理学院博士研究生。

① 习近平.高举中国特色社会主义伟大旗帜 为全面建设社会主义现代化国家而团结奋斗[R].中国共产党第二十次全国代表大会，2022.

一、互联网发展历程

过去几十年互联网的发展历程可以分成三个阶段：一是产生于20世纪90年代的Web1.0阶段，二是产生于2000年左右的Web2.0阶段，三是现在和未来的Web3.0阶段。Web3.0阶段是面向未来的下一个互联网时代。为进一步理解Web3.0的概念与内涵，我们首先分析Web1.0到Web3.0的关键特征，然后列举当前Web3.0与区块链的典型应用。

1. Web1.0到Web3.0的关键特征

表1从交互、功能、信息、示例角度对Web1.0到Web3.0平台进行对比分析，并详细描述了各个阶段互联网平台的关键特征。

表1 Web1.0到Web3.0平台对比

	Web1.0	Web2.0	Web3.0
交互	单向	双向	分布式
功能	静态网页	动态网页	智能网络与语义网络
信息	有限的用户交互	用户生成内容	去中心化和个性化
示例	HTML（超文本标记语言）网站	社交网络和多媒体	区块链平台

Web1.0阶段主要是静态网页，即网站管理员或开发人员创建和发布静态内容提供给用户访问和查看，用户无法贡献内容或与其他用户在线互动。公司通过HTML技术建立了Web1.0平台，提供在线业务，并利用互联网作为新的营销渠道。因此，Web1.0是基于HTML技术的静态应用，它仅仅实现了平台与用户的单向交流，缺少用户之间的交互。

Web2.0阶段则是针对Web1.0阶段弱交互的问题，强调了用户生成内容、易用性、交互性、动态性。Web2.0平台收集并发布用户生成的信息，实现了动态网页，允许用户与用户之间的交互以及用户与平台之间的交互。用户获得了丰富的交互体验并能够在平台上贡献自己的内容，因此涌现了大量的社交网络以及多媒体技术应用。Web2.0互联网模式创造了繁荣的平台经济，但是由于平台控制了用户信息，也导致了数据交易、隐私泄露和平台垄断等问题。

Web3.0阶段针对当前Web2.0阶段互联网由少数大公司主导的现状，提出了创建一个更加开放和去中心化的互联网的目标。作为未来互联网前瞻性的构想，Web3.0的定义及概念目前暂时尚未统一和明确。互联网发明者蒂姆·伯纳斯-李（Tim Berners-Lee）以及一些学者认为Web3.0是更智能化、自动化程度更高的语义网（Semantic Web），即具有元数据并能够被机器更好地理解和解释内容的互联网。[1][2][3] 一些学者则认为Web3.0是具有去中心化、可验证、安全的互联网，即用户拥有与控制自身身份和数据的互联网。[4][5][6]

作为下一阶段的互联网，Web3.0深度交叉融合和集成应用了如区块链、边缘计算、人工智能、虚拟现实、物联网等前沿信息技术，实现了分布式平台应用，推动了分布式自治组织的建立、通证化价值体系的形成以及分布式身份体系的构建，催生了数字原生社会的形成。学界和业界对Web3.0的定义莫衷一是，我们对Web3.0的关键特征进行了以下归纳。

第一，建立了不需要依赖第三方和熟人关系的新型合作方式。Web3.0的核心原则是去中心化，互联网应用中将没有具有绝对控制权力的中心，互联网应用之间原有的生态内、生态间的界限将被打破。网络将允许参与者直接交互而无须通过受信任的第三方或中介机构，用户具有充分的权力和自由实现自身数据以及价值的转移。

第二，建立了具有数据业务透明、不可更改特性的新型信任机制。Web3.0以区块链作为关键基础设施，其本质上是基于智能合约、密码学、分布式存储与共识机制等技术的开源代码与协议。数据并不储存于一个数据中心，而是依靠网络参与者之间互相监督来维护这个数据库。因此，Web3.0具有数据业务透明以及不可更改的特性。

第三，建立了基于通证流通的新型价值创造模式。Web3.0的平台和应用将具有原生通证，并依靠通证自动结算各方的利益分配。用户在平台上创造

---

[1] Hendler J. Web3.0 Emerging [J]. Computer, 2009, 42（1）：111-113.

[2] Lassila O, Hendler J. Embracing "Web3.0" [J]. IEEE Internet Computing, 2007, 11（3）：90-93.

[3] Barassi V, Treré E. Does Web3.0 Come after Web2.0? Deconstructing Theoretical Assumptions Through Practice [J]. New Media & Society, 2012, 14（8）：1269-1285.

[4] Wood G. Polkadot：Vision for a Heterogeneous Multi-chain Framework. White Paper, 2016, 21（2327）：4662.

[5] Alabdulwahhab FA. Web 3.0：the Decentralized Web Blockchain Networks and Protocol Innovation [C]. In 2018 1st International Conference on Computer Applications & Information Security （ICCAIS），2018：1-4.

[6] Ragnedda M, Destefanis G. Blockchain and Web 3.0 [M]. London：Routledge, Taylor and Francis Group，2019.

并贡献内容，平台根据用户贡献，按照规则、可计算地、自动地发放通证给用户作为回报。用户控制数字资产，通证或者价值的转移不需要任何第三方授权。

第四，构建了互联网陌生人组成的新型组织关系。在Web2.0互联网中，公司股东或者董事决定组织的日常运营，决策不透明并且普通参与者无法参与治理过程。Web3.0创造了去中心化自治组织（Decentralized Autonomous Organization，DAO）这种新兴的组织治理模式，依靠智能合约将治理规则写入区块链代码中自动自主执行，通过所有成员的在线投票实现了用户共治。

2. Web3.0与区块链的典型应用

Web3.0是人类的一场重大变革，但目前公众对于Web3.0的认识仍存在一些误区，Web3.0的主要应用不是比特币或者任何加密数字资产。Web3.0时代关键的基础设施是区块链。区块链是基于智能合约、密码学、分布式存储与共识机制等技术建立的区块串联的点对点网络系统。区块链在经济社会文化领域具有广泛的应用，从实质上建立了数字社会的规则体系，我们在此介绍以下六大典型场景。

（1）去中心化金融（Decentralized Finance，DeFi）：它们不依赖券商、交易所或银行等金融机构提供金融工具，帮助用户在没有中介的情况下利用区块链上的智能合约管理金融活动，包括交易、储蓄、借贷、投资等，不同于传统金融系统中用户资金由机构持有，用户在去中心化金融中实际控制了自身的资金流向与使用方式，并且金融产品的运行状况与交易数据完全透明并向所有人开放。[1]

（2）无中介市场：支持点对点市场的创建，允许买家和卖家之间绕过中间方直接交易。传统金融交易流程往往依靠中介执行，并且中介的操作过程不透明，无中介市场使用区块链智能合约替代银行、券商、支付系统等传统中介，实现买卖商品、服务或数字资产。[2]

（3）防伪数字资产：数字资产的所有者或者原创者通过发行非同质化通

---

[1] Zetzsche D A, Arner D W, Buckley R P. Decentralized Finance [J]. Journal of Financial Regulation, 2020, 6 (2): 172–203.
[2] Malamud S, Rostek M. Decentralized Exchange [J]. American Economic Review, 2017, 107 (11): 3320–3362.

证（Non-Fungible Token，NFT）以证明对数字资产的所有权。用户可以通过区块链公链验证和追踪每枚 NFT 的真实性，从而实现数字资产的唯一性和可追溯性。防伪数字资产可以代表任何数字艺术品、稀有收藏品、虚拟游戏物品等，确保了数字资产的价值和对创作者的权利保护。①

（4）分布式社交：例如 Steemit，一个基于区块链技术的社交网络平台，用户可以发布文章、图像等内容并与其他用户互动讨论，平台通过通证激励社区建设和社交互动。平台通过算法来确定每个用户的贡献价值，例如创作者的内容质量以及评论者的互动程度，并据此发放酬劳，以此将大部分用户创造的价值返还给用户。②

（5）分布式身份：例如以太坊域名服务（Ethereum Name Service，ENS），类似于 Web2.0 互联网的域名服务，用户使用此域名链接到账户地址并存储在 Web3.0 的基础设施中。它创建一个去中心化的数字身份系统，允许用户拥有和控制自己的数字身份，该系统为用户提供了更好的隐私性、安全性和对个人信息的控制。③

（6）可追溯供应链：例如京东供应链溯源平台，利用区块链和物联网技术，将商品从原材料采购、加工、生产、质检、物流、经销、零售等全流程信息建立可信记录，帮助消费者通过区块链追踪实物商品的生产过程和生命周期，解决了供应链行业信息孤岛、信息不透明等问题。④

二、Web3.0 时代的数字风险分析

任何技术的进步，在推动社会发展的同时也会带来风险因素。Web3.0 时代数字风险主要是其基础设施区块链公链技术在推广与应用过程中的风险问题。从环境角度看，在我国境内过去利用区块链进行的挖矿活动造成了巨大的能源损耗，每年耗电约 789 亿千瓦时，占三峡水电站年发电量的 70% 左右。

---

① Wang Q, Li R, Wang Q, et al.. Non-Fungible Token (NFT): Overview, Evaluation, Opportunities and Challenges [J]. arXiv preprint arXiv: 2105.07447, 2021.
② Li C, Palanisamy B. Incentivized Blockchain-based Social Media Platforms: A Case Study of Steemit [C]. Proceedings of the 10th ACM Conference on Web Science, 2019: 145 – 154.
③ Xia P, Wang H, Yu Z, et al.. Ethereum Name Service: the Good, the Bad, and the Ugly [J]. arXiv preprint arXiv: 2104.05185, 2021.
④ Kshetri N, Loukoianova E. Blockchain Adoption in Supply Chain Networks in Asia [J]. IT Professional, 2019, 21 (1): 11 – 15.

从社会角度看，挖矿的巨额收益诱使经济脱实向虚，一些上市公司布局或转型挖矿，以大数据科技创新的名义，骗取政府优惠电价以及土地和税收优惠。从经济角度看，与区块链技术伴生的虚拟货币的滥用也会引发严重的违法犯罪。2020年杭州抓获利用虚拟货币进行洗钱服务的犯罪团伙，涉案金额达500多亿元。总的来讲，Web3.0时代数字风险有两个特点，一是涉及的范围广，其应用领域涉及所有经济部门与各个社会领域；二是监管的难度大，其风险主体、技术要求和体制设计相较于传统金融技术监管有着根本性区别。因此，充分认识和界定Web3.0时代数字风险，对于把握Web3.0时代互联网发展方向，推动数字经济和实体经济深度融合，打造具有国际竞争力的数字产业集群具有重要意义。

基于社会技术系统理论（Sociotechnical Systems Theory，STS），组织是由社会系统和技术系统相互作用形成的社会技术系统，其中技术系统的变化会引起社会系统发生变化。[①] 因此本文不局限于从技术角度分析Web3.0时代的数字风险，而是从社会技术系统的视角，根据Web3.0技术系统与社会系统的相互作用，把Web3.0时代的数字风险分成两类，一类是技术系统风险，主要涉及技术领域与机制设计中技术风险因子本身存在的漏洞与矛盾点；另一类是社会应用系统风险，主要涉及区块链技术在实际应用中应用风险因子出现的安全隐患。如表2所示，我们列举了Web3.0时代数字风险的具体风险因子和风险隐患。

表2 Web3.0时代的数字风险

	技术系统风险	社会应用系统风险
风险因子	共识机制、加密算法、智能合约、分布式节点、公钥私钥、全数据上链	全网传播、分布式自治组织、分布式身份、去中心化金融
风险隐患	共识机制漏洞、智能合约困境、密钥丢失危机、其他风险	法律法规滞后、数据冗余、数据虚假、隐私泄露、技术滥用、匿名交易、秩序重构

---

① Walker G H, Stanton N A, Salmon P M, Jenkins D P. A Review of Sociotechnical Systems Theory: A Classic Concept for New Command and Control Paradigms [J]. Theoretical Issues in Ergonomics Science, 2008, 9(6): 479–99.

1. 技术系统风险

区块链技术系统风险是由于区块链技术自身尚未成熟的机制设计和底层技术缺陷带来的安全问题。① 区块链是集成了共识机制、加密算法、智能合约、分布式节点等技术用于储存庞大数据资料的点对点系统。这些底层技术本身存在的漏洞构成了区块链的技术系统风险。按照区块链的层级结构划分,其技术系统风险主要包括共识机制漏洞、智能合约困境、密钥丢失危机等部分。

首先是共识机制漏洞,其问题在于作为区块链核心技术之一的共识机制本身设计不合理可能造成的安全隐患。共识机制是网络中每个节点在一段时间内对网络状态达成统一协议的机制,通常是由分布式节点的超半数的投票机制组成,即超过一半的节点认可后即在全网达成统一的协议。这种机制设计可能会受到操纵,例如"女巫攻击",即个人或组织通过操控超过51%的虚拟身份或操控过半的矿机联合形成矿池,获得更集中的权力,如垄断采矿权、计费权和分配权,通过篡改信息来控制交易运作。② 2019年,以太经典(ETC)未能阻止"女巫攻击",攻击者以不到20万美元的价格购买了大量矿机的计算能力,并获得了对以太经典采矿网络的多数控制权。

其次是智能合约困境,源于区块链的重要组件智能合约在程序代码上的不完善所造成的安全漏洞。智能合约是区块链系统上正确执行公开指定程序的共识协议,它是区块链技术和应用体系中的关键环节,能够将区块链应用的商业逻辑以代码形式记录在区块链上。它通过预先编写好的程序代码,使网络中的节点按照合约制定的运行规则执行。当智能合约在某个节点部署后,相应代码会在全网的每个节点同时运行并校验彼此的结果。但由于智能合约的编码和部署具有较高的自由度和开放性,开发者编程语言不当、合约程序结构不完善以及执行操作冗余都会带来严重的安全漏洞。③ 例如,2015年6月,黑客针对以太坊分布式自治组织的合约漏洞进行攻击,窃取了超过300万以太币(ETH),

---

① 魏亮,查选. 区块链基础设施安全风险及评估探索[J]. 信息通信技术与政策,2020(2):10-13.
② Zhang S, Lee J H. Double-spending with a Sybil Attack in the Bitcoin Decentralized Network [J]. IEEE Transactions on Industrial Informatics, 2019, 15 (10): 5715-5722.
③ Sayeed S, Marco-Gisbert H, Caira T. Smart Contract: Attacks and Protections [DB/OL]. IEEE Access, 2020 (8): 24416-27.

造成了高达 6 000 万美元的损失。此外，2016 年 10 月，以太坊上有节点恶意执行大量消耗存储空间的智能合约，使得全网负载大幅增加，导致以太坊大部分应用都无法运行，网络一度陷入瘫痪。

再次是密钥丢失危机，其问题在于区块链环境下密钥是唯一标识用户身份的手段。在区块链环境下，用户账户由密码学原理中的非对称加密技术生成密钥控制，这样的密钥容易遭到病毒和恶意软件的攻击。用户一旦遗忘密钥或者泄露密钥，就会丧失该密钥的资产控制权，且无法找回。据不完全统计，在比特币系统中，因密钥丢失造成的损失总额高达数十亿美元。

最后，由于区块链上的全网数据会在每一个节点存储验证，单个节点无法更改数据，只有获得大部分节点的同意才能对数据进行变更，因此在业务管理上存在滞后或无法挽回的风险。例如，以太坊 The DAO 合约漏洞攻击发生后，链上资金被黑客盗取，The DAO 管理团队无法补偿用户损失，最终以太坊创始人依靠个人权威回溯了以太坊区块链以挽救这笔被盗资产，然而这种处理方式也造成了以太坊社区的分裂。

2. 社会应用系统风险

区块链社会应用系统风险主要表现为在区块链与广泛的社会应用场景结合下，参与主体、客体和环境的不确定性对用户个体乃至社会经济文化层面所造成的损失。区块链社会应用系统风险主要包括法律法规滞后、数据冗余、数据虚假、隐私泄露、技术滥用、匿名交易以及秩序重构等问题。

第一，区块链相关的法律法规滞后、技术与应用标准不一，这是导致区块链技术难以被广泛应用的核心问题。当前，各国对于区块链资产、智能合约的标准制定与监管等既存在不同态度又存在规则空白。由于区块链公链涉及跨国交易，其国际管辖权也成为争议。尽管多个国家已经推出了与区块链相关的法律法规，但仍有监管不到的灰色地带。例如，DAO 作为 Web3.0 时代的新型组织形式，在多数国家仍存在治理空白。当前监管体系无法适应区块链的发展，现有中心化的监管模式与区块链的去中心化原则也存在根本性的矛盾。同时，区块链缺乏统一的技术应用标准，其技术环节的具体实施方案在不同公链与项目中并不一致。例如，首次代币发行（Initial Coin Offering，ICO），其目标是利用区块链进行产品或服务项目的融资，由于缺乏标准化和监管审批机制，投资者的资金没有得到保护，导致 ICO 成为传销与诈骗的代名词，被包括我国在内的多个国家严令禁止。此外，不同的国际组织开发了差异巨大的区块链服务，并且企业往往选择不同的区块链技术提供商，各公司之间合作业务难以协同，增加了沟通和协调成本。

第二，数据冗余问题。由于区块链的数据结构和共识机制特性，所有的区块和交易数据，都会无差别地向网络节点广播，从而使数据尽可能地传达给网络中的参与者，虽然实现了全网的一致性和公信力，但是造成了数据冗余，加剧了参与节点在信息存储、同步等方面的负担，导致系统性能和运行效率下降，限制了其大规模应用与推广。[1] 相较于传统互联网每秒数万级别的处理速度，比特币平均每秒只能处理 5~7 笔交易，完成交易可能需要等待十分钟到几小时。攻击者可以利用区块链滞后的响应能力，通过发送大量的垃圾信息堵塞网络，从而阻止区块链的用户获取有用信息。

第三，数据虚假问题。区块链虽然保证了链上数据极高的一致性，但是并不能解决上链数据的真实性和可靠性，即数据质量。[2] 目前数字经济发展中的数据质量问题仍然没有引起足够的关注，尚未提出切实有效的技术以检测上链前数据是否真实、合法。当虚假或者恶意信息被写入系统，将在节点的复制与传输中传递至整个区块链，给所有链上用户带来风险。据统计，比特币区块链的大约 2.51 亿笔交易中有 1.4% 携带了不明数据。

第四，隐私泄露问题。区块链系统中的用户隐私是与用户身份和交易内容有关的信息，目前区块链的隐私保护仅仅是通过哈希算法对用户账户名进行字符化匿名。但是由于区块链的公开透明以及交易之间的关联性，区块链用户的身份隐私是高度敏感并极易泄露的，这对个人、社会和国家安全带来了威胁。[3] 目前已有研究机构通过长期监测区块链网络上公共地址的活动类型和信息，分析用户的行为规律，推测出用户位置信息和身份信息。

第五，技术滥用问题。由于区块链交易的分散性、匿名性，基于区块链技术的加密货币和衍生品是如今犯罪行为频发的领域。以比特币为代表的加密货

---

[1] 欧阳日辉，李林珂. 区块链的风险与防范 [J]. 陕西师范大学学报（哲学社会科学版），2021，50（3）：165-176.

[2] Comuzzi M, Cappiello C, Meroni G. On the Need for Data Quality Assessment in Blockchains [J]. IEEE Internet Computing, 2020, 25（3）: 71-78.

[3] 祝烈煌，高峰，沈蒙，李艳东，郑宝昆，毛洪亮，吴震. 区块链隐私保护研究综述 [J]. 计算机研究与发展，2017，54（10）：2170-2186.

币体系被不法分子用于诈骗以及非法集资。例如，被美国证监会认定为庞氏骗局的 Forsage 项目，截至 2022 年 8 月，已经从投资者手中非法筹集了 3 亿美元。① 此外区块链技术的滥用也产生了多种新型违法行为，例如"拉地毯骗局"（项目内部人员或者付费影响者等围绕项目进行炒作，最终卷走投资者的资金）、"冰钓鱼"（攻击者恶意说服用户签署交易，窃取用户身份令牌）。目前，世界各国开始高度重视区块链技术滥用问题，并实行了相应的政策管制。

第六，匿名交易问题。因为分布式身份的匿名性增加了穿透式监管的难度，难以对区块链应用中发生的安全事件和犯罪行为的源头进行追溯与管制。比特币被用于在暗网交易市场中进行恐怖主义、枪支毒品等非法交易。不法分子运用加密货币及其衍生品通过混币服务（Mixing Service）从事逃税、洗钱等非法行为。

第七，秩序重构问题。区块链作为革命性的创新技术，重塑了金融体系的运作模式。一些国家和企业通过自动执行的智能合约进行合作与争议解决，引发商业体系的革命性变化。此外，加密货币的引入在改变货币系统运作方式的同时，也会对经济环境带来混乱。例如，Terra 区块链在 2022 年遭受了大型机构的通证抛售，导致 Terra 区块链停机，对用户财富和自身的网络生态带来毁灭性打击。②

Web2.0 到 Web3.0 的过渡将是一个漫长的过程，在此过程中，数字经济或区块链风险是不可避免的，精准洞察 Web3.0 时代的数字风险，建立行之有效的风险防范体系与监管治理路径具有重要意义。

三、国外治理经验总结和分析

面临 Web3.0 时代巨大的数字风险，为探寻未来互联网发展的有效路径，我们梳理了国外发达国家在数字资产治理方面的先进政策及监管方式，并根据我国数字资产发展现状提出了切实有效的治理建议。

1. 国外数字资产治理政策

美国对数字资产采取了"积极发展、主动治理"的态度与策略。2022 年 3

---

① Kell T, Yousaf H, Allen S, Meiklejohn S, Juels A. Forsage: Anatomy of a Smart-contract Pyramid Scheme [DB/OL]. arXiv preprint arXiv: 2105.04380, 2021.
② Lee S, Lee J, Lee Y. Dissecting the Terra-LUNA Crash: Evidence from the Spillover Effect and Information Flow [J]. Finance Research Letters, 2023 (53): 103590.

月，美国总统拜登签署了"关于确保负责任地发展数字资产"的行政命令。2022年9月，美国白宫发布了《负责任开发数字资产综合框架》，该框架重点包括以下目标：消费者和投资者保护、促进金融稳定、打击非法金融犯罪、加强美国全球金融系统领导地位和经济竞争力、普惠金融、负责任创新。此外，美国的数字资产管理实行多部门监管，具体涉及的机构名称与监管内容如表3所示。

表3 美国数字资产监管机构

机构名称	监管内容
美国证券交易委员会	构成"证券"的数字资产
美国商品期货交易委员会	构成"商品"的数字资产
美国金融犯罪执法局	所有可疑的金融活动，防范和惩罚洗钱活动，打击恐怖主义融资及其他金融犯罪
美国海外资产控制办公室	美国的所有金融交易，并可制裁任何对国家安全构成威胁的个人、实体或国家
美国国家税务局	涉及数字资产的税收

英国确立了成为全球加密资产技术和投资中心的目标。2022年4月，英国宣布了一项创建全球加密资产技术中心的计划，具体包括用于支付的稳定币、NFT、区块链在市场基础设施中的使用、去中心化自治组织的法律地位、加密资产的税收待遇。英国数字资产监管体系由英国金融行为监管局全权负责，在监管模式上采用"监管沙盒"制度。监管沙盒是一个安全空间，在这个安全空间内金融科技企业可以测试其创新的产品服务、商业模式和营销方式，不受监管规则的约束。①

新加坡则是以"促进数字资产创新、抑制加密货币投机"为理念，提出了建立创新且负责任的全球数字资产中心的目标。新加坡政府采取了多种方式构建数字资产的生态系统，具体包括：通过有潜能的使用案例探索分布式账本技术的前景、支持金融和实体经济资产的代币化、实现数字货币的链接、锚定具有强大价值主张和风险管理能力的参与者。此外，新加坡的数字资产监管主要是由金融管理局来负责，其对虚拟资产采取了功能监管、分类监管的思路，

---

① 胡滨，杨涵. 英国金融科技"监管沙盒"制度借鉴与我国现实选择［J］. 经济纵横，2019（11）：103–114.

在法律层面上承认支付型代币等概念。

总之,发达国家充分认识到Web3.0广阔的发展前景,纷纷布局抢占数字资产、数字经济高地,对于Web3.0以及区块链持积极宽容开放态度,在鼓励相关科技创新的同时,也采取了相应的监管手段,严格把控Web3.0数字风险,一定程度上实现了Web3.0时代互联网创新和治理的平衡。

2. 对我国数字资产治理的启示

在总结国外发达国家治理经验的基础上,我们针对我国数字资产发展提出了以下两条可行路径。

一是加快区块链基础技术研发,技术与应用场景并重。虽然我国的区块链应用场景已经走在全球前列,但是区块链的基本理论、基础架构、底层技术等研究和创新明显不足,应用场景与技术研发脱节。习近平总书记也指出了我国在区块链基础性能、安全保护、跨链互操作等方面还有差距,核心算法亟待突破,人才缺口问题突出,在技术可靠性、安全性、标准化建设等方面还有不足,必须坚定信心、迎头赶上。①

二是在实践中学习,通过政企合作创新Web3.0生态系统。Web3.0与区块链具有广泛的应用场景和实施方案,但仅依靠企业自身难以解决所有问题。政府与企业通力合作制定行业标准和法律法规,抢占Web3.0数字经济发展话语权,协调生态伙伴共同上链,打造Web3.0生态联盟,推动前沿技术融合提升核心竞争力,将是Web3.0应用有效落地和发挥价值的关键。

在监管体系方面,我们提出了以下两条建议。

一是更新监管理念,改革监管制度。我国监管制度的更新已经明显落后于区块链技术应用的高速发展。面对新兴的Web3.0应用,我国现有的监管理念、监管手段、监管规则和监管协调较为乏力。在审慎监管区块链技术创新及应用的同时,监管部门可以参考国外的"监管沙盒"方式,采取柔性监管思路,在鼓励创新和控制风险方面寻找平衡点。在合理合法的前提下,对于Web3.0应用给予相对宽松和弹性的空间,允许其落地测试,以此激发行业的创新活力。②

---

① 中共中央党史和文献研究院. 习近平关于网络强国论述摘编 [M]. 北京:中央文献出版社,2021.

② 汤媛媛. 区块链风险治理:困境与规制 [J]. 税务与经济,2020 (5):37–42.

二是发展监管科技，扩展监管层次。监管科技作为科技创新在监管领域应用的产物，可以在一定程度上实现监管智能化和数据化。推动面向区块链特性的智能监管，发展交易监管监测技术、建立数据内容监管监测和治理体系，推动以链治链，实现链上链下的协调治理。① 此外，行业协会、区块链应用平台、高校机构等社会力量也可以参与到监管过程中，充分扩展监管的层次，引导区块链技术在产业端的健康有序发展。

四、我国区块链风险管理的建议

鉴于我国区块链发展现状，对我国区块链风险管理提出以下三条建议。

1. 加强区块链学科方向建设

首先，我们应该加强区块链学科方向建设，特别是要深入探究技术发展和应用场景中的内在规律。Web3.0 以及区块链是管理科学与计算机科学等多学科交叉的领域。要进一步推动 Web3.0 技术发展与场景落地，在管理学科、计算机学科以及监管科技方面仍然有较多难题需要解决，如表 4 所示。其次，我们在计算机学科领域应该把区块链核心算法突破作为重点目标，通过区块链专利

表 4　Web3.0 多领域难题

管理学科难题	计算机学科难题	监管科技难题
（1）分布式平台模式与运营管理 （2）分布式自治组织管理与决策 （3）数字原生价值理论 （4）数据可信上链与质量管理 （5）基于区块链的社会治理与行业应用	（1）区块链基础技术 （2）交互式区块链系统可视化分析 （3）高动态异质社会网络理论与算法 （4）私钥的安全存储	（1）Web3.0 互联网风险识别与治理 （2）高流通性内容与舆情监管 （3）代码安全分析和代码审计 （4）智能合约代码对法律条文转化的审查标准

---

① 洪学海，汪洋，廖方宇. 区块链安全监管技术研究综述 [J]. 中国科学基金，2020，34（1）：18－24.

布局提升国际话语权和竞争主动权。再次，在管理学科方向，我们可以将链上生态模式挖掘和风险预知作为目标，宏观捕捉区块链平台发展趋势，识别潜在管理隐患，提供结构性优化方法。最后，在监管科技上，则需要以保障用户隐私安全和财产安全为目标，建立违规违法行为的自动探测和预警机制。

2. 鼓励参与主体积极进行自我防护

Web3.0互联网与区块链环境复杂多变，尤其是在当前监管政策和手段尚未成熟的情况下，参与区块链相关活动的各方主体自主提高风险防范意识，积极进行自我防护，从源头避免损失发生是至关重要的方式。对于链上活动参与者，可以通过加强区块链相关知识学习、提高风险防范意识，加强个人隐私安全和财产安全保护，尤其需要正视风险和回报，谨慎参与投资活动，避免产生投机以及赌徒心理，警惕钓鱼网站、庞氏骗局等。对于链上服务提供者，要规范化编写和部署智能合约，严格排查安全漏洞，保障运行环境的硬件和软件安全，同时需要提前制定恶意攻击事件应对策略，在关键业务环节预留缓冲时间，以应对危急情况。

3. 完善区块链的标准规范和法律法规

目前，我国区块链相关的标准规范、法律法规相对滞后，政府在区块链技术的标准规范和法律法规制定和完善上仍有较大的改进空间。由于区块链服务提供主体不清晰、链上成员合作无须资格审查且多为跨区域合作等现实问题，政府需要起牵头作用，为企业、行业协会、社会团体、研究机构和用户等多方主体参与标准规范制定创造条件，有针对性地研制出适合区块链应用实际的技术标准和规范，抢占区块链国际话语权。其次，政府可以借助科研机构、社会智库和技术公司的力量，密切跟踪区块链技术和应用的发展，基于现有的各层级相关法律法规及规范性文件，推动基于区块链应用场景的法律法规体系建设。此外，政府可以采取行业自律和自我规制的方式应对传统监管主体在区块链监管中专业性不足的问题，提倡行业内相互监督，推动区块链相关产业的良性竞争和整体发展。

上面千条线，下面一根"针"
基层治理数字化转型的优化路径

吴建南　王亚星　陈子韬

一、引言

基层治理现代化是国家治理能力与治理体系现代化的重要组成部分。[1][2]基层作为行政系统末端，需要承接各部门自上而下的任务，也需要直面群众诉求，呈现"上面千条线，下面一根'针'"的"漏斗形结构"。[3] 而相较于自上而下的庞杂任务，基层人员数量和财政能力却显得相对有限，使基层有时面临着较为沉重的负担，并使得基层可能将精力放在完成上级交办的任务上，而分散了服务市民、处理日常群众诉求的精力。如何化解"上面千条线，下面

---

* 吴建南，上海交通大学国际与公共事务学院院长，上海交通大学中国城市治理研究院常务副院长；王亚星，上海交通大学国际与公共事务学院博士研究生；陈子韬，上海交通大学媒体与传播学院助理教授。本文基于作者在 2023 年 2 月 18 日首届 "中国数字经济发展和治理学术年会"上的报告整理。

[1] 张来明，刘理晖. 新中国社会治理的理论与实践 [J]. 管理世界，2022, 38 (1)：20 – 35.
[2] 王诗宗，杨帆. 基层治理研究：当下反思、必要共识及未来想象 [J]. 学术月刊，2022, 54 (7)：80 – 92.
[3] 肖滨. 基层治理：何种结构性困境？根源何在？[J]. 探索与争鸣，2023 (1)：15 – 17.

一根'针'"问题已成为当前亟待解决的现实难题。①

数字化转型被认为是化解这一难题的重要路径，同时能够广泛地赋能基层政府的决策、监管等行政行为。② 对此，政府近年来也频频出台文件，旨在以数字化转型作为基层治理现代化的实现路径。2019年，习近平总书记在上海考察时提出数字化转型要"做到实战中管用、基层干部爱用、群众感到受用"。2022年，国务院印发《关于加强数字政府建设的指导意见》提出了"互联网+基层治理"行动，进一步明确以数字技术赋能基层治理。

然而，在数字化转型过程中，有时并未有效地赋能基层，反而存在增加基层负担的现象。根据人民智库的全国性调查显示，近50%的受访者认为数字化转型过程中存在"信息共享难、上级系统难以满足下级需求"的现象。③ 而人民智库另一份全国性调查显示，当前基层干部常常需要重复填报相同材料，面临每日打卡和列队回复等问题④，林立的政务系统挤占了基层大量精力，出现了明显的"基层不爱用"问题。如何让数字技术切实地赋能基层成为基层治理现代化的关键。

如何让数字化转型有效赋能基层？本文结合上海奉贤区的实践探索，探寻基层数字化转型目标偏差的生成机制，并进一步探索数字化转型有效赋能基层的优化路径。

二、奉贤实践：基层数字化转型的探索

1. 奉贤概况

上海具有"改革开放排头兵、创新发展先行者"的战略定位，在数字化

---

① 朱光磊. 构建政府职责体系是解决基层治理负担过重问题的根本出路[J]. 探索与争鸣，2023，399（1）：18-21.
② Meijer A, Lorenz L, Wessels M. Algorithmization of Bureaucratic Organizations: Using a Practice Lens to Study how Context Shapes Predictive Policing Systems [J]. Public Administration Review, 2021, 81（5）：837-846；孟天广. 政府数字化转型的要素、机制与路径——兼论"技术赋能"与"技术赋权"的双向驱动[J]. 治理研究，2021，37（1）：5-14+2.
③ 唐佩佩. 调查报告：干部群众对破解基层治理"信息烟囱"难题的认识与建议[J]. 国家治理，2020（30）：3-8.
④ 李思琪. 干部群众眼中的信息形式主义和智能官僚主义：表现、危害及治理[J]. 国家治理，2020（25）：3-8.

转型领域取得了较为突出的成绩,"一网通办""一网统管"等实践均由上海探索上升为国家实践,并率先全面推进城市治理数字化转型,在数字化转型领域具有较强的典型性。奉贤身处上海,有着相对接近全国的社会环境,其常住人口密度为1 583人/平方千米,虽然位列上海各区人口密度的倒数第三位,却更加接近全国平均水平;而且奉贤区拥有175个村委会和116个城市居委会,是上海少数同时具有城市和乡村的区。这使得奉贤实践既有上海作为先行先试发达地区的典型性,又具有接近全国平均水平的代表性。

奉贤区与上海的其他区一样,先后开启了"一网通办""一网统管"建设,并于2021年提出了建设"数字之城"的目标。在此背景下,奉贤区于2022年1月至3月开启了面向基层的"大走访、大调研"活动,通过面向13个街镇、50个村居、500余名村干部的调查,挖掘数字化转型中的现实难题。在此后一年时间里,奉贤区面向基层切身诉求,出台并持续完善"村居数字治理平台",系统矫正数字化转型偏差,逐步迈向"实战管用、基层爱用"目标。

2. 数字化转型中的现实困境

如同我国多数城市数字化转型实践一样,奉贤早期在推进数字化转型中也存在一些偏差。根据对奉贤基层干部的调查,这些偏差包括三方面问题。

第一,条块间数据不共享,需要基层反复收集收据,导致基层负担沉重。在基层实践中,数据摸排需要基层工作人员投入大量精力联系群众,其中常常需要与老年群体等反复沟通,并可能因打扰群众生活而备受质疑。而在条线部门数据不共享的情况下,存在不同部门重复收集、同一部门反复收集的现象,导致作为"漏斗"末端的基层人员需要反复收集数据,加重了基层负担。

第二,数据质量差,收集的数据无法满足基层实战需要。数据是政府治理的支撑,在提升政府数字治理能力、优化政府内部工作流程、提升政府科学决策水平等方面具有重要作用。[1] 而在奉贤区早期实践中,普遍存在"拿到的数据不准确,实在没法用"的问题,上级部门收集数据后缺乏管理,数据的格式、内容、字段等不统一,基层政府从条线部门获取数据后,仍需要花费大量时间才能将其转化为可用数据。这种低质量的数据,极难支撑基层实战需要。

---

[1] 严宇,孟天广. 数据要素的类型学、产权归属及其治理逻辑[J]. 西安交通大学学报(社会科学版),2022,42(2):109–117.

第三，数据不安全，基层日常工作不敢使用。当上级条线共享的数据无法支撑基层实战需要时，部分村居开始独立开发数据库系统，以服务于本社区需要。然而，村居建立的数据库系统通常将公众信息存储于开放的互联网系统，而没有独立的存储器和安全的防火墙，这使得自建数据库存在隐私泄露风险。

除当前数据转型存在的三方面问题外，基层也期待数字技术能够在其"急难愁盼"的问题上进一步赋能，具体包括三个方面。

第一，能否"一键登录"。在日常工作中，基层以往存在50个相互独立的系统，同时需要在不同系统间来回切换，记录密码与重复登录占用了基层工作人员的大量时间。在极端情况下，基层工作人员需要就某一事项输入30多次密码，在30多个系统中反复上报。实现"一键登录"是基层对数字化转型的迫切期待。

第二，能否"一键导入"。基层工作人员中包括大量50岁以上的干部，其中有一部分人不能熟练操作电脑系统。而在数字化转型实践中，存在大量烦琐的操作步骤，这极大地增加了基层干部的学习成本和系统操作成本，亟待进行系统简化。

第三，能否"一键通知"。在基层的日常工作中，有大量的通知类任务。当前，主要采取"社区公告"和"逐户通知"两种形式。而社区公告常常被居民忽视，"逐户通知"既增加了负担，有时也会引发干群矛盾。在当前微信、智能短信技术高度发达的背景下，基层迫切需要通过技术手段，对公众实现"一键通知"。

3. 奉贤数字化转型的应对实践

针对基层治理面临的三难题、三需求，自2022年3月起，奉贤区城运中心以村居数字平台为核心，多措并举，赋能基层治理。

一是打造数据基座，实现一界面链接多部门。一方面，奉贤区开放性吸纳原有各类数字系统，将教育、妇联、民政、公安等50多个条线的平台系统均接入村居数字平台之中。村居基层干部仅需登录一个系统，就能够处理多个部门事务，避免了原有"App林立"下需要来回切换不同系统的困境。另一方面，奉贤区向下开放数据调用和维护的权限，允许村居调用系统中的数据，这使得村居在面临上级下达"数据收集"任务时，可直接从系统中调用。

二是打造任务分派集成系统，筛查不合理任务，实现基层减负。在建立村居平台后，奉贤区城运中心继续搭建任务分派系统。一方面，明确各条线任务均需通过村居平台下达，并在系统中呈现公共事务的处置流程，使基层干部能够清晰地明确自身职责，并明确所属任务的对接部门和人员。另一方面，由城运中心充当上级任务下达的"拦路虎"，筛查出重复性工作等不合理任务，通过直接调用已有数据资源代替基层人员的重复劳动。

三是做优基层治理数据池，建立数据统筹管理模式。奉贤区城运中心从四方面入手，打造服务于基层治理需要的数据体系。第一，以村居数据平台为纽带，打通条线部门数据，实现不同条线部门数据均向数据池归集，而各条线部门也能够从数据池中调动数据。第二，建立数据维护规则，明确以半年或一年为周期，对数据进行更新和增补，保证数据的鲜活度。第三，建立数据核对体系，对条线部门数据和基层人员数据进行定期比对和纠正。第四，构建数据安全保障系统，实现对数据的及时隔断、脱敏、记录。

四是结合基层需要，开发基层治理新场景。第一，根据基层工作人员需要，建立数据标签，便于日常调用数据，实现"实战中管用"。第二，针对占用基层大量时间的通知类事务，奉贤区城运中心开发了"短信群发"功能，能够精准地将"通知"发送至每位目标群众。第三，开发智能呼叫功能，实现公共事务对目标受众的智能电话通知。

总体而言，村居治理数据平台有效助力了基层公共事务治理。在村居治理数据平台产生以前，基层治理中普遍面临着数据重复收、数据质量差、数据不安全、平台切换烦、系统操作难、通知任务重的问题。而在村居治理数据平台建立后，通过打造数据基座、任务分派集成、数据统筹管理、基层留存使用四方面的举措，有效改善了先前六大问题，服务于"基层爱用"目标。

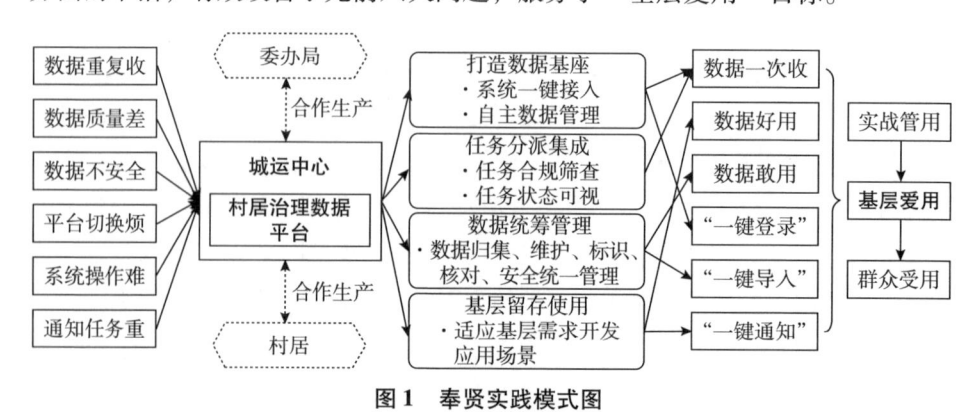

图1 奉贤实践模式图

三、讨论：数字化转型偏差何以发生，应如何纠正

数字化转型是技术驱动政府组织形态与治理模式创新的过程①，其本质是数字技术与科层组织的互构和改变。② 而组织运行模式是影响数字化转型效果的关键因素。③

1. 行政发包制下的技术执行：基层数字化转型偏差何以发生

如前所述，组织是理解数字化转型结果的关键视角，也是解释基层数字化转型偏离预期目标的关键。根据周雪光等人（2012）的研究，我国行政系统处于三层科层组织模式之中，上级政府负责设定目标，中间层级需要细化操作方案并监管下级执行，基层政府作为代理方承担政策执行任务。④

然而，由于我国数字化转型属于相对超前的探索，加之国情的特殊性，并无成功模式可以直接全面复制，在这种情况下，上级政府不得不制定相对宽泛的数字化转型发展目标以应对可能出现的新变化。诸如上海提纲挈领地制定了《上海市全面推进城市数字化转型"十四五"规划》，奉贤区也制定了《奉贤区智慧城市建设"十四五"规划》。这些数字化转型规划涉及民政、公安、卫健、城建等多个条线部门，但这些文件均未提到治理数字化转型的具体指标性目标或操作步骤，更多的是方向引导。条线部门在这些数字化转型规划的指引下，需要自行探索具体的落实方案，通常会建立本单位数字系统和数据库，作为数字化转型的实践探索。这些任务通常都需要基层协助收集数据。

而基层的数字系统操作能力和人员数量又较为有限，众多的操作系统和重复的数据收集任务使基层不得不占用大量日常工作时间来处理数据收集和政务系统建设、学习任务。这既加重了基层负担，又挤压了日常工作的处置时间，对日常工作有很大的影响。

---

① 陈子韬，李哲，吴建南. 作为组合式创新的数字政府建设——基于上海"一网通办"的案例分析 [J]. 经济社会体制比较，2022，220（2）：133-144.
② 董石桃，董秀芳. 技术执行的拼凑应对偏差：数字治理形式主义的发生逻辑分析 [J]. 中国行政管理，2022，444（6）：66-73.
③ Fountain J E. Building the Virtual State: Information Technology and Institutional Change [M]. Brookings Institution Press, 2004.
④ 周雪光，练宏. 中国政府的治理模式：一个"控制权"理论 [J]. 社会学研究，2012，27（5）：69-93+243.

2. 平台型治理：基层治理数字化转型模式应走向何方

奉贤通过村居治理数据平台实现了对数据重复收、数据质量差、数据不安全等问题的有效治理，最终迈向了赋能基层的目标。村居治理数据平台的实质是通过平台的形式，将原来分散的条线部门有机链接，实现碎片化政府向整体型政府的转型。其实现机制包括从发包端革新任务流程，从管理端构建数据支撑体系，从执行端加大资源倾斜。

就发包端而言，革新任务流程，减少基层负担。在传统模式中，不同条线部门均能向下下达任务，导致基层面临大量的重复性任务。例如，有时一条数据需要上报30多个不同的系统。而建立村居治理数据平台后，不同系统均接入同一个平台，条线部门的任务均需要通过平台系统才能够发布给一线人员，对于重复任务，则调用已有数据回复，避免一线人员重复收集数据。

就管理端而言，统一数据系统，形成治理合力。当前各条线部门及基层政府、村居均有各自的数据，城运中心以村居治理数据平台为纽带，协同不同部门数据均共享于该平台，并对数据进行标准化清晰。在此基础上，城运中心设立了数据的比对和更新规则，并设置了相应的数字标签，为各部门治理提供丰富、可靠、实时的数据。

就执行端而言，技术服务基层，调节资源配置。在原有碎片化管理模式中，以单向度的自上而下任务下达为主，而在以村居治理数据平台为纽带构建的新模式中，城运中心开放了自下而上提诉求的渠道，基层政府可以结合实际需要要求在该平台上叠加系统，通过将相应平台系统资源下沉基层，开发了"短信群发""智能群呼"等功能，为基层减负做出了努力。

3. 合作生产：基层治理数字化转型模式应如何建立

共同生产是解决复杂问题的有效方式，强调公共服务的供给者和使用者一起提供公共服务。有学者（Scupola and Mergel，2022）通过对丹麦公共部门数字化转型实践的考察，发现丹麦数字化转型是通过共同生产来创造公共价值，包括共同规划、共同设计、共同管理、共同供给、共同评估等五个部分。在数字化战略的背景下，有多元主体共同参与，实现数字化转型，最终实现经济价值、行政价值、市民价值和民主价值。从低效的碎片化模式向高效的平台化模式转型是基层政府提能增效的有效路径，而复制推广该模式的关键在于如何建立这一平台，包括平台的规划、设计、管理、供给和评估。纵观奉贤村居治理数据平台建立的过程，本质是以城运中心为核心的多主体合作生产的过程。

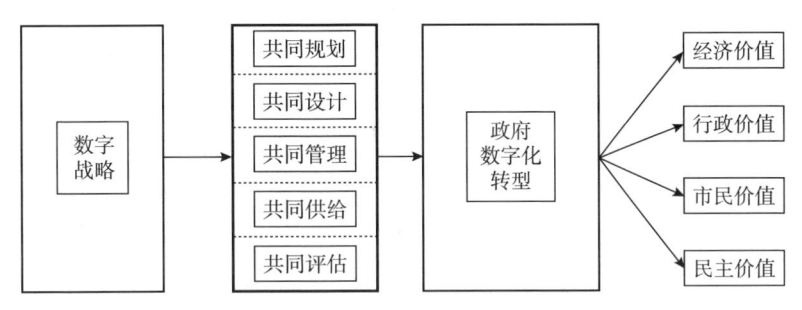

图2 数字化转型中的合作生产模型

资料来源：Scupola and Mergel（2022）。

在上海市和奉贤区制定明确城市治理数字化转型目标的背景下，奉贤区城运中心发起了基层治理数字化转型的合作生产。最初，奉贤区城运中心通过走访群众，联合委办局共同制定了"村居数据治理平台"的建设规划。由于奉贤区城运中心与奉贤区委办局是平级部门，故其引入上级权威，通过分管副区长协调委办局，共同推进规划制定。其次，奉贤区城运中心结合委办局的需求，联合互联网公司，设计村居数据系统。再次，奉贤区城运中心联合委办局、基层政府和技术公司共同对平台进行管理。最后，在已有平台基础上，由城运中心负责后台工作，委办局负责任务发布，基层政府负责任务处置，共同支撑数字治理系统的高效运行。当前奉贤已构建了共同规划、共同设计、共同管理、共同供给的数字化转型合作生产模式。随着实践的深入，未来仍需进一步共同评估，特别是进一步创造各类价值。

四、结论与对策建议

本文以奉贤区为例，结合组织学相关理论，剖析了基层治理数字化转型偏离赋能基层的目标的成因及优化路径。研究发现：第一，在数字化转型实践中，上级政府、条线部门和基层政府分别对应于行政发包制中的委托方、管理方、代理方。上级政府作为委托方，会选择较为宽泛的发展目标；条线部门作为管理方，会选择建数据库、建系统、建大屏等较易完成的工作，但需要基层协助数据收集、系统操作等，即将任务部分分解于基层；而基层政府和村居作为代理方，需要承接上级条线部门任务，而在数字化转型战略执行的早期，数据收集等任务容易挤压日常工作的时间，容易增加额外的负担，也影响日常工作效果。第二，平台型政府是化解该困境的方式，其机制是以城运中心为核心将不同部门组织起来，通过信息互动、资源共享，打破原有组织架构的壁垒，构建新的整体性政府以重塑基层治理模式。第三，合作生产是打造平台型治理架构的关键路径，通过不同层级政府、技术企业、公众围绕数字战略共同规划、共同设计、共同管理、共同供给来实现赋能基层的目标。

奉贤区村居治理数据平台的实践经验，对我国基层治理数字化转型具有两大政策启示：一是推广基层平台治理架构，应整合条线部门的数据和系统，利用已有资源、合并重复任务、向下服务基层，通过做大数据池、做优数据系统的方式实现对基层的赋能。二是推广合作生产治理理念，即为了更好地落实数字化战略，需要各个利益主体围绕各自需求，共同设计、共同规划、共同供给、共同管理乃至共同评估。这个过程应该耗时较长，但经过不同主体的交流沟通，各方的需求都可能得到满足，从而实现高效治理。

中国的城市人工智能

西蒙·马文

科技变化到底会如何影响城市和城市化，人工智能会对城市规划产生哪些影响，城市应该如何投资于这些数字技术，当这些数字技术和人、地点、机构联系在一起又会发生什么变化，人们能否充分认识到技术带来的好处和挑战，等等。所以，城市人工智能的研究就是希望能够准确了解公众的预期以及大家对新技术的采用情况。

有很多颠覆性技术一开始并不被人们采用，所以在小城市试点数字技术有时会非常困难。其中的原因很多，有一些是以前就听到过的，比如数据资产所有权、个人隐私权，还有一些涉及颠覆性技术是否真的能够为人类带来好处的讨论。对于这些讨论，最让笔者感兴趣的就是相关的变化会如何挑战我们过去只对智能技术和数字技术的关注。本文提出的观点是，我们应该如何扩展思维，拓展对技术的思考方式和方法，因为这些技术不仅仅是数据和软件，它们也会把城市的科技发展带入新的范式和领域。

决策的自动化或者人工智能化，就是将数字技术和机器、人、物流等联系在一起的方法。我们并不真的了解这项快速变化的实践对未来的生活到底会产生什么样的影响。作为城市发展领域的研究者，笔者想研究的，就是不同的技

---

* 西蒙·马文（Simon Marvin），谢菲尔德大学城市学院主任。本文根据作者在 2023 年 2 月 18 日首届"中国数字经济发展和治理学术年会"上的报告内容整理而成。

术和平台是如何在城市这个空间维度上发挥作用的,在实施的时候又有哪些困难。

城市地理学家对数据或者数字技术的关注和思考,相对聚焦在较宏大的经济领域,例如交通。从国际上看,我们可以在不同的背景下理解自动化和机器人在城市中的应用。对于城市中的无人机、监控设备、无人驾驶汽车、无人商店或者餐厅里的服务机器人等事物,我们需要了解如何把这些不同的技术一体化地运用于城市;应该如何重新塑造城市,让城市变得更加智能化;如何让机器人适应人类的变化;以及我们怎样和机器人分享城市的资源(例如隐私)。

自动化和人工智能未来可能会取代人类的许多决策,这又会带来一些新的问题。我们如何思考、决定一个机构内部的优先考虑事项,对于城市规划者来说十分重要。但或许他们还没有足够关注这些自动化决策是否能够改善或拓展人类的生活,以及如何看待人类和这些机器人共同存在的新生活方式。

在理解数字技术的基础上,思考自动化和机器人或者人工智能对城市的影响是我们的一个主要研究目标。例如,人工智能是城市的资源,还是只在一定范围内使用的一种技术;对于人工智能和机器人在城市中的应用,很多城市还不具备完备的智能城市基础设施,那么现在的城市级实验与实践主要发生在哪些领域?以及我们从这些实践中能够学到什么?如何系统地考察这些实践?对于中国、美国、欧洲的经验,我们应该研究哪些可能性?

2019 年,笔者和博士生考察了中国非常独特和积极的城市级实验,如上海、南京、北京。很多城市和它们的合作伙伴都有实践的框架,有一些服务是由私营部门提供的,这种实验在多个领域得以开展。不同项目的差异较大,所以我们需要非常积极地考察不同的设计、不同的具体运用场景。例如,上海浦东的定位就是未来的世界级重要人工智能创新中心,它可以把国家和市级的重点项目联系在一起,它拥有一种开放的 AI 系统。杭州则有一个城市大脑实验室,用以开发和应用多种数字控制能力。再如雄安新区,其实验的愿景非常宏大,并且希望能够提供多种新的技术、基础设施,除了人工智能和机器人,还有自动驾驶、区块链、数字孪生。这是一项非常综合性的技术能力,更多的是属于第四次工业革命的一些概念性技术。我们需要非常深入地比较、了解这些城市的转型如何实现。

过去,这些人工智能和机器人的实验非常有限,现在情况发生了变化,不仅中国，世界上许多国家都在进行城市级别的技术实验，会有很多新进入市场的企业和机构，建立社会和经济上的联系，用以尝试不同的技术在城市场景中的应用。现在有一些专业的实验场景，包括监管创新都突破了传统实验所受到的限制。笔者认为，对城市规划的研究者而言，最重要的是这种实验和智慧城市有很多的相似之处，同时又有很多不同的新意义，有可能是极具变革性的。例如，是否有后人类城市，人工智能和人类的融合是不是可以带来新的能力，这都是以往我们不曾遇到的，也是需要我们积极探索和研究的方向。

平台经济垄断特征及治理机制设计

魏江

平台经济垄断特征及治理机制设计，不仅是经济问题，也是与政治、社会和文化结合在一起的问题。

一、数字经济背景下的产业特征变迁

数字经济是全新的经济形态，数字平台是全新的经济组织，要正确认识数字经济背景下数字平台的垄断行为和治理机制，首先要分析清楚数字产业特征的变迁。我们不能用农业时代、工业时代甚至互联网时代的眼光来看数字时代的经济发展模式，而是要以数字经济理论判断未来的产业发展趋势。比如，数字作为特殊的生产要素具有自生长性、自编程性、自学习性等特征，决定了数字要素价值创造方式的独特性，并正确理解由此引致的市场结构、产业结构和产品结构的重构。

1. 产业组织特征变迁

平台企业会逐步形成以网络效应为内驱力的"巨型平台"。网络效应是平台企业区别于传统经济组织的本质特征，即用户可从网络中获得的价值随着平

---

* 魏江，浙江大学管理学院院长。本文根据作者在2023年2月18日首届"中国数字经济发展和治理学术年会"上的报告内容整理修改而成。

台内已有用户数量的增加而增加。得益于数字技术的迅速发展，平台企业的经营活动可以不受地域、时间、空间、自然资源等条件的限制，网络效应发挥作用的时空局限得以打破。一旦平台企业突破了网络效应的"冷启动"门槛，就有可能以迅速扩张的网络效应实现"赢家通吃"。由此，超大型平台的崛起成为平台经济发展的重要现象和必然规律。

2. 产业结构特征变迁

平台企业可以在多个市场中利用可共享的基础架构，以极低的成本进入相邻甚至看似不相关的新市场，产业边界的模糊性颠覆了原有产业格局。虽然传统视角下所属不同产业的企业也可能发生正面竞争或冲突，但由于企业用以构建竞争优势的关键要素往往具有强大的行业根植性，因此企业跨行业扩张难以摆脱"业务高度相关"的条件限制。但是，在数字经济时代，数字资源的流动性使得资源能够在不同主体间共享，由此引致需求/用户锁定、海量数据锁定，平台规模经济内部跨产业扩张的边际成本较低，平台企业就能以很低的成本，成为跨行业的市场进入者。

3. 产业竞争特征变迁

数字时代的市场竞争正由企业间竞争转变为生态系统间竞争，呈现多层次、嵌套性特点，其原因在于平台企业不再是一个简单的科层组织，而是一个兼具市场竞争效率特征和科层控制特征的混合组织，其核心功能是通过为生态内的参与者提供数字基础设施和治理机制以管理并赋能整个生态系统，最终促进生态内参与者的价值共创。因此，平台生态系统逐渐成为平台企业构建竞争优势的必然选择，平台企业获取竞争优势不再取决于自身能拥有多少稀缺的、难以模仿的资源，而在于其能否成功构建或者参与有竞争力的平台生态系统，利用其他参与者的资源建立基于生态系统的竞争优势。

4. 产业创新特征变迁

数字平台内的平台企业与中小微企业、上下游企业组成了协同创新生态系统，这个生态为那些运行逻辑看似迥然不同的业务提供了共享的底层技术、设计模块、标准化接口，可以高效催生创新性和高成长性企业。例如，阿里钉钉的生态系统孵化出4 000多家企业、30多家独角兽或准独角兽，这些生态参与者依托强大的平台快速实现了"从0到1"的跨越。这些平台企业能够高效促进几乎无摩擦的双边或多边市场交易，聚集海量用户，赋能企业精准识别用户需求，高效动员并整合资源，为大量中小企业创新创业赋能。

二、理性看待数字平台垄断和售假问题

从平台企业这种新型产业组织的特征变迁可以看到，它本质上是独特的市场交易平台、资源整合平台、创新赋能平台、创业孵化平台，不能看作传统的产品制造企业。这个判断对于我们认识数字平台的垄断行为、平台上销售假冒伪劣产品的行为，有更加合理的认识。

这里用一个小故事引出笔者的看法。笔者的老家山下湖镇是全球最大的淡水珍珠生产和交易基地，产品总量占了全球的80%左右。早在20世纪80年代初，这个镇就开始形成淡水珍珠的初级交易市场，90年代开始形成珍珠批发交易的专业市场，21世纪初期建起了非常漂亮的"华东国际珠宝城"，并改制上市。在这个珠宝城里交易的珍珠，最贵的可以卖到10万~20万元一颗，当然，便宜的只要几元钱。这个珠宝市场中交易的珍珠有天然的，也有人工合成的，20年前如果外地游客不懂珍珠，商家可能会卖给他很漂亮的人造珍珠，但如果你是本地人，卖给你的珍珠不太会是假的。后来，随着市场的整顿，当地工商行政管理部门调查"造假"，发现这个市场里确实有人卖假珍珠，于是，工商行政管理部门就认为"这个珠宝城在做假冒伪劣产品"。

由于这个珠宝市场的人气很高，大量客户和采购商到这里进货，便吸引了大批生产商和批发商。此时，华东珠宝城为了维护自身利益和避免恶性价格竞争，要求在珠宝城摆摊的供应商"二选一"，如果要来珠宝城摆摊，就不能进入另外一个珠宝城。于是，工商行政管理部门又来调查，说这个珠宝市场"二选一"的做法是违规的，属于垄断，要对其进行处罚。那么，这个"二选一"是否要罚款？市场与批发商、专卖店之间的竞争博弈是否正常？

要清楚回答上面两个问题，需要理性地按照市场交易规则来分析"谁对谁错"。先看早期的假冒伪劣产品，产品造假者应该承担主要法律责任。

另外，我们还注意到，由于这个市场里大家都在卖珍珠，有成百上千的品牌店，有的店在做新产品，有的店在模仿。但是，从整个珠宝城看，并没有因为"华东珠宝城占了全球淡水珍珠市场的80%"，就导致珠宝城内的专卖店不创新，反而各个专卖店为了提高自身竞争力而更加创新。概括地说，华东珠宝

城的高市场占有率，与入驻市场的专卖店的创新并没有简单的因果关系。

以上两个小故事想表达的是，如果把线上市场类比为过去的线下专业市场，那么，今天出现的这些问题，其实在过去也一样存在。我们都很清楚，打击假冒伪劣的第一指向应该是造假者，而不是交易平台，否则，浙江义乌、绍兴、温州的小商品市场早就关门了，因为这些市场平台上早就存在假冒伪劣产品。如果数字平台被如此绑架，那关于垄断的问题究竟是谁的责任？当然，政府要承担主要责任，因为政府是市场治理的主体，不能由于政府没有制定市场管制规则而导致的"二选一"或者"假冒伪劣"，就将责任全部转嫁给专业市场。

三、正确看待产业数字化转型的深层挑战

产业数字化是现在非常热门的概念，现在全国上下都在深入推进产业数字化转型，各地还出台了很多政策来推动数字化转型。要理性看待数字化转型，就要把握三个原则。原则一：数字化转型是效率革命、动力变革，但不是创新变革。从广义角度看数字化，无论是 ABCD（即人工智能 AI、区块链 Block Chain、云计算 Cloud、大数据 Data）还是 5G、物联网，都属于数字技术层面的内涵，企业采用数字技术属于广义的数字化转型，能够极大地促进企业的经营效率、整合各类资源驱动企业发展，但采用这些工具性技术，并不必然推动企业核心技术创新。原则二：数字化转型是运营效率而不是战略。战略关注的是企业独特性和核心竞争力，数字技术则关注效率。比如，我国的互联网大厂在经营效率上有革命性变革，但我国的平台企业并没有建立起科技创新方面的核心能力，无论是芯片、算法、算力还是基础软件，与发达国家企业相比，并没有根本性改变。原则三：数字化转型本质上是数据成为生产要素。如果从数字技术的发展看，无论是硬件还是软件，其创新规律与之前的科技创新是一样的，企业采用数字技术与之前采用其他技术也是一样的。真正的数字化转型应该是数字成为生产要素，让数据通过资产化、资本化和价值化，创造租金或者附加值。

把握上述三个原则，要理性引导产业数字化转型。从狭义的数字化转型内涵看，目前有能力进行数字化转型的企业占比不超过1%，99%的企业没有能力做狭义的数字化转型，它们做的基本属于信息化、软件化、智能化，而不是将数据作为生产要素的数字化，因为数字化转型要经过非常困难的三个阶段：

要素化阶段、资产化阶段和价值化阶段。

为什么数字化转型面临深层次的挑战？因为只有极少数企业有能力实现数据要素化。打个比方，今天的数据就像氧气，充盈在我们周围，我们可以免费呼吸空气中的氧气。数据也是泛在的，我们每时每刻都在与数字打交道，但数据看不见摸不着。谁有能力把数据变成资产呢？制氧公司能把空气卖钱。因为只有掌握了高技术才能将本来是免费的空气卖钱。其实，数据也是一样的，需要经过收集、清洗、结构化、资产化和价值化，才能把数据卖钱，否则这些都是公共品，都是免费的。

毫无疑问，绝大部分是不可能也没有必要去做数据要素化的工作，不要盲目地要求中小企业都去进行狭义的数字化转型。

数据要素化离不开数据的资产化和价值化，要素并不一定都是值钱的，正如我们做氧气液化，但液化后的氧气是否值钱，这要看产品的价值。比如，液化后的氧气会比液态的水值钱，这就涉及数据的稀缺性、价值性，与数据的加工能力、应用能力是有关系的。

谁最有能力去实现狭义的数字化转型呢？笔者认为是数字平台企业或者附着在大平台上的专业性数据加工企业，这些专业性数字加工企业往往是垂直数据挖掘的专家。要充分发挥平台企业的作用，就是把平台企业作为数字经济系统的核心和领导者，政府要鼓励、支持和引导这些核心企业做好"数据转化为钞票"的工作，要避免"乱撒胡椒面"的现象。

反过来，过去那些有能力的大厂，经过几年的整顿，也没有继续进行数字化转型。5年前市值排在全球前10位的数字化转型企业，现在已经发生变化；过去，全世界最大的独角兽有1/3来自中国，现在这些排行榜上已经没有几个中国企业的影子。如果再这样下去，我国数字经济是难有希望的。

四、科学认识数字平台的寡头垄断性

大厂是数字经济系统的核心企业，数据生产要素的特性，决定了数字平台企业具有多寡头垄断特征。在互联网时代，全球的销售渠道被不超过10家企业的寡头垄断，如中国的淘宝、小米、京东、拼多多等，美国的亚马逊、易贝、苹果等，可以说，互联网时代的销售渠道必然存在多寡头垄断，这是数字经济和数字技术发展带来的必然结果。

那么，这样的多寡头垄断是如何形成的？是否会破坏消费者和用户利益？

是否会阻碍产业和企业创新？为了回答这些问题，我们选择了酒店、娱乐社交、本地生活、在线音乐、电子商务、房产交易等一系列案例，来分析垄断产生的机理和带来的后果。这里以滴滴出行（移动出行平台）、美团（本地生活平台）、腾讯互动娱乐（娱乐社交平台）、腾讯音乐（在线音乐平台）为案例分析其垄断特征。

具体地，将垄断基本要素是来自数据还是资本作为第一个维度，将垄断表现方式是渠道垄断还是客户垄断作为第二个维度，来解构数字平台的垄断特征。前者有的平台是依靠大量投资收购兼并，有的是将数据完全控制；后者有的是通过"二选一"锁定渠道，有的通过补贴锁定客户。从以上垄断要素和垄断方式两个维度，可以把多寡头垄断分为四种不同类型（见图1）。

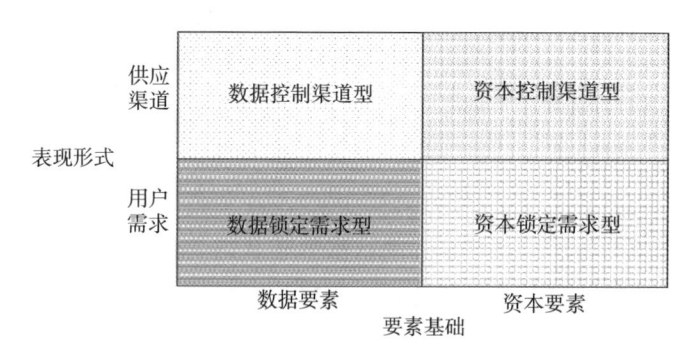

	数据要素	资本要素
供应渠道	数据控制渠道型	资本控制渠道型
用户需求	数据锁定需求型	资本锁定需求型

表现形式 / 要素基础

图1　数字平台企业多寡头竞争垄断类型

资料来源：作者绘制。

（1）数据锁定需求型垄断，即平台企业通过数据要素锁定用户需求而形成的垄断，典型案例是移动出行平台企业。当平台企业通过自身营造的网络生态系统吸引了千万流量、汇聚了多维度的海量数据后，平台则随即拥有了强大的信息垄断权力。这种形态的垄断带来的危害主要表现在两个方面：一方面，平台作为国家关键信息基础设施运营者时，其日常经营所积累的数据资产会不可避免地涉及大量公民和社会敏感信息。由于数据具有隐秘性、产权不明晰等特征，一旦平台数据遭到泄露或篡改，将可能影响生产经营安全、国计民生甚至国家安全。另一方面，平台企业普遍存在"数据饥渴"，在人工智能算法和大数据辅助下，超级平台可以通过"数据封锁"轻易构筑进入壁垒。对于移动出行平台而言，车辆和司机构成的供给端网络和用户形成的需求端网络，相互促进、彼此需要，与其他产业的平台企业相比具有更强大的网络效应。这也导致移动出行平台企业"天生"就拥有更强的数据收集能力和数据处理能力。数据收集和处理的技术能力越强大,越有可能形成强大的用户锁定效应,形成市场垄断格局。

(2) 资本锁定需求型垄断,即平台企业通过资本大规模扩张来锁定用户需求而形成的垄断,典型案例是本地生活服务平台企业。这类平台企业可以借助资本实力迅速进入相邻领域开展跨界竞争,通过用户流量撬动各个市场上的份额,形成垄断格局。这种形态的垄断带来两个方面的危害:一是资本作用下引致"加杠杆化"的市场补贴成为平台间竞争的关键。对于一些具有本地网络效应和同边网络效应的平台企业而言,其竞争优势形成的关键在于前期对用户心智的塑造和用户习惯的培养。这背后往往需要大量资金作为支撑,此时极有可能出现平台巨头们"烧钱抢用户"等不正当市场竞争的问题。二是资本作用下引致平台企业"无差别"侵占传统企业市场份额。当平台围绕用户需求提供"一站式生活服务"时,可以发挥业务之间的协同作用及平台范围经济效益,使其可以对传统的单一垂直领域企业进行"降维打击",实现一家独大。以本地生活服务平台企业进入社区团购领域为例,美团等生活服务类平台企业在资本的驱动下,以低于成本的价格争夺市场,给实体经济模式造成巨大冲击,打乱了原有的经销商价格体系,导致乱价、跨区窜货等一系列危害市场秩序的问题。

(3) 数据控制渠道型垄断,即平台企业利用数据要素封锁上下游渠道而形成的垄断,典型案例是在线音乐平台企业。这类平台企业通过占据产业发展的关键瓶颈性资产,并在规则制定权的加持下,轻易地通过渠道封锁(如"二选一")实现垄断。这种形态的垄断带来的危害,一是可以借助算法来"主观"推广其内部互补者的创新成果,降低互补者创新转化渠道的多样性。在模块化架构层级下,平台与平台用户的关系通过平台界面和规则产生联系,平台企业就有机会通过算法等数字技术手段选择用户"可见"的互补者,导致互补者不可避免地选择加大对特定平台的专属性投资。二是平台企业可以根据市场环境和其战略目标的变化而单方面修改互补者进入和运行的规则,增加互补者的生态转移成本。当平台企业通过占据产业发展的关键瓶颈性资产,便可以轻易地通过"原料"封锁形成垄断。以在线音乐平台为例,获得独家授权的音乐平台可以决定是否向竞争对手平台提供转授权以及转授权的价格、范围等,通过对版权这一数据要素的封锁提高中小平台的市场进入壁垒,加速在产业链上下游进行合纵连横。在激烈的独家版权争夺中，多家在线音乐平台相继宣布倒闭，垄断格局的形成侵犯了消费者的公平交易权和选择权，也严重影响了上下游企业的经济利益。

（4）资本控制渠道型垄断，即平台企业利用资本限制供给渠道多样性而形成的垄断，典型案例是泛娱乐社交平台企业。大型平台企业借助资本力量整合上下游产业链，导致来自特定平台的业务可以在全产业链自由通行，进行以消灭在位竞争者和潜在竞争者为目的的扼杀式并购，这种"过度协同"必然会造成平台垄断格局的产生，带来两方面危害。一是平台企业利用资本优势的扩张行为意味着被整合企业需要"被动"服从平台的价值主张，高度限制了企业发展自主权。例如，虾米音乐、天天动听、优酷土豆、UC等互联网公司，在独立经营时以行业独角兽著称，但在被阿里收购后，则纷纷从头部玩家中掉队，声量渐小甚至销声匿迹。二是平台企业借助资本优势会提前对具有潜在威胁的创新企业进行预先收购，这可能会遏制"颠覆式创新"的产生和发展。大型平台企业为了维持市场优势，可能会大批收购还处于萌芽阶段但具有潜在竞争威胁的创新企业。然而，在完成收购后，部分巨型平台企业可能会叫停或关闭具有创新潜力的企业，而且这些并购行为难以在事前监管，可能对市场创新产生长远影响。

那么，在这四类垄断中，哪些要反对，哪些不应该反对，哪些应该制裁，哪些不应该制裁，应该做进一步思考。对第一类数据锁定需求的类型，比如美团，其确实存在不好的地方，比如以价格优势换取流量，烧钱补贴的方式带来很大的后续负担，资本市场确实有盲目扩张以后产生的野蛮现象，过度烧钱导致资本流失非常大。这些需要管控。第二类资本锁定需求的类型对行业竞合的破坏比较大，早前烧钱的目的不是发展，会对行业产生破坏性。比如对于斗鱼和虎牙这两家并购的管控就非常正确。

但是，对于第三类和第四类，数据通过算力和算法的作用，把数据转化为生产要素，并没有损害客户的利益，而且通过数字化发展实现了核心企业、互补企业的持续创新。对此就不应该反对，而是要规范引导。

因此，今天数字平台的垄断与传统垄断的标准是不一样的，当我们用传统的垄断标准评价平台企业时，就会南辕北辙或刻舟求剑。现在的数字平台已经成为产业基础设施，是成千上万互补者和产品供应商共享的交易平台和基础设施，适度的寡头垄断有利于系统完善和发展。

这里从产业边界融合的角度说明为什么数字平台难以按照传统制造业的垄断逻辑来评价。打个比方，杭州龙井茶的核心产地之一是龙井村，龙井村里有很多土著村民开设的农家乐，农家乐后院有三亩地种青菜萝卜，中间有个灶台用来炒菜，屋前放了三张桌子做餐饮。那么，这个农家乐从事的是什么产业？笔者问过杭州市多位官员，他们的回答多是"服务业"或者"餐饮业"。试想其中种植蔬菜难道不是第一部类的农业吗？炒菜是制造业（现在叫服务智造化），卖菜是服务业。由于种菜属于农业，所以可免税；炒菜是制造业，所以增值税是33%；卖菜是服务业，税收是16%。如果你问农民喜欢什么产业？他们当然回答是农业。而地方政府希望是服务业，中央政府会更偏好制造业。于是，这个农家乐就可以注册三个公司，卖菜是服务事业部，种菜是农业事业部，炒菜是制造业事业部。然后，根据不同政府部门的需要处理数据。但是，这就加重了农家乐的负担，即将一个简单的融合型家庭作坊注册为三个公司，做三本账，专设一个会计来应付检查。

概括地说，产业发展是趋向融合的，应遵循经济规律，不能简单按照过去的规则要求新型产业形态，把新业态扼杀在摇篮里。

五、科学监管数字平台企业的有序发展

第一，要理性认识数字平台企业的性质和内在发展规律，要给予包容性，继续大力鼓励数字平台企业的发展。我国数字经济之所以能在过去20年得到如此快速发展，得益于我国的包容性政策，得益于各级政府的支持和鼓励，也得益于企业家的创新创业精神、探索冒险精神、开放学习精神。改革开放以来，党和国家对新生事物的发展给予极大的探索空间，社会对新生事物给予充分的包容，建议全社会继续对平台企业给予宽容的发展环境，对企业的探索冒险精神给予鼓励和支持，不能吹毛求疵，不能委曲求全，不能因噎废食，按照二十大报告提出的精神，加快数字经济的发展。

第二，提高数字平台企业垄断评价标准的专有性和精准性，科学把握数字平台企业的责任边界。数字经济时代产业边界模糊化、竞争生态复杂化，导致传统监管标准和工具的适用性降低。因此，一要根据不同垄断要素和垄断形式，完善平台企业垄断认定方面的法律规范，出台类似《电子商务法》等细分领域专有条例，提高监管针对性和精准性，引导不同类型平台朝合规、健康方向发展；二要进一步完善平台企业垄断认定方面的法律规范，将利用算法实

施价格共谋、滥用市场支配地位等行为纳入反垄断规制范围，对于可能带来公共危害的红线行为（如危害国家安全、售卖假冒伪劣产品等）必须严肃整治；三要明确平台企业作为"代理人"的权力和义务，引导平台企业通过自由裁量空间的筛选、生态系统文化的塑造等方式进行自我更新，实现经济目标与社会目标的协同提升。

第三，完善数字平台企业的事前监管模式，完善多要素结合的事前申报标准，完善多主体协同的交叉监管模式。目前对平台经营者集中申报审查的主要标准为营业收入，这忽视了数字平台企业多寡头格局形成的数据、资本两大要素基础，对平台垄断的隐秘性和多样性研究不足。因此，要进一步完善以企业营业收入、用户数据存量、股权结构等多要素结合的事前申报标准，以加强监管机构对于由数据要素、资本要素驱动的平台企业垄断行为的研判；要强化监管执法的多主体参与，对平台竞争的数据合规与保护、消费者权益保护、行业部门法律等进行交叉监管，对可能的垄断行为采用多主体协同的市场监管工具进行规范治理。

第四，加快数字化监管能力建设，注重监管工具创新，提高监管网络化、智能化和敏捷化水平。要谨慎使用高强度、毁灭性的监管政策，要从保护平台企业的角度及时为平台企业提供可能的有关违法行为的信息服务，避免违法行为的事实发生。建议加快扩展数字监管工具箱，积极运用监管科技、监管沙盒等新型智慧监管手段以及信用、标准等工具，强化线上监管（非现场监管）与线下监管（现场监管）无缝衔接，构建事前、事中与事后全流程的新型数字经济监管框架，形成监管闭环和"大监管"格局，做好快速响应的监管服务。

第五，完善数据治理制度和框架，明确数据权属和分级，推动建立数字平台企业多部门监管的协调机制。数据是数字经济时代平台企业垄断的核心要素，对于针对数据市场特有的垄断行为进行认定和防范的配套性制度不健全问题，建议：一要敦促平台履行数据合规义务，避免过度收集、挖掘和不正当使用数据损害消费者利益；二要推动平台企业与政府部门间的数据共享，实现政府对数据生产使用的监督、管理和服务；三要推进数据确权，明确数据资源的归属权、使用权和收益权，加强《反垄断法》与《数据安全法》《个人信息保护法》《知识产权法》等法律联动，推动建立现代化数据治理体系。

第六，加强数字经济发展形势研判，深化对数字经济发展规律和特点的认识，科学预判控制和扩张行为。数字平台企业垄断的形成和激烈的寡头竞争格局具有很强的动态性和情境性。因此，一要政府牵头推进企业、科研院所与第三方评估机构的协作，加强数字市场调查研究，提高对平台企业利用资本、数据优势实施垄断和不正当竞争行为的甄别能力；二要加紧制定与数字监管相关的细则和指南，探索实施数字监管清单制度，更好地发挥调查研究的监管决策依据和治理工具功能。

中国的数据法律保护
现状与问题

林维*

近年来,数字经济发展迅猛,在全球范围内成为经济转型、变革和发展的关键力量,也成为我国国家发展战略的重要内容。习近平总书记高度重视我国数字经济的健康有序发展,2022年1月,习近平总书记在《求是》杂志发表重要文章《不断做强做优做大我国数字经济》,文章指出,发展数字经济意义重大,是把握新一轮科技革命和产业变革新机遇的战略选择。文章中,习近平总书记对不断做强做优做大我国数字经济提出七个方面的要求,其中就包括规范数字经济发展和完善数字经济治理体系。

数据作为数字经济的核心范畴,规范数字经济发展和完善数字经济治理体系必然意味着对数据的法律保护。数据的价值具有长期性和多样性,有些价值可能直到数据采集、存储甚至删除很久后才产生;同时会因为场景、时间、行业而使得价值释放十分不同。从整体上说,数据作为数字经济时代最核心的生产要素,正在加速成为全球经济增长的新动力、新引擎。与此同时,诸如数据违规收集、非法滥用、丢失泄露等安全事件频繁发生,数据保护形势日益严峻,国家安全、社会秩序以及个人权益正在受到更大的冲击,如何平衡"数

---

* 林维,中国社会科学院大学副校长、互联网法治研究中心主任。本文根据作者在2023年2月18日首届"中国数字经济发展和治理学术年会"上的报告内容整理修改而成。

据开放流通"与"数据合规安全"之间的矛盾统一性成为世界性的课题。

因此，本文将分享三部分内容：一是我国数据法律保护体系的现状；二是数据法律保护的司法实践，尤其结合笔者的研究分析我国数据的刑法保护现状；三是我国数据法律的保护趋势以及完善建议。

一、数据法律保护的制度现状

根据《信息安全技术—数据安全能力成熟度模型》（GB/T37988-2019）国家标准，数据的生命周期分为采集、传输、存储、处理、交换和销毁六个阶段。2017年6月1日生效实施的《网络安全法》第42条明确了网络运营者不得泄露、篡改、毁损其收集的个人信息；未经被收集者同意，不得向他人提供个人信息。这实际上以一种消极的方式确认了个人数据的上述使用场景。2021年1月1日生效实施的《民法典》第1035条规定，个人信息的处理包括个人信息的收集、存储、使用、加工、传输、提供、公开等，延续了此前《民法总则》的规定。2021年3月11日，十三届全国人大四次会议表决通过的《中华人民共和国国民经济和社会发展第十四个五年规划和2035年远景目标纲要》明确了六种数据应用场景，分别为数据采集、标注、存储、传输、管理、应用等全生命周期产业体系。2021年9月1日生效实施的《数据安全法》第三条明确的数据处理行为，包括数据的收集、存储、使用、加工、传输、提供、公开等。个人信息的处理包括个人信息的收集、存储、使用、加工、传输、提供、公开、删除等。综合上述法律，最广义的数据要素全生命周期，包括数据的生产、收集、存储、管理、使用、加工、传输、提供、公开、删除等流程。

数据的保护应当体现在上述全部流程之中，比如：数据收集环节，不应涉及数据的非法采购和非法爬取；数据使用环节，要防控内部人员窃密、滥用和由于疏忽而导致的数据泄露风险；数据共享环节，要管控高密级数据流向低密级业务口；数据销毁环节，确保剩余敏感信息没有继续存留在数据库、服务器和终端上；防止隐私性数据片段被挖掘泄露；数据出境环节，确保出境合法正当，且满足必要的监管审批手续。诸如此类，都是数据保护的应有之义。一个合理的数据保护法律体系，应当阐明数据的拥有者、控制者、使用者和维护者等不同主体在不同场景下和数字流转的不同环节中，法律风险与保护义务如何分配承担，从而使我们能够确定妥当的数据价值挖掘方式和利益分享模式，并充分实现数字资源向数字资产的转变，最大程度地发挥其作为基本生产要素的作用。

当前，我国有关数据法律保护的政策大体如下：

1. 宏观政策

数据在我国数字经济中的基本要素地位，目前已经通过国家战略性和纲领性文件逐步确认。2020年3月30日，中共中央、国务院发布《关于构建更加完善的要素市场化配置体制机制的意见》，第一次对推进要素市场化配置改革进行总体部署，明确要素市场制度建设的方向和重点改革任务，提出加快培育数据要素市场，推进政府数据开放共享，提升社会数据资源价值，加强数据资源整合和安全保护。

2022年6月22日召开的中央全面深化改革委员会第二十六次会议，审议通过《关于构建数据基础制度更好发挥数据要素作用的意见》，提出数据作为新型生产要素，已快速融入生产、分配、流通、消费和社会服务管理等各个环节。要建立数据产权制度，推进公共数据、企业数据、个人数据分类分级确权授权使用，建立数据资源持有权、数据加工使用权、数据产品经营权等分置的产权运行机制，健全数据要素权益保护制度。

2022年12月2日，中共中央、国务院发布《关于构建数据基础制度更好发挥数据要素作用的意见》，即通常所说的"数据二十条"，要求构建适应数据特征、符合数字经济发展规律、保障国家数据安全、彰显创新引领的数据基础制度，充分实现数据要素价值、促进全体人民共享数字经济发展红利，为深化创新驱动、推动高质量发展、推进国家治理体系和治理能力现代化提供有力支撑。

围绕数据密集出台的重要政策文件，体现了数据要素对于数字经济发展的基础作用，也体现了数据法律保护作为数据基础制度的迫切性和重要性。

2. 主要立法

各主要经济体在数据法律制定和规则设计上都积极发力，欧盟的《通用数据保护条例》《数字市场法》《数字服务法》，英国的《数字经济法案》，美国的《数据隐私和保护法案》《加强美国网络安全法案》以及网络空间和数字政策局等的应运而生，体现了数据领域立法蓬勃发展。对于中国而言，围绕数据的基本立法主要包括《民法典》《刑法》以及《反不正当竞争法》中与数据相关的规定。此外，我国政府对数据安全和个人信息保护进行了具有前瞻性、针对性的战略部署，开展了系统性的顶层设计，数据安全治理逐步从静态走向动态。具体针对数据问题，2021年《数据安全法》《网络安全法》《个人信息保护法》相继出台，共同组成的"三驾马车"架构落地。在该架构之下，《数据出境安全评估办法》等部门规章规范性文件陆续出台，《个人信息安全规范》等国家标准体系逐步落地，网络安全与数据保护法律规范体系日臻完善。

另外，《网络数据安全管理条例》（以下简称《条例》）也在制定过程中，目前第一稿已经征求意见，第二稿正在讨论的过程中。作为行政法规，该《条例》承担了承上启下的立法功能。《数据安全法》被普遍认为是过于抽象的原则，需要更加具体的落地机制，而《个人信息保护法》虽然将很多制度压得比较实，但是以实体法规居多，程序和机制较少，《条例》因此承担了进一步细化实体规则并建立相应的程序机制的功能和任务。《条例》将个人信息和重要数据等一般性网络数据放在一起监管，搭建数据监管的整体化框架，也是在一定程度上整合了《数据安全法》和《个人信息保护法》两种合规体系。除了个人信息、重要数据等已有制度和规则，该条例还特别突出强化了公共数据、政务数据、具有公共属性的数据等与政府履行公职相关的数据安全体系，体现了对政治安全和国家安全的重点考虑。

不过，就该《条例》而言，仍然存在诸多问题：从政府内部顶层设计看，多头监管的局面可能依然存在，网信办作为最重要的监管力量，在评估、认证、跨境、监督检查等方面依然会努力发挥机制建设的牵头作用，公安、工信及其他行业主管部门亦会有监管举措。此外，司法部门对于规则建构和治理的作用也不可小觑，以检察公益诉讼为代表的检察院参与数据治理的积极性也依然十分活跃。而就《条例》本身而言，某些创新规则的具体措辞应可斟酌，例如新概念及其分类的科学性不足，如何协调强化数据安全保护与数据要素流通之间的关系，构建更加理性、具有可操作性的数据安全合规规则体系，应该依然存在调整空间。

3. 其他规范体系

除了基本立法体系之外，还存在大量部门规章、规范性文件、技术标准、合规指引等规定体系，有的出自政府部门，有的来自非强制性的行业标准，但是在实践中，通过测评、认证等方式，都各自产生影响产业的效力。目前看来,数据安全的这些规定体系过于分散、碎片化,存在政出多门、不够协调的情况。

作为一种法律政策,对于包括个人数据、政府数据和商业数据等在内的范围广泛的数据,如何对其确权是一个极为复杂的问题,众多经济学家和法学家都给出不同的理念,并对此提出了多种方案。其核心在于,要通过数据权利的构建,促进对于投资的激励,明确数据经营权、资产权等事项,并厘清数据企业的数据权利究竟应该包括哪些内容。而数据产业的进步又是一个渐进的动态演进过程,人工智能技术和物联网的发展进一步推进了数据的快速积累和发展。因此一方面,数据的法律制度建设需要一个观察过程,不可能一蹴而就;另一方面也需要有前瞻预判和针对保护。我们需要思考,传统的法律规范是否能够适应数字经济发展的权利设置、交易管理、责任分配、风险控制。其权利形态较难完全适用以专利权、著作权、商标权等为中心的知识产权制度,也难以适用既有的以公司主体经营为中心的市场组织模式,其责任分配和风险控制也较难完全适用现有的刑法制度。但是,目前还是需要尽可能地在现有法律规范框架内找到平衡,注意与传统法律关系的衔接问题。因此必须发挥现有规范的作用,千方百计地运用解释的力量。在这个时代,机能主义的、发展的解释理论是必要的。

我们也注意到,地方立法在数据立法领域特别繁忙而急切,这种迫不及待的态度充分说明全国性的立法已经远远滞后于需求,是否以及如何确定数据权属已经成为我们必须面对的问题。尤其是对于作为前提的数据权,只有公法特别是刑法才有可能进一步跟进,对数据的保护才更具强制力。

二、数据法律保护的司法实践

1. 民法和经济法保护:个人信息、数据不正当竞争、反垄断

针对个人信息的民事保护呈现日益严格的态势,尤其是《民法典》和《个人信息保护法》的生效,为个人信息的民事权益搭建了全面的保护体系,构建了访问权、更正权、删除权(被遗忘权)、限制处理权、反对权、可携带权等具体权利。司法实践中对于这些具体制度和权利的保护进行了深入和细致的规则适用,产生了大量保护实践,有效、切实地为个体隐私和个人信息提供了司法保障。

数据权属保护方面，司法实践中主要在反不正当竞争法的适用领域，为平台用户数据、数据产品、用户生成内容数据、增值业务数据等数据要素利益，提供了重要的法律保护机制，也为立法规则的发展提供了基础。目前在《反不正当竞争法》修订草案中，针对数据抓取、盗用等行为，也建立了数据权益的保护规则，如获通过，应能成为商业数据权益保护方面的重要制度。

反垄断法为保障数字经济和平台经济领域的竞争秩序提供了重要保障。在涉及数据垄断、大数据杀熟等方面，相应的司法适用规则和案例正在不断成熟，从而构建了具有中国特色的竞争法规则体系。

2. 刑法保护：个人信息和数据犯罪

虽然数据本身并未在刑法中得到独立保护，但考虑到数据在不同法益保护领域的多元性，毋宁说刑法对数据采取了一种更为综合的保护模式。与数据保护相关的主要罪名包括：破坏计算机信息系统罪、非法控制计算机信息系统罪、非法获取计算机信息系统数据罪、侵犯商业秘密罪、侵犯公民个人信息罪等。这样一种综合多元保护的模式体现了对数据的多方位保护，但也暴露了因为数据确权困难而导致数据本身的价值遭到的漠视。

现有的刑事法律体系混同了计算机系统和数据两种对象，更侧重于保护计算机信息系统而非数据本身，更多地对包含明确具体法益的信息进行保护，而对数据法益这种抽象的独立法益属性关注不足，乃至有时完全忽略了数据本身的资产价值。数字经济时代，企业数据具有可商品化和财产化属性，企业数据的财产属性主要体现在企业能够基于对数据的控制以及通过数据的交易、利用获得一定的经济收益乃至竞争优势。虽然基于数据处理者对"数据资源整体"和"数据产品"的大量人力、物力、财力投入的考量，我国已先后在司法实践层面和地方性法规中确认数据处理者（平台型企业）享有竞争性财产权益，但刑法上一直未赋予企业数据作为新型财产的法律地位，因此犯罪规制有所缺位。比如对于利用网络爬虫技术非法获取企业数据的行为，司法实践只能回避犯罪行为所抓取的数据类型、数量、价值等，而多从危害计算机信息系统运行秩序和数据安全的角度，适用非法获取计算机信息系统数据罪进行兜底性定罪处罚。该种规制思路一方面导致司法适用的"口袋化"或"虚置化"倾向，另一方面使数据企业的数据资产无法得到刑法认同。历次的刑法修正均未跳脱计算机时代陈旧的规制思路和立法模式，在回应数字时代数据刑事风险方面存在明显的代际落差与类型遗漏。

例如一个小偷非法侵入他人住宅，盗窃了大量财物，但最终这些财物的价值认定存在困难，因此只能认定非法侵入他人住宅罪，所赔偿的也只能是盗窃犯损坏的门锁的费用，而不是财物本身的价值。显然，这是未来数据的刑法保护必须予以回应的问题，否则数据的法律保护大厦始终门洞大开。对于数据而言，在民事权益的确认上，无论采取何种观点，都应加速推定确权的工作。数据作为知识经济的基本元素，本身具有虚拟性、可复制性、不确定性，而承载数据的技术手段又随着技术进步在发生翻天覆地的变化。在刑法层面，数据的财产化不仅涉及数据的刑法保护模式问题，还会引发诸如数据的价值评估、数据的财产可执行性等司法实践问题，并且随着数据类型的多样化，这一问题还会进一步引发其他牵连性的法律难题。

刑法中关于个人信息和数据相关的罪名，近年来也有强化打击力度的趋势。个人信息严重泄露导致的电信诈骗等现象，也引起社会高度重视，并对其加大打击力度。通过个人信息打击犯罪等专项系列行动，配合以《反电信网络诈骗法》等专门治理导向的立法，对于个人信息泄露及其相关网络犯罪的打击，近年来取得了明显成效。同时，针对非法数据获取和利用的刑事打击也呈现强化趋势，以刑事手段强化对数据合法权益的保护，维护数据要素市场的诚信秩序和营商环境。

实践中，关于对具体类型的数据的保护存在着种种争议。以深度链接为例，有的法院认定深度链接构成侵犯著作权罪，例如上海三中院认定的深度链接侵害香港电视广播有限公司著作权，侵害权利人的信息网络传播权，构成侵犯著作权罪；但北互优酷案则认为深度链接并不侵犯著作权中的网络传播权，原因在于其认为作品提供行为是指将作品置于向公众开放的服务器中，而深度链接并不存在被告人独立的服务器，该判决虽然引用了最高法院有关审理侵害信息网络传播权民事纠纷案件司法解释的规定，但在理解上可能存在争议。该规定指出，通过上传到网络服务器、设置共享文件或者利用文件分享软件等方式，将作品置于信息网络中，使公众能够在个人选定的时间和地点以下载、浏览或者其他方式获得，人民法院应当将其认定为作品提供行为。即使该解释实质上关心的是"等方式"实现了将作品置于信息网络中，就可以被认定为作品提供。关键在于如何理解"等外""等内"。

最高法院关于侵害信息网络传播权的民事解释特别强调行为人将作品置于

信息网络中，使公众能够在个人选定的时间和地点以下载、浏览或者其他方式获得，这就意味着如果并非个人选定时间，就不侵害信息网络传播权。著作权法中也将复制、发行和通过信息网络传播并列规定，新的著作权法仍然区分广播权和信息网络传播权，并将这些权利和复制、发行权相区别。这点与刑法的前述解释并不一致。刑法更多的是从传播的效果考虑，仅仅规定了复制发行而未规定与复制发行并列的信息网络传播。显然，刑法和著作权法中的复制发行完全不同。而刑法有关司法解释则进一步认为，通过信息网络向公众传播他人作品的，应当视为复制发行。不过，有关侵犯著作权的新的刑事司法解释的征求意见稿则更多地保持了与著作权法一致的立场。

又如将数据库作为著作权的刑法保护问题。对于人工介入的数据库以及人工智能生成的数据库，在刑法上是否应当区别对待，也存在争议。过去的著作权法对作品的定义是：以下列形式创作的文学、艺术和自然科学、社会科学、工程技术等作品，最后兜底的是法律行政法规规定的其他作品。但是新的著作权法对作品的定义是：文学、艺术和科学领域内具有独创性，并能以一定形式表现的智力成果，包括符合作品特征的其他智力成果。两者之间存在一定区别，其形式的包容性促进了认定的实质性，但是否有可能将相关数据库认定为作品仍然存在极大争议。

3. 公益诉讼

与上述不同部门法对数据的保护不同，这里要特别强调的是，作为一种治理机制，与数据相关的公益诉讼也正在成为司法实践中的重要手段，同样呈现日益重要的影响力。尤其是个人信息保护领域的检察公益诉讼已经成为个人信息保护和治理的十分重要的机制，在绝对数量和重要性上迅速发展。与数据相关的其他领域的公益诉讼也在日益涌现，例如与数据相关的消费者公益诉讼、反不正当竞争法和反垄断法领域的公益诉讼，都有望在不远的将来，在中国数据治理现代化的体系内发挥重要和亮眼的作用。

三、数据法律保护的趋势和问题

1. 立法从分散化转向体系化

作为数字经济治理体系的基础和保障，数字经济的法律体系正在逐步建构完善的过程之中。从安全和发展两个核心目标出发，目前我国数字经济领域已经出台了多部基础性立法，具体行业和领域的行政法规、部门规章、规范性文件数量众多，形成了较为全面和细致的立法和规定框架。《网络安全法》《数据安全法》《个人信息保护法》等基础性立法，为数字经济发展的基本要素和基础目标提供了重要保障，也向世界展现了数字经济立法的中国方案，成为近年来重要的立法亮点。与此同时，数字经济立法在迈向体系化的过程中，尚存在较大待完善的空间。从长远看，为支撑和保障数字经济持续健康发展，数字经济立法在体系化建构上，还需要付出更大的努力，为构建完善的数字经济治理体系提供更加全面系统的法治保障。

目前除了基础性立法之外，对于数字经济产生直接和重要影响的大量规定，散见于众多效力层级较低的部门规章或者规范性文件中。这种分散式的法律文件和政策规定，主要基于数字经济发展过程中呈现的新问题、新风险，提出解决问题的应对方案。其优势在于，规定和政策出台的效率比较高，解决问题的针对性比较强，能较快在实践中发挥作用。

相应地，这种问题应对型的立法模式也存在一定的劣势。一是不同立法、规定和政策之间，由于治理目标、视角、方法、手段等各方面存在区别，彼此之间在规则设定上不够协调甚至互相矛盾，使得数字经济中相关的经营主体在多重合规的要求下，增加了部分不尽合理的合规成本，有可能出现"左右为难"的情形。例如，现阶段呈现的一个典型问题是，作为基础法律制度的个人信息保护要求的最小必要等严格保护原则，与多领域、全方位、各层级的国家和社会治理目标实现途径之间的张力问题。随着国家治理体系现代化建设的全面展开，承担治理职能的多元主体，需要通过大数据和人工智能等各种高新技术工具，针对电信网络诈骗、内容生态、知识产权保护等目标展开治理模式和手段的创新和探索，在此过程中不可避免地需要在更宽泛的范围内收集、利用并分析个人信息等数据。近期互联网平台出于治理需要公开披露信息发布主体的 IP 地址所在地理位置，引发关于个人信息保护的争论，则为一例。因此，需要在个人信息保护的一般制度和具体领域的治理制度之间，建立统一协调的体系化机制，保障不同制度目标能够有机衔接，避免顾此失彼、产生冲突。

二是不同层级立法之间的分工和顺位关系需要进一步理顺，数字经济快速发展带来的规定层次普遍偏低的现象，需要在数字经济立法的体系化构建中逐步改进，特别是涉及数字经济发展基本要素和生产力的一些规定，应当逐步通过科学的立法程序，以更加基础的立法形式来确定各方主体的权利义务关系，建立稳定的规则框架。

三是数字经济新业态带来的新问题及其解决方案通常都带有跨部门、跨地域的特点，不同部门针对同一问题可能出现多头立法，这也反映了行政部门以及各地方政府之间的职能交叉现象更加明显，需要通过体系化立法等顶层设计的方式进行有效协调，避免在前沿领域出现职权和规定叠床架屋的现象。

因此，数字经济立法需要从问题应对模式转向体系建构模式，我们有必要通过顶层设计的协调和统筹，努力实现数据领域立法的体系化和协调化，避免政出多头、重复监管等监管机制给数据市场的统一化建设和数据要素的流通带来不必要的成本，形成科学、理性、有序的数据规范体系化和监管体制的现代化。近年来，我国针对众多新问题积累的规则和解决方案提供了重要而丰富的立法经验，基于对数字经济本质特点和发展趋势的理论认识，在不断涌现的新问题和新风险的基础上提炼并总结一般性发展规律，对于数字经济立法体系的建构具有前瞻性意义。此外，还需注重立法体系内部的协调和统一，为完善数字经济治理体系提供立法基础。

2. 数据要素市场基础制度的建构

数据要素市场基础制度的战略方针已经确立，"数据二十条"提出了发展方向和基础理念，但是对于数据要素市场基础制度的具体构建，依然任重而道远。首先，是与数字经济基本生产要素和模式相关的生产关系问题。数字经济基本生产要素和模式包括数据、算法、平台经济等，目前针对数据的重要立法相对比较完备，从《网络安全法》到《数据安全法》《个人信息保护法》，兼顾安全与发展，着重保护个人权益，建构了与数据这一基本生产要素相关的基本制度，构成数字经济基础立法的重要部分。就数据而言，当下数字经济发展中亟须解决的问题还包括数据确权、数据交易、数据利用、数据竞争等领域的基础规则，应当成为基础性立法的重点内容。

此外，现有不同立法及其解释适用实践之间，也存在基础概念和类型不尽统一的现象，需要做出体系化的统一协调安排。例如，作为数字经济立法体系的基础概念之一，"个人信息"的内涵和外延，在不同的立法中采取了不同的具体表述方式。《网络安全法》《民法典》《个人信息保护法》中关于"个人信息"的界定各有不同，在个人信息的司法保护中，民法领域和刑法领域也采取了不同的类型化架构，《民法典》和《个人信息保护法》采用的是"个人信息""私密信息""敏感个人信息"的概念与分类，在《刑法》司法解释中，则是将个人信息分为三类，适用于不同的法律标准，其类型被学界概括为"敏感信息""重要信息""一般信息"。基础概念的内涵、外延和类型化缺乏各个法律部门之间的统一协调，使得产业在进行个人信息利用和合规中，面临较高的制度成本和不确定性，亟需体系化的规则建构。

其次，需要在强调数据安全和责任与促进数据流通之间，找到一条明确的权衡道路，过高的安全责任的确可能给产业带来较重的负担，这一点需要重视。

再次，要建立数据分级分类机制，针对各个领域展开深入的产业需求调研，有针对性地建立起有效的数据保障机制，避免一刀切、一窝蜂的政策导向。

最后，重视数字经济和实体经济融合过程中数据要素的活力激发机制，将多年积累的数据价值有效转化为激活实体经济的驱动力，需要有针对性地给予政策支持和指引。

3. 公共数据的开放和利用问题

公共数据开放和利用是建构数据要素市场的重要抓手。目前看，各个地方政府活跃出台相关条例，各地全面开花，但是就公共数据开放的基础设施、统一制度、理论认知看，还存在大量需要建设的空间，而且有很多问题需要解决。公共数据作为一方数据沃土和宝藏，对其价值的开发和流通的保障，是接下来法律制度和政策支持非常重要的领域。

谁应该享有数据所有权？

冯娟

一、数据：最重要的竞争资源和经济资产

在经济学研究中，数据的所有权以及如何确权等问题困扰我们已久。在未来，制定法律是否应该考虑社会福利的大小？是否应该更多地维护社会的总体福祉而非社会的发展速度？数字经济时代，最突出的特点就是数据成为重要的竞争资源和经济资产。例如，平台经济发展产生的海量信息就蕴含着巨大的价值。

回想起来，我们很早就意识到信息数据是一种重要资源，消费者的个人行为（搜索历史、交易记录、点击行为等）可以被服务提供商（如谷歌）跟踪、记录并分析，从而为他们提供个性化服务。通常情况下，消费者免费交出他们的个人数据，以换取高质量的服务。这一切似乎理所当然，几乎没有人将其个人数据视为一种资产。

随着科技的一再进步，"数据就是财产"这一观点被越来越多的人接受，消费者是否应该对其个人数据享有财产权？新技术的出现使消费者有能力控制自己的数据，而服务提供商可能需要对这些数据的使用进行补偿。消费者和服

---

* 冯娟，清华大学经济管理学院教授。本文根据作者在 2023 年 2 月 18 日首届"中国数字经济发展和治理学术年会"上的报告内容整理。

务提供者应该如何对这些技术做出反应？如何明确数据资产的归属权等问题，在今天显得尤为急迫。

如今我们提出的数据确权问题，是人类历史上从未被考虑过的，它的出现延伸出很多商业和法律层面的问题。

二、数据确权：共创数据的归属

日常生活中，每天都会有大量的用户在各种平台上产生如浏览、购买、售后、服务、咨询等各种行为。所有这些行为都被平台以数据的形式记录下来，并成为平台的数据资产。它可以帮助任何使用这些数据的人，了解这些数据背后的每一个用户。一方面，它是由用户产生的，是属于用户隐私的一类数据。而另一方面，平台作为信息系统的建设者、收集者和储存者，投入大量成本，使这些用户产生的数据得以被保存，并形成我们所说的数据资产，而不是让数据逸散。可见，用户与平台这两个参与者缺一不可。那么这种数据到底应该属于谁，值得我们思考。

除此之外，消费者在使用企业生产的产品过程中产生了一些数据。这类数据到底应该属于企业还是属于消费者个人？之前的特斯拉刹车案引发了许多争议。作为对公众质疑的回应，特斯拉公布了一些行驶数据，但这些数据是否有公信力，引发了很多争论。因为这些行驶数据是在车主驾驶汽车的过程中产生的，并被车企采集、储存。当发生事故并且需要认定责任时，作为企业，它在收集数据的同时，拥有了修改数据、判定数据是否有异常等一系列权能，而作为数据生产者的车主只能等待结果。这不可避免地引发了公众的质疑。

过去几十年我们见证了数字巨头的发展，如谷歌和脸书，它们向消费者提供免费的在线服务（如在线搜索），并通过广告等手段从用户流量中获得巨额收入。随着信息技术的发展，消费者的个人数据，包括他们的位置信息、搜索的关键字、浏览内容以及行为方式，都被服务提供商跟踪和存储。并且，服务提供商会基于此去分析消费者的个人偏好来提供高质量的定制服务。一方面，这在客观上提高了消费者的满意度，增强了服务提供商的盈利能力。另一方面，服务接受者（消费者）通常对这些数据没有控制权，并容易遭到不正当的访问和未经授权的个人信息的二次使用。并且，消费者有时甚至会受到由自身私人数据促成的价格歧视。

所以，为了解决当今社会中数字服务主体对消费者数据的严重依赖性，与公众对数据资产的保护和定价意识逐渐觉醒之间的矛盾,对数据所有权问题的研究就显得尤为紧迫。我们必须正面回答一个根本问题:谁应享有共创过程中产生的数据所有权?

三、数据确权:原创与"二创"

以互联网上的内容作品归属权为例,现在我们能看到很多平台和组织(包括影视协会)对网络上关于影视作品的二次剪辑做了声明。然而,网络上有非常多的剪辑类视频从业者,他们的作品相当丰富,比如用 5 分钟讲完一部长达 2 小时的电影。我们该如何看待这种二次创作呢?这样未经授权就随意剪辑影视作品的行为是否有法律风险?笔者咨询过律师,得到的回答是:从知识产权保护上很容易被界定,但是侵权现象在互联网平台上比较普遍,目前没有可能一一起诉。

版权保护实际上有相当长的历史。在数字化高速发展的今天,内容呈现也实现了数字化,因此非常容易被复制、传播。随手下载一个视频并稍作修改,就可以形成新的内容。这种现象能否促使我们重新思考数字经济时代的版权保护措施呢?20 年前,美国有一个很有名的免费音乐网站 Napster,它后来因侵权诉讼而关停。当时起诉的原因是"音乐的免费传播,极大地损害了唱片公司的利润"。针对这个问题,学界做了很多后续研究,发现损失很可能并没有那么大。因为有相当一部分到网上欣赏免费音乐的人可能在现实生活中也不会购买唱片,所以唱片公司计算的损失很可能被夸大了。

另外,从宣发角度讲,原创作品被无偿剪辑成各种短视频也未必都是坏事。有些时候,这些短视频能为原作品带来关注和流量,如制片公司在上映新影片之前的造势发布会一样。举个例子,重新翻拍的《鹿鼎记》在网上有着很大争议。很多人通过截取剧中浮夸的表演来批评整部剧的质量。但是诸多的批评反而让它的热度持续了很长时间。所以在某种程度上,二次创作的内容也可能有助于原作品本身的传播。二次剪辑的作品是否给消费者带来了福利呢?因为消费者似乎很喜闻乐见这些作品。但是,如果鼓励这种二次创作,那原创者的收益是否会受到损害呢?毕竟原创者要花费大量的时间和金钱投资并制作好的原创产品,这是非常不容易的一件事。如果这些原创产品因为互联网的发展,被轻易复制并且再次创作形成各种吸引眼球的短视频,从而流失了大量原本属于自己的消费者,那么原创者的积极性难免会受到影响。如今,消费者对二次创作产品的接受度越来越高，原创作品与二次创作产品的联系也越来越紧密，我们是否应该重新思考版权保护的机制，在保护生产内容原创者利益的同时，促进消费者的福利？笔者认为，这样的机制才是健康的机制。

四、数据确权：数据共享的基石

还有一些数据确权的例子，比如我们从一些平台公司了解到，它们为客户打广告的同时，希望客户对广告投放效果有所反馈，以便平台对未来的广告投放策略进行改良。但是这样一种看似非常简单的行为，在现实生活中是很难实施的。因为这实际上是客户的隐私数据，牵涉每个主体的利益，客户不一定愿意共享。

再比如药品研发需要一些数据的共享，那么是否有好的机制促进这样的共享？从技术角度讲，比如区块链、联邦学习、隐私计算等技术，有潜力实现数据的可用但不可见。微众银行就是一个用到联邦学习方法的非常大的场景。药企之间也是一样，药品的开发需要非常大量的数据，一个公司的力量可能不够。那么，大公司和小公司谁会从这样的数据共享、联合开发中受益更多？

当然，不管是版权保护，还是平台上用户产生的数据共享，其根本逻辑在于数据的确权："我们的内容可不可以确权？一旦有人使用，我们能不能比较容易地追溯？"所以数据确权越来越重要，是未来我们无法回避的一大问题。

五、数据确权：平台有技术优势，但消费者手里也可以有"开关"

前面提到技术在一定程度上为我们提供了数据确权的可能性，但是回顾人类历史，其实有非常多很好的技术最后没有被采用。一项新兴技术的落地，一定是与机制、经济学理论有关，这才是最关键的问题。

Re-creation（再创造）还是 Co-creation（共同创造）？具体来说，剪辑别人的作品，是复制还是共同创造，能不能把它定义清楚？它对社会福利到底有害还是有益？能否设计一些机制保护原创者的利益？我们构建了一个数学模型，用于刻画这个问题。

今天已经有商业实践方面的创新，可以让消费者实现对自己数据的控制。这等于将数据的控制权交给消费者，由消费者决定这部分数据可以共享还是禁用。如今，很多平台都非常广泛地使用广大消费者的数据。比如在搜索平台写出第一个字，平台就开始猜第二个字，说明平台使用了数据采集、大数据的分析方法，这些方法采集的不仅仅是某一个人的数据，还有成千上万其他人的数据，然后才能做出推荐。假如未来每个消费者都意识到自己的数据对平台算法质量有影响和贡献，那么消费者还愿不愿意将这种数据的所有权共享给平台？未来平台的优势会不会就不这么明显了呢？政府是不是应该把数据的所有权给消费者，这样消费者的福利就能够真正提高呢？这些都值得研究探讨。

笔者跟以前的两位博士生合作过一篇文章，在文章里，我们做了一个数学模型，用来研究"这些数据应该归谁所有""我们应不应该让消费者控制自己的数据""如果应该的话，那么平台是否应该提供对消费者的补偿"等问题。比如，使用一次数据，向消费者付费0.001分钱，虽然费用不高，但是这一点钱会不会改变平台对数据的垄断，它对未来的竞争会产生什么样的影响？我们的数学模型如下。

1. 假设有一个服务提供商，如搜索引擎或社会媒体网站等，提供质量为 t 的免费在线服务，其中 $t > 0$。

2. 假设提供这种服务的成本随服务质量的提高而增加，用 mt^2 表示成本函数，其中 $m > 0$ 代表成本率。

3. 不同消费者对数据所有权的敏感度（θ）不同。其中，θ 服从 $[0, 1]$ 内的均匀分布。对于敏感度为 θ 的消费者，其接受质量为 t 的服务的效用可表示为：$U(\theta,t) = (1 - \theta)t$。特别地，$\theta = 0$ 代表此类消费者完全不在乎数据所有权，其效用等于提供商设定的服务质量；$\theta = 1$ 代表此类消费者非常重视个人数据被服务提供商使用。

因此，整个市场上消费者的效用可表示为 $U = \int_0^1 U(\theta,t)d\theta$。若消费者效用不小于零，则其会选择购买该服务。

服务提供商的收入由两部分组成：

1. 基于业务的收入（例如，由曝光/用户流量决定的一般广告收入）。此类收入来自所有需求服务的消费者，并与消费者总效用成正比，表示如下：$a\int_0^1 U(\theta,t)d\theta$，其中，$a > 0$ 代表服务提供商基于业务的收益率。

2. 基于个人数据的收入（例如，来自定向广告或出售数据的收入）。此类收入来自提供数据的消费者，并与提供数据的消费者使用服务的总效用成正比。当消费者没有数据所有权时，所有要求服务的消费者都必须提供其个人数据以换取服务，表示如下：$b\int_0^1 U(\theta,t)d\theta$，其中，$b>0$ 代表服务提供基于用户个人数据的收益率。因此，服务提供商的总收入为：$R(t) = (a+b)\int_0^1 U(\theta,t)d\theta = \frac{1}{2}(a+b)t$。

服务提供商根据消费者的分布、收益率（a 和 b）以及成本率（m）决定其最优质量水平：

$$\max \pi = (a+b)\int_0^1 U(\theta,t)d\theta - mt^2$$

我们从理论上研究了数据所有权转移对服务提供商和消费者的影响，以及不同类型的补偿方案带来的不同影响。具体来说，我们建立了一个服务提供商向消费者提供免费在线服务（如谷歌）并从在线流量中获得收入（如广告）的模型，并研究数据所有权从服务提供商转移到消费者的经济影响。

在线服务行业有一个特征，即消费者收到的服务质量不仅取决于服务提供商，也取决于消费者。他们对于是否允许服务提供商使用其私人数据的决定极大地影响了他们收到的服务质量。在我们的模型中，服务提供商可以内生地决定其服务质量，以及是否和如何补偿提供其数据的消费者。我们发现，数据所有权转移的影响不仅取决于服务提供商的收入结构和向不提供数据的消费者提供的服务质量折扣，更重要的是取决于消费者是否和如何得到补偿，以及服务提供商是否可以调整其服务质量。

总的来说，我们的研究得出了以下四点结论。

第一，为了应对数据所有权的转移，服务质量可能会提高或降低。

第二，鉴于消费者能够决定他们的数据所有权，允许服务提供商对提供数据的消费者进行补偿，可以使服务提供商和消费者都受益。

第三，与隐私计算文献中关于消费者从获得数据所有权中获益的结果相反，我们发现数据所有权的转移对不同的消费者群体产生了不均匀的影响。对数据所有权敏感的消费者会更好，因为他们的权利得到了保护；其他消费者可能会更差，因为他们得到的服务质量在转移后可能会下降。

第四，当数据所有权转移到消费者身上时，服务提供商不一定会更糟。

目前实践中还没有数据可用于做这样的实证分析，但我们在研究中建立的博弈论模型给出了不一样的结论。因为，"把所有权交给消费者对消费者是有利的"这种观点可能与正在发生的事实相矛盾，正如虽然我们在研究中仅仅把数据所有权的转移限制在一个特定场景中，即服务提供商在提供免费在线服务的同时通过广告获得收入。但我们仍然可以看到，隐私保护与环境有关，它可以提高福利，也可以降低福利，结果是不确定的。

平台方也有自己的反应。一旦平台把决定权交给消费者，消费者可以决定是否分享数据，分享与否都说明了他的观念，这样消费者就出现了分层。平台面临着拿不到所有数据的情况。平台会相应做出调整，它不是一成不变的。比如它会调整算法输出的质量。如果消费者不分享数据，可能其收到的服务质量就会低一些。这会损害一部分消费者的福利。我们的数学模型也发现，消费者未必能够从单纯的数据所有权分享中受益，这取决于平台反应的措施有多强烈。而且正是因为平台在这个过程中有可能对服务质量做出调整，所以政策制定者是需要警觉的，即这个市场最后有可能会由于给消费者带来的影响太大而不存在。

这里隐含的一个主要观点是，消费者获得的服务质量是需要平台进行投资的，如构建信息系统、通过数据分析为消费者提供个性化服务等。因此，在保护消费者权益的时候，不论从法律角度还是从社会福利角度，都需要考虑多方权利的平衡，以及从长期看各方对某项政策的反应。

数字金融

金融科技的机遇与挑战

托马斯·萨金特

金融科技是新兴事物，中国目前在这个领域处在世界前列。每当有新兴事物出现时，都会带来问题和挑战，同时也有创新和机遇，如同一枚硬币的两面。本文重在分享笔者对金融科技概念的理解，介绍其发展背景，剖析典型特征与最新变化。

一、金融活动的典型特征

金融是一项已经经历很多个世纪的活动。在金融科技出现之前，我们有纸、笔、金属货币、银行发行的纸钞或金币，还有账簿，它们会把进项和出项记录在银行的资产负债表上。在每一个先进文明中，都能观察到金融这项活动。就此而言，金融科技虽然是一种新技术，但是它做的事情由来已久。现在的金融科技只是更快速、成本更低。对于金融活动而言，最重要的就是账簿和货币，也就是以借和贷的记录来执行交易。在金融科技场景下，我们使用数字技术进行交易，所以"旧的部分"实际上自人类出现以来就一直存在，那就是执行交易活动。

---

* Thomas Sargent，纽约大学经济学教授，胡佛研究所高级研究员，美国经济学会、计量经济学会前会长，2011年诺贝尔经济学奖获得者。本文根据作者在2023年2月18日首届"中国数字经济发展和治理学术年会"上的报告内容整理而成。

交易通常需要双方的信任。举一个简单的例子，不论是我卖给你东西，还是你为我提供货物或服务，我再付给你钱，在这些交易中必须有信任。这是一个非常古老的概念。信任的建立是需要核实的。在每个国家、每种文化中，信任是普遍存在的，但总会有些人不守规矩，所以我们需要建立、验证、监管交易中的信任。以前通过政府来监管，也通过商会来监管，这些都是"旧的部分"。从这点上讲，金融科技只是一种更便捷、更低成本的信任核实方式或手段。下面我们进一步理解与金融相关的活动。

第一，托管。例如，你将一部分资产放入银行的保险柜，然后交给托管人保管，这是银行的职责。所以银行、保险公司和其他金融中介机构除了担任托管人之外，也提供中介服务，在借方和贷方之间执行托管中介功能。其中，保险公司的活动实际上是通过"匹配"愿意承担风险并为之付出代价的一定数量的资金，来确保相关活动不受影响，所以保险本质上也是一种交换。

第二，交易（所）。交易（所）在传统上就是一个市场。笔者在中国的很多城市都看到过市场，大家在那里交换货物和钱。在证券交易所，就是以一种资产换取另一种资产。这些交易原来通过交易商口头喊价，后来通过纸和笔进行，但现在有了很多高频的买方和卖方。对这些活动来说，以前有私营部门和政府的监管，以及银行的自我监管等。有了金融科技后，这些监管方式发生了变化。例如，在算法交易中，算法实际上是一种人工智能，它做的事情是记录信息，用电子文件代替纸质合同。所以当信息在交换和传递的时候，就是交易进行的时候，而数字技术可以更好地培养信任和履行合约。那么合约是如何履行的？有一些由法院来执行，还有一些是自我执行的，即经交易双方同意后履行合约，以维持各自的声誉。这些变化背后的逻辑其实是传统的，但金融科技用更快、更有效的方式履行了合约，监管了信任，同时降低了交易成本。

以上都是金融活动的一些非常基本的特征和逻辑，那么金融科技到底带来了哪些新特征？主要有以下几个方面。

二、金融科技带来的新特征

第一，数字货币。尽管数字货币存在的时间很长，但直到最近几年才开始被大家使用。数字货币以数字账本的形式记录有多少商品、有多少货币、消费了多少货币。那到底由谁拥有这个数字账本呢？在美国，数字账本由美联储管理，能看到这个账本的人就是银行，用户个人是看不到的。如果用户想看这个账本，必须到银行去访问账本。

第二，智能合约。智能合约是一个程序或算法，也就是说，在某个事件发生时，如果设备在深圳，只要钱转到了深圳，就会自动付款。这也说明数字货币的优势之一是它在信息收集、执行、留痕方面非常方便，与智能合约相匹配。

第三，数字账本。不同数字账本的透明度是不同的，或者说它的开放程度是不同的。因此在数字金融领域大概有两种方式可以建立数字账本：私人账本和公共账本。前者是封闭的，比如中国的央行或者美联储管理账本的模式；后者是开放的，没有人拥有它，大家都可以查看。

数字货币有很多种，例如银行的准备金、账户存款都可以是电子的，还有比特币、以太币、瑞波币等其他形式的数字货币，还有供应链上的代币。供应链是一个非常长且买卖双方相互连接的网络，各方都有货币，各方之间使用代币进行交易。银行发行数字货币就需要有很多技术方面的考量，每一种创新都会带来机遇和挑战。数字货币的机遇很多，比如可以通过获得大量信息和数据更好地建立信任和执行合约，监管违反规定的行为；但相应的挑战也有很多，例如，如何在机构之间划清边界。

三、金融科技带来的挑战

最后，分享几点笔者对金融科技挑战的思考。一项挑战是，如果有多个不同的平台，各有自己的账本，它们之间如何互动呢？又或者在不同平台上流通的数字货币，汇率如何计算？商界和金融界的很多人士都在思考这些问题。另外一项挑战是，到底谁有权拥有平台上的数据，私人或公共数据能够或应该提供给谁？

还有一个颇具挑战的经典问题是，我们应该有一个中心化的交易所，还是要有一个去中心化的交易平台和分布式账本？这是两种不同的机制，也有相应的边界。前者的数字货币会替代信用评级机构、贷款催收这类工作，后者将作为一种赋能工具，让银行更有效地开展工作。关于这一问题，需要我们在组织和账本之间明确界线。另一方面，数字货币对普惠金融的促进作用是明显的，金融科技在扶持中小企业方面会大放异彩。在这方面有很多数字技术创新能够很好地帮助中小企业更有效、更快、更低成本地开展业务和提高效率。我们已经看到中国在这方面有许多领先的实践。

数字信用的创新、影响与应用前景

黄益平

信用是现代金融体系的关键变量,基于信用的货币和贷款为加快经济活动的扩张提供了重要支撑。总会有一部分企业、个人或国家因为缺乏"好的"信用而无法获得必要的金融服务,但缺乏好的信用,既可能是因为资质不佳,也可能是因为现行评估方法无法有效识别存在的信用。信用风险管理创新是贯穿金融发展历史的重要线索之一,从当铺式的以抵押为基础,到主要依赖财务数据特别是资产负债表、现金流量表和利润损益表,再到重视企业家"关系"的非传统信息,金融机构一步一步地拓展了信用应用的边界。即便如此,金融服务依然呈现十分明显的"二八法则"现象,即金融机构只要抓住市场上20%的企业与客户,便可获得80%的市场份额。服务剩下80%的客户,要么缺乏有效的风控手段,要么成本过高,得不偿失。

数字信用创新是信用风险管理边界的又一次拓展,是基于第四次工业革命中出现的大数据、人工智能等数字技术形成的。数字技术本身并不创造信用,但可以帮助发现一些传统信用评估方法无法辨识的信用。这项创新首先产生于依托大科技平台的数字信贷,即大科技信贷,使得融资服务可以覆盖大量缺乏信用记录的"信用白户",服务市场下部80%的客户成为可能。数字信用在其他金融领域,如信贷、保险、投资等也有十分广阔的应用前景,比如帮助改善

---

* 黄益平,北京大学国家发展研究院副院长、北京大学数字金融研究中心主任。

与企业创新和家庭理财有关的金融服务。数字信用创新可能会对经济与金融稳定产生重要影响,这种以数据替代抵押的信贷模式会削弱"金融加速器"的抵押品渠道,从而促进金融稳定。

数字信用创新及其应用给学术研究提出了新任务。作为一项国际前沿的金融创新,数字信用的形成、作用机制及其影响值得深入研究。初步的分析已经表明,数字信用会从很多方面改变金融体系的运营,包括扩大信贷业务的规模、提高放贷的效率、改善借款者的体验、降低运营成本、控制信贷风险、减少直接接触。有些改变是边际性的,有些改变则是根本性的。数字信用创新从改善金融服务的普惠性开始,将来完全有可能对金融稳定、经济创新和共同富裕产生影响。但这样的影响会不会发生、如何发生,有待学术界做出严肃的探索。我国的数字信用创新已经走在世界的前列,我国的学者有条件也有责任走在国际数字信用、数字金融学术研究的前列。

一、信用是现代经济发展的重要推动力

信用一般是指个人或组织之间的信任关系。金融交易中的信用则特指经济主体兑现偿付承诺的能力与意愿,按照承诺主体的不同,可以分为国家(主权)信用、企业信用和个人信用。有时也以信用替代贷款,但这不是本文讨论的定义。信用是推动金融发展的关键因素,没有信用就不会有现代金融体系,法定货币和信用贷款都是基于信用形成的。以货币为例,人类历史上早期的货币形态包括贝币,即用贝壳做的货币。贝币的一个重要缺陷是缺乏内在价值,因而币值不太稳定。后来改为使用贵金属比如黄金、白银作为货币,贵金属本身就有价值,货币的权威性与币值的稳定性就大为改善。但贵金属货币也有一个明显的不足,即其供应量很难根据经济状况灵活调整,这样就容易造成货币供应量要么过多、要么不足的矛盾。在工业革命之后,经常因黄金供应量跟不上经济增长而形成通货紧缩,1929年的大萧条和1971年布雷顿森林体系解体,黄金供应量不足是重要原因之一。

大萧条之后,许多国家开始放弃古典金本位制。伯南克等人的研究发现,各国在大萧条之后经济复苏的程度与其摆脱古典金本位制之间存在显著的关系。[①] 可

---

① 本·伯南克. 伯南克论大萧条:经济的衰退与复苏[M]. 陈剑,译. 北京:中信出版集团,2022.

惜当时一些国家尝试建立信用货币体系的努力不太成功，后来都先后回归了金本位制，直到1944年建立布雷顿森林体系，其核心是金汇兑本位制。布雷顿森林体系并没有彻底摆脱早先货币供应跟不上经济增长的问题，美国在1971年终于决定放弃美元与黄金挂钩的做法，转向浮动汇率制度，走向了真正的信用货币体系。这样各国央行就可以根据宏观经济状况决定货币供应量。但作为法币的纸币本身并没有价值，因此需要国家背书，主权信用的背后是国家机器包括财政能力。企业与个人愿意接受并持有纸币，正是因为国家对其内在价值提供了担保。当然，央行掌握了货币发行的决定权，也容易导致货币超发，为了解决这个问题，各国央行引入了通胀目标制以及在此基础上货币政策决策一定程度的独立性。但实际上，各国主权信用的有效性差异很大，过去几十年间，部分国家如津巴布韦、土耳其、越南等都曾经发生过恶性通胀，主权信用丧失了权威性。

客观地说，在过去半个世纪的大部分时间里，美元保持了非常好的信用，有效地发挥了国际储备货币的作用，但最近情形开始变化。美国在1971年之后一度出现了非常严重的通胀压力，当时美联储不得不通过大幅提高政策利率压低通胀率。在之后的数十年间，主权信用支持的美元作为国际货币，支持了全球经济的快速发展。自2008年次贷危机以来，美元信用遭受了冲击。首先是在次贷危机期间美联储实施超常规的量化宽松政策，虽然很快稳住了美国的经济与金融，但之后的政策调整给一部分新兴市场带来了灾难性的后果。其次是在2020年新冠疫情期间，美联储再次实施超常规的量化宽松政策，这一次造成了十分严重的高通胀问题。最后是在2022年初美国联合三十几个盟国制裁俄罗斯，冻结俄罗斯央行的外汇储备。对于世界上的其他国家而言，虽然短期内不可能有可以替代美元的国际货币，但使用美元的潜在风险即风险溢价已经大幅上升。最近一些发展中国家尝试用非美元作为跨境投资与贸易的结算货币，归根到底，还是因为各国对美元信用产生了怀疑。

信用在金融市场有十分广泛的应用。金融交易的本质是资金的融通，通过期限、规模和风险的转换，实现收益共享与风险分担。但金融交易最大的困难是信息不对称，所以风险管理是金融交易不可或缺的环节。以信贷业务为例，银行发放贷款，必须有效评估借款者的信用风险，确定借款者会按时还本付息。根据风控方法可以把贷款分为抵押贷款和信用贷款。抵押贷款要求借款人提供抵押资产，这样银行就锁住了信用风险，但其业务扩张受制于借款人的抵押资产的价值。信用贷款通常是通过分析借款者的财务信息特别是资产负债表、利润损益表和现金流量表，判断其信用状况。但大部分普惠金融客户，包括中小微企业、低收入家庭和农村个体，既没有充足的抵押资产，也缺乏完整的财务数据，这就形成了普遍的信用不足问题。所以，发展普惠金融服务是世界各国面临的一个共同挑战。

数字信用创新则可以部分克服信用不足的矛盾。那些普惠金融客户不一定真的缺乏信用，只是传统金融机构用传统评估方法无法识别出来，但大数据和人工智能等数字技术可以帮助发现那些本来就存在的信用。一些大科技公司尝试在非金融领域刻画用户的信用水平，比如芝麻积分，在共享单车、网约车、酒店预约等业务中发挥了一定作用。需要指出的是，数字技术本身并不创造信用，以比特币为例，虽然它利用分布式账本、区块链技术等形成了一种被称为加密货币的资产，但它并非真正意义上的货币，因为它本身并不具有价值，也缺乏信用背书。数字技术把很多传统方法看不到的信用识别出来，这样就拓展了传统信用的边界，不但可以让金融业务的覆盖面更广泛，也能让风险管理更精准。需要指出的是，并不是数据越多、数字技术用得越好，信用就一定会越好。有研究发现，对于"信用白户"而言，数字技术的应用有可能可以帮助他们获得融资服务，但随着数字信用评价的进一步改善，有的借款人的融资条件可以变得更好，即贷款利率下降、贷款金额上升，但另一些本来资质就不太好的借款人的融资条件反而会恶化。①

二、数字信用改善普惠型信贷服务

数字信用的创新最初发生在信贷领域。互联网、大数据、人工智能和云计算等数字技术的出现，催生了一批数字平台企业，后来在其中一些平台上衍生发展出信贷业务。目前基于数字平台的信贷业务大致可以分为三类：第一类是新型互联网银行，比如网商银行、微众银行和新网银行；第二类是平台提供的小额贷款或消费金融业务，比如蚂蚁花呗和京东白条；第三类是数字平台提供的助贷业务或者联合贷款，目前已经成立了百行征信和朴道征信两家大数据征信公司。大科技信贷业务有两大技术支柱，一方面发挥大科技平台的长尾效

---

① Botsch, Matthew and Victoria Vanasco. Learning by Lending [J]. Journal of Financial Intermediation, 2019 (37): 1 – 14.

应,海量、快速、低成本地获客,然后将用户留在平台上的数字足迹累积形成大数据。另一方面则利用大数据与机器学习方法进行信用风险评估,预测还款能力与还款意愿。大科技信贷既是国际前沿的金融创新,也是重要的"中国故事"。我国平台企业提供线上信贷的时间比较早,自2016年以来,我国大科技信贷业务的规模一直高居全球第一。

大科技信贷在三个方面改变并改进传统信用风险管理的功能,如图1所示。

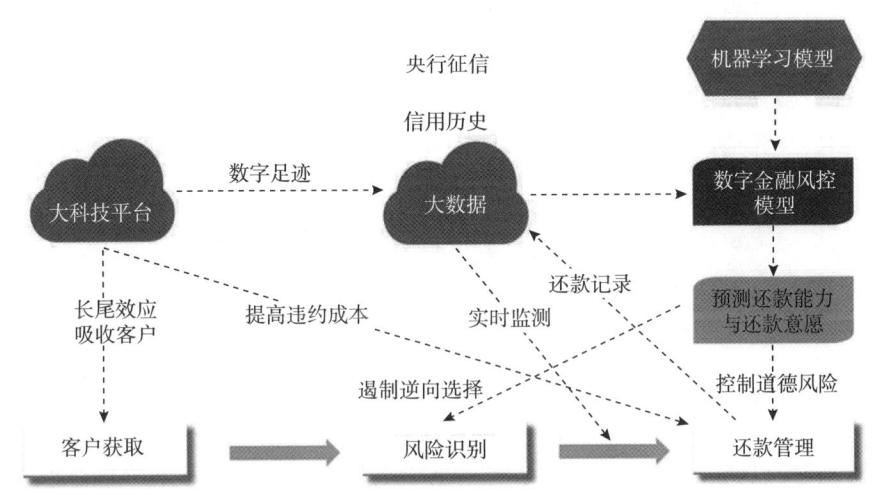

图1 大科技信贷的信用风险管理框架

资料来源:黄益平,邱晗. 大科技信贷:一个新的信用风险管理框架 [J]. 管理世界,2021,37(02):12-21.

第一,大科技平台的主要功能是为借贷双方提供交互便利,包括获客、积累数据和监督,发挥长尾效应的优势。国内一些直接、间接地支持大科技信贷业务的平台,如微信、淘宝、美团等,每家至少拥有数亿活跃用户,这就首先解决了触达、获客的问题,也是网络外部性优势的充分体现。用户在平台上从事社交、网购、外卖等交织性活动,就会留下数字足迹,数字足迹积累起来,就形成所谓的大数据。大数据可以帮助实时监督用户的状况。因此,平台在大科技信贷业务流程中最重要的功能是改善客户交互并实现实时监督。与传统银行相比,大科技平台的优势是显著扩大客户服务的规模。贷款申请与审批流程相对简单,大多数情况下不需要面对面进行,还能全方位、实时地了解客户的状况。网商银行形成了"3-1-0"模式,即花三分钟时间填写贷款申请、一秒钟贷款资金到账、零人工干预。其他大科技信贷的做法也大同小异。这种便捷性可以使借款人更容易获得贷款，但对部分借款人也可能产生过度借贷的问题。

第二，大数据与机器学习算法相结合，创新了信用风险评估方法。这其实也是"3-1-0"模式的一个基本前提，平台可以快速进行信用风险评估，甚至提前给出授信额度。这里的大数据主要是指平台自有的数据，再加上平台从外部获得的一些数据，比如央行征信数据、地方经济数据等。大数据信用风险评估模型的特点是主要依靠社交、网购、电信等非传统数据预测违约概率，分析借款人的还款能力和还款意愿。机器学习算法同样重要，主要是因为这些方法能够更好地处理大规模、多维度、复杂结构的数据。从已有的实践看，大数据信用风险评估的可靠度比较高，我国几家新型互联网银行的不良贷款率要远低于传统银行同类贷款业务的不良贷款率。更重要的是，大科技信贷可以为一大批信用历史短甚至从来没有获得过银行贷款的"信用白户"提供信贷服务。

第三，大科技平台还有一个重要环节是改善还款管理，即缓解道德风险问题。用户长期在平台上活动，既留下了数字足迹，也建立了长期的交互关系。用户一旦违约，就会影响这种长期关系，对用户可能会产生多种惩罚作用。最直接的效应是影响用户在平台上的活动，如果用户是一家在线商家，客户流量和业务规模可能会下降；如果用户是一位在线消费者，能够享受的优惠或者参与的活动可能会减少。这其实就意味着违约是有成本的。这类平台关系也许可以被看作广义的"数字抵押"，其功能类似于传统银行的房产抵押，只不过抵押的不是实物房产（Gertler et al.，2021）。① 大科技信贷的客户主要就是平台上或者至少是生态系统中的用户。与之相对应，包括P2P（个人对个人）借贷、现金贷等业务，由于缺乏有效管理道德风险的手段，违约率非常高，许多业务最终都陷入难以为继的境地。当然，也有学者认为，如果这类"数字抵押"是有效的，那么真正将违约率控制在较低水平的也许并非大数据信用风险评估模型。

那么这套大数据信用风险评估即数字信用方法究竟是否可靠呢？笔者与合作者利用网商银行在2017年3~8月发放的180万笔电商贷款数据，设计了一个"赛马分析"（Huang et al.，2020）。我们主要比较并考察了两匹"马"，

---

① Gertler, Paul, Brett Green and Catherine Wolfram. Digital Collateral [J]. NBER Working Paper 28274, 2021.

第一匹是传统银行信用风险评估模型（模型一），这个模型的两大基本元素是传统数据和打分卡模型，第二匹是大科技信用风险评估模型（模型二），其两大基本元素是大数据和机器学习算法。所谓"赛马"就是利用同一组数据来运算两个模型。将 182 万样本分为两组，第一组的 77 万用于训练模型，余下的 105 万用训练好的模型做预测。最后看检验的结果，预测准确率高的那个模型胜出。为了分别反映数据与模型的贡献，我们还增加了两匹"马"，一是大数据和打分卡模型的组合（模型三），二是传统数据和机器学习算法的组合（模型四）。

分析结果可以通过"受试者工作特征曲线"（receiver operating characteristic curve，ROC）展示（见图 2）。在这个图中，横轴代表正常贷款被错误地识别为违约贷款的比率，而纵轴则代表违约贷款被准确识别出来的比率。显然，越接近图的左上角，模型的性能越好。图 2 中的四条 ROC 曲线分别代表了四匹"马"，最上面的是大科技信用风险评估模型，最下面的是传统银行模型。这已经证明，对于 182 万样本来说，大科技模型要比传统模型可靠得多。中间还

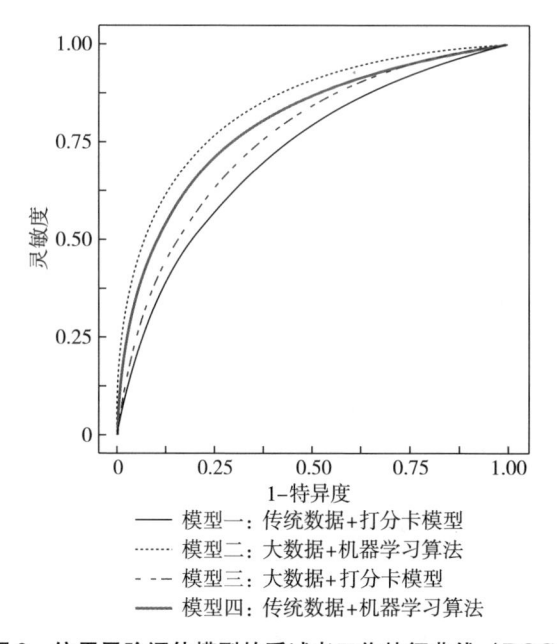

图 2　信用风险评估模型的受试者工作特征曲线（ROC）

资料来源：Yiping Huang, Longmei Zhang, Zhenhua Li, Han Qiu, Tao Sun and Xue Wang. Fintech Credit Risk Assessment for SMEs: Evidence from China [J]. IMF Working Paper WP/20/193, International Monetary Fund, Washington DC, 2020。

有两个模型，说明在模型一的基础上，不管置换数据还是置换方法，都能改进预测的准确率。这也支持了大科技模型更可靠这一结论，数据和模型都有贡献。在这个具体案例中，模型的贡献似乎比数据更大一些。直观地看，数据的优势可能反映在两个方面，一是实时，二是行为，这两点对预测违约都十分重要。模型的优势主要是处理大数据中各变量的非线性作用以及相互之间的交互作用。

比较不同模型中不同变量的相对重要性，既可以看出模型方法的特点，也可以反映单个变量的贡献。传统模型中最重要的四个变量都是信用历史，即是否有违约记录，其余变量的重要性都很低（见图3）。而在大科技模型中，各变量重要性的差异不太大，从第1个到第14个，重要性系数从1.0缓慢下降到0.63，但在传统模型中，第14个变量的重要性系数只有0.1。所以在大科技模型中，非常大数量的变量都发挥了作用。同时，一些非传统的变量比如网络效应分（衡量一家电商在整个电商平台上的相对重要性）、一个注册地的时间和客户好评数等，也发挥了很重要的作用。只有信用历史记录发挥了重要作用，但也已经排到10名之外。这些表明，大数据在大科技模型中的作用很大，但在传统模型方法中无法体现。

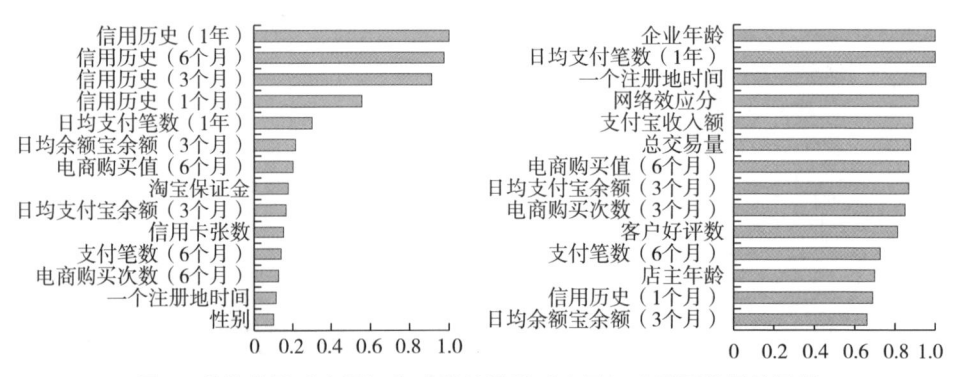

图3 传统模型（左图）和大科技模型（右图）中重要数据的贡献

注：为了便于比较，对变量的重要性度量做了标准化处理，以每个模型中最重要变量的值为1.0。本图只报告了相对重要的几个变量，大科技模型总共包含近80个变量。

资料来源：Yiping Huang, Longmei Zhang, Zhenhua Li, Han Qiu, Tao Sun and Xue Wang. Fintech Credit Risk Assessment for SMEs：Evidence from China［J］. IMF Working Paper WP/20/193, International Monetary Fund, Washington DC, 2020.

当然，数字信用的可靠性优于传统方法这个结论是需要划出限定条件的。我们的研究发现，数字信用最大的价值体现在服务规模小、位置偏、财务数据缺乏的小微企业，这恰恰也反映了数字信用的普惠价值。大科技信贷的客户多为普惠金融的服务对象，大多是从来没有获得过银行贷款的"信用白户"。大科技信贷可以为这些客户提供贷款，让它们拥有征信记录，将来就更容易从传统银行获得贷款，这就是所谓的"溢出效应"。数字技术让信贷机构更好地了解客户，让资质好的客户更容易获得融资，也可能让资质不好的客户更不容易获得贷款。另外，大部分大科技信贷机构也已经不再完全依赖平台生态系统内的数据，而更多地利用包括税收、社保、水电等公共数据。其中一种比较有代表性的业务拓展是给使用移动支付二维码收款的商家即码商发放贷款，严格地说，这些码商并不在移动支付平台的生态系统里，但是新型互联网银行可以利用收款信息，再补充其他数据，给大量的码商放贷。笔者和合作者还有一项研究发现：如果连续使用二维码收款3年，有90%以上的码商可以获得大科技信贷的授信（Beck et al., 2022）。[①] 因此，数字信用始于大科技平台，但已经不再局限于此，关键是利用非传统数据和数字技术识别经济主体的信用。

三、数字信用的应用如何影响金融稳定

数字信用的应用并不改变金融的本质，但确实会对金融的业务形态带来一些变化。目前看来，最大改变在于增强金融服务的普惠性，而这应该有利于改善经济与金融的稳健性。伯南克与其合作者曾经提出"金融加速器"的概念，他们发现企业的投资水平往往依赖于其资产负债表的状况：较高的现金流量和资产净值对于投资有直接或间接的正面影响。[②] 在银行信贷中就存在"金融加速器"的抵押品渠道，资产价格越高，信贷条件越宽松，反之亦然。这实际上是一个金融不稳定机制，在一些国家曾经发生资产价格下跌引发金融危机的现象。数字信用以数据替代抵押，改变了这个作用机制。银行的抵押贷款对于房价的变化有显著、正向的反应，但大科技信贷对房价变化则没有反应。这意味着以数据替代抵押的数字信用削弱甚至取消了"金融加速器"机制，从而增强了金融体系的稳定性。

[①] Beck Thorsten, Leonardo Gambacorta, Yiping Huang, Zhenhua Li and Han Qiu. Bigtechs, QR Code Payments and Financial Inclusion [J]. BIS Working Papers, 1011, Bank for International Settlements, Basel, 2022.

[②] Bernanke, Ben and Mark Gertler. Agency Costs, Net Worth, and Business Fluctuations [J]. American Economic Review, 1989, 79（1）：14–31.

依赖抵押品为中小企业提供信贷服务,在世界各国是一个十分普遍的现象,即便在发达国家也是如此。根据金融稳定理事会(FSB)的调查,在瑞士、巴西、新加坡和土耳其等国,中小企业贷款中抵押贷款的比例均超过80%。中国的比例要低很多,但仍然有超过50%是抵押贷款。中国政府自2013年以来一直致力于化解中小企业融资难题,采取了一系列措施,包括鼓励大型金融机构设立普惠金融部,并明确提出每年中小企业贷款比例上升的监管要求。这些举措对于增加中小企业贷款和降低抵押贷款在总贷款中的比例,应该是发挥了作用的,虽然中小企业"融资难"的问题尚未彻底根除。

普遍的抵押贷款会削弱伯南克及其合作者所称的"金融加速器"效应。因为银行根据抵押品发放贷款,抵押品的价值就很重要,抵押品值钱,信贷规模就可以高一些,反之亦然。但该机制很容易放大金融市场的波动。房地产市场繁荣的时候,作为抵押品的房产的价值会上升,这样就可以增加银行信贷,而信贷的增加又会反过来进一步推动房价的上涨。繁荣的房地产市场会变得更加繁荣,这主要是因为"加速器"发挥了作用。反过来,如果房价下跌,抵押品价值下降,银行就要收缩信贷,而这又会进一步压低房价。在极端的情形下,初始房价小幅度的下跌,最终有可能被放大成巨大的市场震荡,甚至酿成金融危机。这就是"金融加速器"机制中的抵押品传导渠道。

但大科技信贷会改变这一机制,借用诺贝尔经济学奖获得者本特·霍姆斯特朗的话,"数据是新的抵押品"。因为有数据,放贷机构就不再需要考虑抵押品。笔者和合作者的另一项研究专门分析了这种以数据替代抵押品的信贷模式对于"金融加速器"的抵押品渠道的影响(Gambacorta et al.,2023)。在那项研究中,我们同样抽取了自2017年1月至2019年4月网商银行200万家客户的月度数据,其中包括三类贷款的信息:大科技信贷、银行抵押贷款和银行信用贷款。实证分析表明,三类信贷对房价的反应截然不同:大科技信贷对房价反应最小,银行抵押贷款对房价反应最大,而银行信用贷款的反应居中(图4)。同时测算了信贷与房价的弹性系数,银行抵押贷款的弹性系数最大(0.58),即如果房价下跌10%,抵押贷款会收缩约6%。银行信用贷款的弹性系数为0.21,对房价有反应但幅度不大,而大科技信贷对房价的弹性系数在统计上不显著。这说明以数据替代抵押之后,"金融加速器"的抵押渠道被显著弱化,这应该有利于促进金融稳定。

图4 信贷对房价的反应

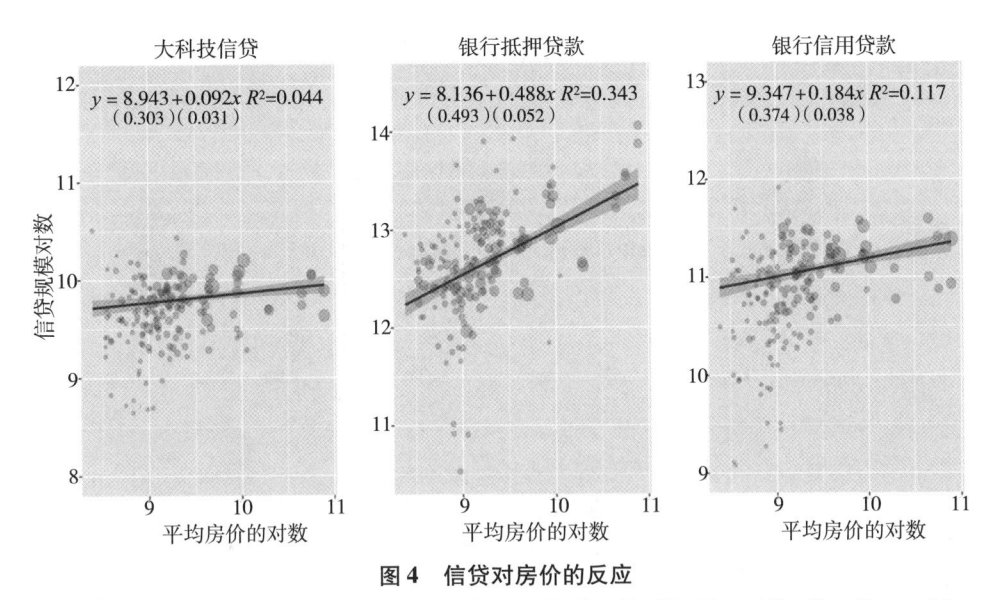

大科技信贷：$y = 8.943 + 0.092x$　$R^2=0.044$
（0.303）（0.031）

银行抵押贷款：$y = 8.136 + 0.488x$　$R^2=0.343$
（0.493）（0.052）

银行信用贷款：$y = 9.347 + 0.184x$　$R^2=0.117$
（0.374）（0.038）

资料来源：Gambacorta, Leonardo, Yiping Huang, Zhenhua Li, Han Qiu and Shu Chen. Data vs Collateral [J]. Review of Finance, 2023.

大科技信贷减弱了对房价的反应，这肯定会增强对其他变量的反应。我们的研究也考察了其他几个变量，其中一个有意思的变量是网络效应分，主要衡量商家在整个支付网络中的重要性，网络效应分很高的企业有类似于线下经济中核心企业的地位。之前提到的关于大科技信用风险评估模型有效性的研究已经发现，网络效应分在其中的作用非常大。在这项研究中，我们还发现，大科技信贷对网络效应分的反应非常大，即网络效应分越高，大科技信贷规模就越大（图5）。银行的两类贷款也都有所反应，但幅度小很多，而且抵押贷款比信用贷款的反应更弱。所有贷款类型都对网络效应分非常敏感，这可能是因为网络效应分多少反映出企业的经济实力或者重要性。但大科技信贷对网络效应分的反应最大，这既可能因为网络效应分是大科技信贷的主要数据基础，而银行的抵押贷款可以审视抵押品，银行的信用贷款可以审视软信息，也可能是因为只有大科技公司才能准确地衡量一家企业在网络中的重要性。

国内外的监管者对大科技信贷的运行机制有一个普遍的疑虑，即这套新型的依赖大数据和机器学习方法的信用风险评估模型尚未经受过经济周期的考验，一旦经济周期逆转，这个模型的有效性是否会发生根本性的变化？这个问题确实值得做深入的学术研究，但从已有的经验看，数字信用实践的有效性可

图 5　信贷对网络效应分的反应

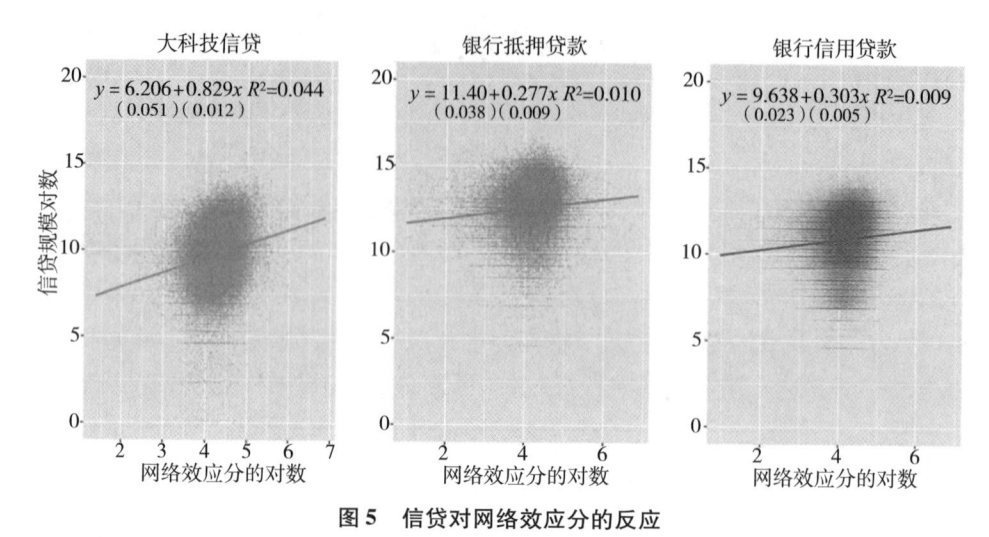

资料来源：Gambacorta, Leonardo, Yiping Huang, Zhenhua Li, Han Qiu and Shu Chen. Data vs Collateral [J]. Review of Finance, 2023.

能更稳定一些。经济周期逆转会导致风控模型的有效性下降，这点应该不会有例外，银行信用贷款如此，抵押贷款也是如此，大科技信贷当然也不会例外。但与传统风控模型相比，数字信用模型有两个特点：一是更多地依靠实时数据和行为变量，承受经济周期冲击的能力更强一些；二是更加频繁的迭代过程，同时贷款期限往往也比较短。自 2020 年初，我国经济受新冠疫情影响明显，几家新型互联网银行的不良贷款比率在上升了几个月之后，于 2020 年中开始回落。与传统银行的小微企业贷款相比，新型互联网银行资产质量恶化的程度更轻，恢复时间也更早。

基于数字信用的信贷模式还有可能改变货币政策的传导机制。理论上，既然基于数字信用的大科技信贷不再对房价做出反应，就有可能减弱货币政策的传导，因为货币政策扩张（或紧缩），不但会直接影响信贷决策，还会通过推高（或压低）抵押品价格，从而进一步增加（或减少）抵押信贷，而大科技信贷就没有这一间接机制的作用（Gambacorta et al., 2023）。[①] 笔者和合作者的最新一项研究还发现，货币政策调整对信贷的作用更多地体现在外延边际而非集约边际，即当货币政策扩张时，大科技信贷更可能增加贷款的笔数而不是

[①] Gambacorta, Leonardo, Yiping Huang, Zhenhua Li, Han Qiu and Shu Chen. Data vs Collateral [J]. Review of Finance, 2023. https：//doi.org/10.1093/rof/rfac022.

笔均额度，传统银行信贷则正好相反（Huang et al.，2023）。① 造成这个结果的原因可能很多，可以直观推测的有两条：一是大科技信贷的额度其实也是风控的一个重要环节，如果额度提高很多，有可能会影响风控的有效性；二是大科技信贷机构已经为潜在借款者做过信用风险评估，增加贷款笔数的边际成本很低。

当然，基于数字信用的大科技信贷也会带来一些新的问题，值得监管部门关注。一个无法回避的问题是数据治理。大数据是数字信用的基本元素，什么样的数据可以利用？公共数据与企业数据应该分别采取什么样的治理方式？数据又该怎样共享与交易？另一个至关重要的问题是金融稳定。大科技平台为商业银行提供助贷服务，有助于普惠型信贷业务的发展。但助贷业务以及联合贷款会不会引发新的道德风险问题甚至系统共振问题？另外，数据替代抵押的做法消除了"金融加速器"的抵押品渠道，但可能会产生一些新的机制，比如上面提到的大科技信贷对网络效应分的反应远大于传统银行信贷。另外大科技信贷也可能对现金流反应较大，这些现象是否会形成信贷不稳定机制，需要深入研究与探讨。如何在最大限度地发挥数字信用作用的同时不引发新的风险因素，这个政策难题值得持续的思考和研究。

四、数字信用拥有十分广阔的应用前景

数字信用在金融领域可以得到广泛的应用。目前数字信用的应用主要集中在信贷领域，大科技信贷是最典型的业务案例，传统商业银行也在尝试利用各种类型的非传统数据进行信用风险评估，这也是数字信用的应用实践。在信贷领域还有许多新的拓展空间，一个例子是欧洲比较活跃的开放银行，即银行将数据开放给其他金融机构进行信用风险评估，而我国的主要做法是金融机构利用非金融机构的数据做信用风险评估。我国的各类银行拥有非常丰富的金融数据，如果能够开放，将对数字信贷产生非常大的助力。另一个值得拓展的方向是产业链、供应链数字信贷，过去的大科技信贷基本上是依托消费互联网形成的，信用分析依据的主要是零售逻辑。随着产业链、物联网的发展，可能会形成一批新的数字信用业务模式。

---

① Huang, Yiping, Xiang Li, Han Qiu and Changhua Yu. Bigtech Credit and Monetary Policy Transmission: Micro-level Evidence from China [J]. BIS Working Papers 1084, Bank for International Settlements, Basel, 2023.

在保险领域，数字信用也有很好的应用场景。与银行业一样，保险业也需要管理负债与资产，而信息不对称是一个重要障碍。在保险合同签署以前，主要防范逆向选择问题，在之后则要防范道德风险问题。数字信用可以帮助保险机构识别保险消费者的信用状况，匹配适当的保险产品并防止欺诈行为。数字信用在保险领域的应用不仅能够减少销售与管理的人工与其他成本，还可以更好地了解消费者的能力与需求，从而提升消费者的福利、改善保险公司的收益。

在投资领域，数字信用不仅可以帮助改善理财服务，还能够支持"专精特新"等创新型中小企业通过直接融资渠道甚至到资本市场融资。我国金融体系中存在严重的投资难问题，老百姓有很多储蓄，但财富管理尚有很大的改进空间。如果利用数字信用方法做 KYC（Know Your Customer，了解你的客户）认证，可以较好地了解投资者的风险偏好和风险承担能力，同时做相应的投资资产配置，这样就有可能为广大的老百姓特别是中产阶层提供数字化的私人银行服务。同样，数字信用方法也可以助力创新型企业获得直接融资。创新型企业虽然有很好的发展前景，但缺乏资金、缺乏数据、缺乏收益，同时不确定性非常大，这些企业到资本市场融资，其门槛其实高于到银行贷款。数字信用可以帮助解决部分信息不对称的问题，如果可以将数字信用的做法运用到直接融资领域，像形成信用分析报告一样形成投资分析报告，就可以让"合格投资者"更好地了解"专精特新"企业。

推进央行数字货币
挑战与机遇

朱锋

近年来，随着数字经济与金融科技的发展，以及加密资产如比特币、以太坊、狗币迅猛发展等因素的影响，叠加新冠疫情期间公众对无接触支付和其他金融服务的需求，央行数字货币（CBDC）受到各国中央银行以及公众媒体的高度关注。央行数字货币即电子钞票，可用于个人对商户以及商户对商户间的支付（零售型 CBDC），也可用于金融机构间金融交易的结算（批发型 CBDC）。

货币是交易和国民经济必不可少的重要工具，央行数字货币的设计、出台和推进可能对货币的使用和金融媒介产生重要的影响，与每个人的日常生活和经营、投资活动息息相关，当前全球众多经济体都在积极谋划推动。根据国际清算银行 2021 年对多国央行开展的问卷调查，86% 的受访央行正在认真研究央行数字货币的潜力，60% 的受访央行正在开展相关技术实验，而 14% 的受访央行（包括中国人民银行）已经在推进试点项目。央行数字货币是否合适、安全、有效，货币数字化能否在保证金融稳定的前提下稳步推进，长期利好宏观经济均是亟须研究的课题。其中，央行和公众将如何看待这一趋势，各方的态度与看法对央行数字货币的进程和相关政策的执行效率有重要影响。

---

* 朱锋，中金研究院（CGI）董事总经理。

一、金融科技和央行数字货币

推动发行和使用央行数字货币是数字时代的必然趋势，与全球范围内各行各业的数字化以及私人部门金融创新的浪潮息息相关。近年来，电子钱包以及第三方移动支付等应用极大地改变了人们的支付习惯，并由此拉动了日常支付场景中对数字货币的需求，给虚拟资产或加密货币的出现及其应用也带来了一定的冲击，在一定程度上驱动了央行数字货币的发展。电子支付服务提供商以科技创新降低交易成本并提高效率，通过分析海量用户支付数据优化服务、不断拓宽使用场景，从而获取更多用户资源以及用户的经济决策数据，借助数字平台的网络效应提升市场占有率及影响力，加强正反馈循环。

国际货币基金组织的研究[1]显示，随着全球对央行数字货币关注的提升，国际货币基金组织成员对央行数字货币领域能力建设的需求急剧增加。自2020年以来，国际货币基金组织已收到各地区低收入国家和大型新兴市场经济体的40余项援助请求。尽管不是所有中央银行都承诺推出自己的央行数字货币，但数字经济时代私人部门在支付和其他金融市场日益积极的作用，推进了各国央行对货币和货币体系的思考、研究和试验，政府发行央行数字货币有助于提升公共利益和社会福利。

电子支付由来已久，特别是在批发支付领域。而数字零售支付在银行卡支付不发达地区的普及尤为明显。现金管理涉及印制、调运、存取、清分、回笼、销毁等耗费大量人力、物力、财力的环节[2]，央行数字货币在满足消费者电子支付需求的同时可大幅降低货币管理成本。伴随着数字经济的发展与电子支付手段的普及，现金流通占比在众多经济体中不断减少。瑞典央行鉴于本国现金使用率的大幅下滑，以及未来无现金社会的发展趋势，于2019年向议会正式提交申请，建议重新审查法定货币的概念。[3] 在中国，根据中国人民银行2019年的调研，被调查者手机支付的交易笔数、金额占比分别为66%和59%，而现金交易笔数、金额分别为23%和16%，46%的被调查者在调查期间未发

---

[1] International Monetary Fund. IMF Approach to Central Bank Digital Currency Capacity Development [R]. IMF Staff Report, 2023.

[2] 中国人民银行数字人民币研发工作组，《中国数字人民币的研发进展白皮书》，2021年。

[3] https://www.riksbank.se/en-gb/press-and-published/notices-and-press-releases/press-releases/2019/the-riksbank-proposes-a-review-of-the-concept-of-legal-tender/.

生过现金交易。

金融科技对支付带来了深刻变革。基于新支付科技，如支付宝、财付通（微信支付）、PayTM、M-Pesa、Venmo等第三方数字支付平台不断优化支付技术、拓宽支付生态和场景。新型电子资产，如加密资产包括稳定币等的流通对传统货币也产生了冲击，并在一定程度上形成竞争。然而加密资产具有较强的投机性，价格波动率极高，因此无法成为可靠的支付手段，并给投资者带来风险，引发金融市场不稳定等问题。再者，由于其匿名性和强流动性，加密资产常被用于洗钱等违法交易，也备受监管机构关注。从环境保护的角度看，加密货币如比特币由于开发耗能过高还会对环境产生破坏：据估算，比特币2021年的碳足迹超过了600千克CO_2；与之相较，国际清算银行和香港金融管理局合作开发的基于不同设计架构的央行数字货币模型Aurum的碳足迹仅有0.011克$CO_2$①，具有较大的环境保护优势。由央行开发推进一种稳定可靠的、可提高支付效率，且兼顾隐私保护、支付安全和环境保护等方面的电子货币就显得格外重要。

在金融科技迅猛发展的同时，全球范围的新冠疫情也使得无接触支付的重要性显著提升，并对各国央行数字货币的发展产生较大推动作用。荷兰中央银行指出，新冠疫情期间商户广泛鼓励消费者使用私人货币而避免使用现金支付，因此央行数字货币在公众危机情况下作为一种可靠的无接触支付方式就变得十分必要。与此同时，央行数字货币可以提升支付市场的多样性，在市场不确定性较高的时刻提升公众对货币系统的信任度。②

二、央行数字货币适用的技术与设计

央行数字货币是一种由央行发行的电子钞票，和传统货币一样，央行数字货币具备记账单位、支付手段和价值存储的基本功能。但基于数字科技的央行数字货币的运营也需遵循一些新的准则。国际清算银行和七个国家的央行③共同发布了关于发展央行数字货币的基本原则和央行数字货币的必备特征。其中，

---

① BIS Innovation Hub and Hong Kong Monetary Authority. Project Aurum: A Prototype for Two-tier Central Bank Digital Currency (CBDC) [R]. 2022.
② https://www.dnb.nl/en/general-news/dnbulletin-2020/digital-currency-issued-by-central-banks-can-protect-public-interests-in-payment-systems/.
③ Bank of Canada, European Central Bank, Bank of Japan, Sveriges Riksbank, Swiss National Bank, Bank of England, Board of Governors Federal Reserve System, Bank for International Settlements. Central Bank Digital Currencies: Foundational Principles and Core Features [R]. 2020.

基本原则是央行数字货币应当无害（即对现存的货币体系不产生伤害）、共存（即央行数字货币和市场上的其他货币能够共存）、创新和效率。

从技术上看，央行数字货币的底层架构既可以基于传统的集中式数据库，也可以基于分布式账本技术。分布式账本技术具有可靠、韧性强的特点，由于其不依靠某一中央节点控制，因此能够更好地规避发生系统性失灵的风险，但分布式账本技术仍存在一些障碍。一些机构（如国际清算银行、瑞典央行等）的研究与经验显示，考虑到交易所需的处理时间，分布式账本技术目前还无法高效支持大规模的交易量，短期不足以独立支持央行数字货币的运营。① 东加勒比中央银行 2022 年 1 月宣布，其基于分布式账本技术发行的 DCash 试点项目由于技术原因中断。② 相关技术仍然存在的脆弱性也使得数字货币在停电、自然灾害等极端情况下的稳健性暂时无法与传统货币相比。

传统货币所具备的普及性和匿名性特征也备受关注。央行数字货币的底层设计可以基于账户或代币。前者与在银行开立账户的逻辑类似，对所有权及交易的认证依赖于对用户的身份识别；后者则通过对交易信息加密并对用户提供的密钥进行认证来确认交易，不需要身份识别，在一定程度上支持交易的匿名性。一方面，基于代币的模式能够更有效地保护用户隐私，但其不要求身份识别的特性也为监管及追踪可疑交易带来挑战。另一方面，终端用户也面临因为密钥泄露而造成资金损失的风险。③

在大部分情况下，央行数字货币的设计可能会保留传统货币体系中的双层架构。④ 双层架构的央行数字货币由央行发行，而实时交易则由指定媒介机构如商业银行负责运营管理。以采用双层运营模式的数字人民币为例，中国人民银行负责数字人民币的发行、注销、跨机构互联互通和钱包生态管理，同时选择符合条件的商业银行作为指定运营机构向社会公众提供数字人民币兑换和流通服务。具体来说，指定运营机构在人民银行的额度管理下为客户开立数字人

---

① Sveriges Riksbank. The Riksbank's E-krona Project：Report 2 [R]. 2018.
② https：//www.ledgerinsights.com/eastern-caribbean-cbdc-pilot-dcash-goes-down/.
③ Auer R，Boehme R. The Technology of Retail Central Bank Digital Currency [J]. BIS Quarterly Review，2020：85 – 100.
④ Auer R，Frost J，Gambacorta L，et al.. Central Bank Digital Currencies：Motives, Economic Implications and the Research Frontier [J]. Annual Review of Economics, 2022, 14, submitted. DOI：https：//doi.org/10.1146/annurev-economics-051420 – 020324.

民币钱包并进行数字人民币兑出兑回服务,并且与相关商业机构一起承担数字人民币的流通服务以及负责零售环节管理。① 与之相对,单层结构运营的央行数字货币由央行直接面对全社会发行并负责数字货币的流通与维护服务,此种模式消除了对金融中介如商业银行的依赖,然而由于其对开发及运营的技术成本要求极高,仅由央行独立承担数字货币全生命周期的运营任务有可能不足以保障整个系统的可靠性、速度及效率。②

目前,各国均在研发基于不同技术手段的央行数字货币模型。以国际清算银行和香港金融管理局合作研发的数字货币模型 Aurum 为例,其设计主要遵循安全性、灵活性、匿名性三大原则。安全性体现在系统对超额发行、重复发行、重复兑换的预防,以及用户对央行数字货币的所有权不受发行银行运营状态的影响。灵活性体现在 Aurum 系统可以兼容不同类型的央行数字货币模型,并且批发端同业银行系统与零售端电子钱包系统相互分隔。匿名性体现在用户使用加密身份进行央行数字货币交易。③

三、主要经济体央行数字货币项目进展

央行数字货币课题的重要性不言而喻,各国央行纷纷开展相关研究。鉴于近年来现金使用率的大幅下滑、移动支付技术的普及,以及疫情期间无接触支付的重要性,央行数字货币的零售功能受到更广泛的关注。自 2015 年起,多国央行就已开启关于分布式账本技术应用于央行数字货币的可行性研究。2016 年,加拿大银行与新加坡金融管理局分别开启了代号为 Jasper 和 Ubin 的项目,以探索区块链及分布式账本技术在结算支付系统中的应用。上述两个项目均与私人部门合作,历经多个阶段,并进一步发展为加拿大银行与英格兰银行以及新加坡金融管理局的合作。2020 年美联储与麻省理工学院宣布共同开发测试可用于发行央行电子货币的技术平台。数家央行共同研究批发型央行数字货币在解决跨境支付结算面临的挑战中可以扮演的角色。不同合作项目中,日本央行与欧洲央行共同推进的 Stella 项目、香港金融管理局与泰国央行合作推进的

---

① 中国人民银行数字人民币研发工作组,《中国数字人民币的研发进展白皮书》,2021 年。
② Auer R,Boehme R. The Technology of Retail Central Bank Digital Currency [J]. BIS Quarterly Review,2020:85 – 100.
③ BIS Innovation Hub and Hong Kong Monetary Authority. Project Aurum:A Prototype for Two-tier Central Bank Digital Currency (CBDC) [R]. 2022.

Inthanon-LionRock 项目，均关注研究分布式账本技术如何提升大额跨境支付的效率及安全性。深圳市罗湖区于 2023 年 2 月 11 日启动的与香港以零售为重点的"数字人民币跨境消费嘉年华"，被视为央行数字货币跨境支付的创新实践。

央行数字货币的发展动态日新月异，多国央行推进数字货币项目试点和实践。瑞典央行率先宣布开展针对零售型 CBDC 的相关研究，聚焦发行央行数字货币 e-krona 对瑞典经济可能产生的影响，测试支持 e-krona 支付的技术方案及其可持续性，并且探索发行 e-krona 所需的法律框架。2023 年 4 月，瑞典央行发布了 e-krona 试点项目第三阶段报告。欧洲央行研究探索央行数字货币在保持支付匿名性的同时确保监管有效性及交易合法性的方法。[①] 2020 年 10 月，巴哈马央行通过授权金融机构发行 Sand Dollar，公民可以通过手机应用或实体卡使用。2021 年 3 月，东加勒比中央银行推出了 DCash，由授权金融机构发行并应用于消费者与商户间以及 P2P 交易。[②] 日本央行决定在 2023 年 4 月启动数字日元下一阶段的试点计划；俄罗斯央行宣布将从同年 4 月 1 日开始推出数字卢布消费者试点。此外，乌克兰、乌拉圭、厄瓜多尔等国家均开展了央行数字货币试点项目。

早在 2014 年，中国人民银行数字货币研究所成立，聚焦研究数字货币发行框架、关键技术、发行流通环境等问题。2017 年末，中国人民银行组织部分商业银行和有关机构共同研发数字人民币体系（Digital Currency Electronic Payment，DC/EP）。2019 年底起，数字人民币相继在深圳、苏州、雄安新区、成都以及 2022 年冬奥会场景启动试点测试。截至 2022 年 8 月 31 日，15 个省（市）的数字人民币试点地区累计交易 3.6 亿笔，金额高达 1 000.4 亿元，支持数字人民币的商户门店数量超过 560 万个。[③] 中国人民银行经综合评估确定的 10 家数字人民币指定运营机构，包括国有六大行，以及招商、兴业、微众、网商银行。当前，数字人民币试点范围已扩大至 17 个省（市）的 26 个地区，深入不同领域和应用场景，并在江苏、广东深圳、浙江义乌等多个试点地区推

---

① European Central Bank. Exploring Anonymity in Central Bank Digital Currencies [R]. 2019.
② Auer R, Frost J, Gambacorta L, et al.. Central Bank Digital Currencies: Motives, Economic Implications and the Research Frontier [J]. Annual Review of Economics, 2022, 14, submitted. DOI: https://doi.org/10.1146/annurev-economics-051420-020324.
③ http://finance.people.com.cn/n1/2022/1012/c1004-32543995.html.

出具体方案。2023年5月起，常熟市在编公务员、事业人员、各级国资单位人员实行工资全额以数字人民币发放。

然而，各国对央行数字货币所持观点及其推进央行数字货币项目的意愿和进度存在显著差异。一方面，2015年起，加拿大、荷兰、新加坡和英国等国央行针对分布式账本技术进行内部试验，然而主流结论是该技术的成熟度还不足以支持央行数字货币支付系统的搭建。加拿大央行和英格兰银行认为目前没有发行央行数字货币的需求，未来是否需要发行央行数字货币也未可知。① 另一方面，央行对央行数字货币给货币和金融系统可能带来的影响仍然不太清楚。尽管瑞典对零售型央行数字货币进行了大量研究，但目前也暂未决定是否要正式发行e-krona。② 欧洲央行指出，央行数字货币的发行不应对市场导向的私人部门开发的零售支付解决方案产生打击或挤出效应。③

值得一提的是，在新冠疫情暴发后，各国央行对央行数字货币的看法总体趋向正面，态度更加积极。截至2023年1月，全球已有4个经济体正式发行了零售型央行数字货币，34个经济体开展了央行数字货币试点工作。在可见的未来，央行数字货币将持续获得央行及公众的关注，并且相当一部分国家将进一步加快央行数字货币的发行及推广。

四、央行与公众态度对推进央行数字货币的影响

在众多央行积极推进央行数字货币的背景下，其成功与否在一定程度上取决于央行和公众对央行数字货币的态度、看法及其对相关政策的影响。国际清算银行和七家央行在2023年5月发布的报告④中明确指出，央行数字货币项目的进度需要认真规划并广泛地与不同利益相关者（包括私营部门和立法者）接触沟通；为成功实现其公共政策目标，央行数字货币生态系统应允许广泛的私人和公共利益相关者参与，并在此过程中提供有利于最终用户的服务。公众

---

① https：//www.bankofcanada.ca/research/digital-currencies-and-fintech/projects/central-bank-digital-currency/.

② https：//www.riksbank.se/en-gb/payments-cash/e-krona/.

③ European Central Bank. Exploring Anonymity in Central Bank Digital Currencies［R］.2019.

④ Bank of Canada, European Central Bank, Bank of Japan, Sveriges Riksbank, Swiss National Bank, Bank of England, Board of Governors Federal Reserve System, Bank for International Settlements［R］. Central Bank Digital Currencies：Ongoing Policy Perspectives, 2023.

的态度对推进央行数字货币有重要影响。国际清算银行的研究①②③④⑤⑥对各国央行进行问卷调查，聚焦央行对推进央行数字货币的动机、进度以及主要关注点。部分欧洲国家央行对本国公众关于央行数字货币的观点进行的调研⑦⑧显示，民众主要关心数字欧元的隐私、安全、可用性、成本等方面，而关于央行是否能够正确引导公众舆论、顾及公众忧虑，从而有效推进央行数字货币项目的相关研究还比较缺失。

除此之外，如何解释各国开展央行数字货币项目进度的差异，以及央行数字货币项目对金融市场和实体经济可能产生哪些影响值得深入研究。具体来讲，为何某些国家央行在数字货币相关项目上的推进较快，而有些国家央行的态度却偏向消极？奥尔等人（2020）⑨研究分析发现，在国家层面，央行数字货币的推进程度与数字基础设施、创新能力、制度特征、金融发展、普惠金融、央行数字货币公众关注度、跨境支付等因素高度相关。理论研究方面，有学者（2021）⑩从货币竞争视角分析各国推进央行数字货币的动机。该研究的模型显示技术先驱优势、美元化以及加密资产价格的增长对央行数字货币均有

---

① Löber, K., & Houben, A. Committee on Payments and Market Infrastructures Markets Committee [J]. Bank for International Settlements: Basel, Switzerland, 2018.
② Barontini, C., & Holden, H. Proceeding with Caution-A Survey on Central Bank Digital Currency [J]. BIS Paper, 2019: 101.
③ Boar, C., Holden, H., & Wadsworth, A. Impending Arrival-A Sequel to the Survey on Central Bank Digital Currency [J]. BIS Paper, 2020: 107.
④ Boar, C., & Wehrli, A. Ready, Steady, Go? -Results of the Third BIS Survey on Central Bank Digital Currency [J]. BIS Papers, 2021.
⑤ Kosse, A., & Mattei, I. Gaining Momentum-Results of the 2021 BIS Survey on Central Bank Digital Currencies [J]. BIS Papers, 2022.
⑥ Chen, S., Goel, T., Qiu, H., & Shim, I. CBDCs in Emerging Market Economies [J]. BIS Papers, 2022.
⑦ ECB. Eurosystem Report on the Public Consultation on a Digital Euro [R]. 2021.
⑧ Bundesbank, D. What do Households in Germany Think about the Digital Euro? First Results from Surveys and Interviews [J]. Monthly Report, 2021 (10): 65–84.
⑨ Auer, R., Cornelli, G., & Frost, J. Rise of the Central Bank Digital Currencies: Drivers, Approaches and Technologies [J]. BIS Papers, 2020.
⑩ Cong, L. W., & Mayer, S. The Coming Battle of Digital Currencies, 2021. Available at SSRN 4063878.

推动作用。与本研究最接近的布隆等人（2022）[①] 的研究发现，数字欧元新闻事件对欧元区银行股价及贷款量产生影响，体现出当央行数字货币在货币体系中扮演愈发重要的角色时，其对经济和金融系统的潜在影响意义深远，值得深入研究。

有学者[②]通过构建公众和央行对央行数字货币看法的指标来衡量央行和公众媒体对央行数字货币的态度。该研究着重探讨公众与央行对待央行数字货币态度间的差异在解释各国央行数字货币项目推进程度的不同上所扮演的重要角色，并检验了各国对央行数字货币的看法是否对相关资产价格带来影响。通过基于自然语言处理技术（NLP）的实证分析，包括通过情绪分析（sentiment analysis）刻画央行和公众对央行数字货币的态度、通过主题建模（topic modelling）构建主题曝光度（topic exposure）指标，并且运用事件分析（event study）以及有序probit回归（ordered probit regression）等方法研究央行和公众对央行数字货币态度间的相互影响及对央行数字货币的态度对于市场和相关项目进度的作用。研究聚焦全球19个主要经济体在2016年1月至2022年6月之间发布的央行数字货币相关的媒体新闻及央行出版物。媒体新闻包含道琼斯Factiva中以英语和当地母语搜索的13 114篇央行数字货币相关文章；央行出版物包括各经济体央行官方网站发布的1 251份演讲、新闻及其他出版物。

该分析发现，央行数字货币相关新闻数量和中央银行出版物数量高度关联。此外，央行数字货币相关新闻和央行出版物的数量与比特币价格高度关联，且央行数字货币新闻数量的变化往往领先于比特币价格的变化。分国家来看，中国关于央行数字货币的相关新闻发布最多，欧元区其次，而欧洲中央银行发行的央行数字货币相关出版物最多。尽管欧元区尚未决定是否正式推行数字欧元，但是央行数字货币已经成为欧元区高度关注的热门话题。

央行与公众对央行数字货币的态度存在一定差异。第一，央行对央行数字货币的态度总体上相较公众媒体更加积极，尤其是新冠疫情后，央行和媒体对于央行数字货币的态度明显趋好。央行对数字货币的态度自2018年中起整体呈上升趋势，而媒体的态度转变相对较晚，自2019年下半年起呈上升趋势。

[①] Burlon, L., Montes-Galdon, C., Muñoz, M., & Smets, F. The Optimal Quantity of CBDC in a Bank-based Economy, 2022.

[②] Hofmann, Tang and Zhu. Central Bank and Media Views on CBDC: Do They Differ and Does It Matter? Forthcoming BIS Working Paper, 2023.

第二，央行和公众媒体对央行数字货币的态度与加密资产价格的相关度较高，例如在 2019 年中脸书（现改名为 Meta）发布 Libra 信息后，央行及公众媒体对央行数字货币的态度趋冷的同时，各经济体的央行对央行数字货币态度的分歧有所上升。第三，新兴经济体对央行数字货币的态度较发达经济体而言更加积极，各国对于批发型央行数字货币的态度较零售型央行数字货币的态度而言更加积极。第四，央行和公众媒体关注点存在差异，央行对金融稳定、货币政策及央行数字货币设计特征等主题的关注度更高，而公众对商业银行、加密货币、先发优势及美元化等主题的关注度更高，二者共同关注的主题包括支付、区块链、金融市场、跨境支付等。第五，央行对支付、商业银行等主题的关注度持续维持在高位，而加密货币、美元化等主题则不太受关注。第六，央行和公众媒体在讨论与央行数字货币相关的不同话题时使用的语调不同。具体而言，公众媒体对除货币政策、金融普惠、效率、美元化、先发优势之外的大多数话题持较央行相对更为消极的看法。公众媒体和央行在不同主题上情绪差异程度大体一致，但在加密货币、金融稳定、隐私等主题上的态度差异较大。

研究通过事件分析进一步发现，各国公众媒体和央行能够相互影响对方对央行数字货币的态度。此外，美国和中国的央行出版物能够正向影响未来一段时间内其他经济体央行出版物对央行数字货币的态度。相较于公众媒体，央行在央行数字货币相关讨论中更能起到主导作用。央行关注的许多数字货币相关主题能够显著增加公众未来对该主题的关注度，反映出央行能够在一定程度上引导公众如何思考央行数字货币相关的问题。另一方面，较央行而言，公众媒体更多的央行数字货币主题曝光度对央行未来的主题曝光度没有显著影响，说明央行在数字货币相关工作上具备一定的自主性，不受舆论引导推动。

值得突出强调的是，央行和公众媒体对央行数字货币的态度影响资产价格。首先，央行数字货币是一个可替代加密资产和数字支付的新概念，央行对数字货币的态度对一些加密资产、银行及金融科技相关公司（支付、区块链相关公司）的市场回报有一定影响，这意味着央行数字货币的发行有可能影响当地数字支付等市场的竞争格局。其次，各国央行和公众对央行数字货币的态度、本国央行与公众之间对央行数字货币主题曝光度的差异能够显著预测未来央行数字货币项目的进度。具体而言，央行和公众媒体对央行数字货币的态度与项目进展呈显著正相关，而央行与公众之间央行数字货币主题曝光度的差异与未来项目进展显著负相关，由此可见央行加强与公众的沟通、寻求意见一致有利于央行数字货币项目的推进及金融市场稳定。

五、走向数字时代的国际货币体系

数字时代金融科技蓬勃发展，全球众多经济体高度重视央行数字货币的研究和推进，而基于不同设计的央行数字货币在各经济体不同的经济金融环境中也会给其货币和金融体系带来不同程度的冲击和变革。能否顺利、成功地推进央行数字货币项目、优化货币和金融体系，将在很大程度上取决于公众的接受和配合程度，而央行和公众对央行数字货币的关注、沟通、理解和相关态度至关重要。

国际货币和金融体系在二战后经历了诸多变迁，而在当前日趋复杂的国际环境下，数字革命也正在助推全球经济走向一个以央行数字货币为基础的全新的国际货币体系，而我们对这个新的国际货币生态系统仍知之甚少。展望未来，在各国根据其基本国情搭建自己的数字货币和金融体系的同时，各国也将开展并深化合作搭建跨境平台，提升数字支付效率和各平台的安全性。在此基础上，央行如何推进以央行数字货币为核心的有效率的货币政策、监管机构如何维护一个稳定的数字金融体系，是未来我们面临的重要挑战。

开放银行
当借款人拥有数据时的信贷市场竞争

何治国　黄京　周纪冬

1. 引言

由于信息技术和数字技术飞速发展,全球向开放数据经济时代迅速演进。用户的数据不再被孤立地局限在单个组织机构中,当数据生成者同意时,这些数据就会进一步向第三方开放。开放银行是一个最初由包括欧盟和英国在内的几国政府发起的倡议,它引领了向开放数据经济的转变。截至 2021 年 10 月,

---

* 何治国,芝加哥大学布斯商学院 Fuji Bank and Heller 金融学讲席教授;黄京,得克萨斯农工大学梅斯商学院助理教授;周纪冬,耶鲁大学管理学院教授。本文编译自 "Open Banking: Credit Market Competition When Borrowers Own the Data",原文发表于 *Journal of Financial Economics*,2022 年 12 月。因本书篇幅所限,省略了附录部分,特向作者和读者致歉,有需要者可向编辑部索取:bijiao@citicpub.com。——编者注

感谢本文编辑 Philipp Schnabl 和一位匿名评审专家,以及 Georgia Kosmopoulou、Robert Marquez、Barry Nalebuff、Marcus Opp、Cecilia Parlatore、Christine Parlour、Ben Polak、Raghu Rajan、Uday Rajan、Michael Sockin、Liyan Yang、Jianxing Wei、Yan Xiong、Haoxiang Zhu,和来自罗汉堂研究院、中国金融科技研究会议、挪威生态经济学学院、国际工业组织年会、芝加哥布斯银行研究讨论会、计量经济学协会、2021 年北美夏季会议、2021 年世界金融论坛、剑桥大学网络替代性金融年会、2021 年国际金融论坛(上海)、欧洲金融 2021 大会、新加坡会计与金融大会、AEA/AFA 2022、2022 年 GSU – RFS 金融科技会议和 2022 年 NBER 夏季研究所的有益讨论。感谢芝加哥大学布斯商学院 John E. Jeuck 基金会的支持。

全球约 80 个国家参与了政府主导的开放银行项目。①重要的是，开放银行业务的核心原则并不局限于用户信息的"用户所有权"。旨在实现"用户对自身信息的控制权"的第二支付服务指令（PSD2），使用户能够通过应用程序编程接口（API）自愿与其他实体共享其财务数据。事实上，PSD2 通过强制欧洲银行采用 API 技术，明确授予客户共享其银行数据的权力，从而取消了金融机构"守门人"的角色。②美国监管机构采取了更加自由放任的方式，包括银行和信贷机构在内的大型机构纷纷为其客户开发创新性的开放银行服务产品。例如，FICO、Experian 和 Finicity 在 2019 年联合推出了一项名为"UltraFICO"的试点项目，借款人可以在只能大体反映个人借贷历史的传统 FICO 得分基础上，选择是否向贷款机构进一步共享他们的银行信息。③随着全球讨论的增加，业界和政策制定者预计，如《福布斯》杂志所说的那样，"具有颠覆性、全球性且以惊人速度增长"的开放银行④将代表未来十年银行业的变革趋势。

借款人信息的共享，特别是其银行账户数据共享，对于专门向小企业和消费者放贷的金融科技企业（例如美国的 Lending Club、英国的 MarketPlace）而言非常重要。Pheabs 公司的丹·克特尔（Dan Kettle）⑤ 指出：

---

① Babina, T., Buchak, G., Gornall, W., Customer Data Access and Fifintech Entry: Early Evidence from Open Banking. Working Paper, 2022.

② 具体而言，PSD2 要求欧洲银行通过 API 技术，允许合格的第三方自动访问客户交易账户，包括零售客户和企业客户。API 允许用户同步、链接和连接数据库；在银行系统中，它们将银行的数据库（客户信息）与不同的应用程序连接起来，从而形成一个网络，鼓励推广个性化服务、支付和产品。更多相关讨论，请参见附录 B 和 Babina et al. （2022）。

③ 传统银行使用信用报告作为确定谁获得贷款的主要工具，只给客户提供现金或借记卡服务；本文第 2.3 节中提供了更多相关讨论。事实上，为了促进信用档案"较少"的借款人的财务包容性，Equifax 已经收购了 AccountScore，以提高其消费者和商业产品的供应，将传统信用局信息与 AccountScore 提供的银行交易数据相结合；参见 https://bit.ly/3Gj3e9W。

④ Deloitte Insight 于 2019 年 4 月进行了一项关于开放银行的调查，对开放银行的描述如下："假设你想使用由银行以外的组织提供的金融产品。这个产品可以是任何你觉得对你有帮助的东西，比如让你了解财务状况的应用程序，包括开支、储蓄和投资，也可能是抵押贷款或信用额度。但为了使这个产品对你完全有用，它需要来自你的银行的信息，例如现金流信息、账户信息、消费信息、收支信息、利息信息等。然后，你可以指示银行与其他机构或应用程序共享此信息。如果你希望停止使用此类产品，你可以要求你的银行在任何给定的时间停止共享你的数据，而无须任何附加条件。这个概念被称为开放银行。"参见 Srinivas et al. （2019）at https://bit.ly/3mIdm2N。

⑤ https://www.accountancyage.com/2021/02/22/open-banking-is-revolutionary-but-will-it-take-off/.

> 开放银行……在承销贷款方面具有革命性意义。以前，我们需要运行数百个自动规则和决策来确定优质客户，（但是）这些永远无法完全验证……而通过开放银行，我们现在可以准确地看到客户过去的银行交易……尤其是客户如果有重复赌博或申请其他高成本贷款的历史，（那么）我们会对这类客户更加谨慎，也许会降低其贷款成功率或收取更高的利率。

让借款人决定是否与第三方开放数据，特别是那些相互竞争的金融科技贷款机构和其他小企业贷款机构（比如金融公司），对信贷市场竞争和福利具有重要影响。尽管信息技术的作用在银行业相关文献中已被广泛研究，但本文着重强调了在开放银行体系下，借款人可以通过选择是否分享个人数据来控制贷款人对其信息的获得，这与贷款人需要主动获得借款人信用报告的传统金融实践截然不同。

本文第 2 节的模型在布勒克尔等人（Broecker，1990；Hauswald and Marquez，2003）的研究基础上，分析了传统银行和金融科技贷款机构之间的竞争。金融科技贷款机构在放贷前会进行独立的信用测试，每个借款人会得到各自或高或低的信用质量（也伴随噪声信号）。与共同价值拍卖类似，此类市场的一个重要特征是"赢家诅咒"（即赢得一个借款人意味着竞争对手有可能观察到了借款人的不利信号）。正如第 3 节显示的那样，在均衡状态下，具有较强筛选能力的贷款机构面临较轻的赢家诅咒并获得正利润；而其他具有较弱筛选能力的贷款机构盈利为零（平均），有时他们即使看到良好信用质量的信号也会拒绝提供贷款。这一均衡的一个有趣特征是，当较强的贷款机构具有更高的信号筛选能力，因而加大了不同贷款机构之间的筛选能力差距时，较弱的贷款机构就会面临更严重的赢家诅咒，更不可能提供贷款。这赋予较强的贷款机构更多的垄断势力，削弱了竞争，并提高了贷款利率。

第 4 节使用了这一基础信用市场竞争框架来研究开放银行的影响。传统银行从其拥有的大量客户数据（来自交易账户、直接存款活动等）中获得了巨大优势。金融科技贷款机构通常只拥有有限的数据（多半仅限于借款人的社交媒体活动等在线足迹），但具有算法技术优势，尽管在数据有限的情况下，更优的算法并不能产生更多有用信息。因此在不包含开放银行的基准情形中，我们假设银行比金融科技贷款机构有更强的筛选能力（我们将筛选能力定义为数据可得性和数据分析技术的共同结果)。

开放银行通过允许借款人分享他们的银行信息,极大地增强了金融科技贷款人作为一个"挑战者"的竞争力。一旦金融科技贷款机构拥有了获得借款人银行信息的权限,我们就可假设其筛选能力得到了提高。由于金融科技贷款机构有更先进的数据分析算法,甚至可以在筛选借款人的领域超越银行,这在金融科技贷款机构拥有一些独立的数据源时尤其明显。越来越多的文献支持如下假定:主要依赖数字足迹和社交网络活动等替代数据的金融科技企业,借助复杂的专有算法,有能力服务于那些"隐形优质客户"(invisible prime)。[①] 另一方面,布莱克(Black,1975)提出的"支票账户假说"也指出支票账户交易记录包含了重要的信用信息。因此,一旦开放银行真正实施,那些在没有交易数据的情况下就已经有能力与传统银行竞争的主要金融科技贷款机构,就有可能完全超越传统银行。

开放银行实施后,金融科技贷款人信息筛选能力的提高有两方面影响:一是标准的"信息效应",这对高信用质量的借款人有利,但伤害了低信用借款人;二是影响贷款竞争程度的"策略效应"。开放银行实施后,策略效应既有可能增强也有可能削弱竞争:如上文提到的那样,如果两个贷款人之间筛选能力的差距变大(缩小),贷款竞争将会减弱(增强)。如果开放银行缩小或仅略微扩大了筛选能力差距,则至少对高信用质量的借款人有利;如果开放银行进一步扩大了筛选能力差距(换言之,如果开放银行过度授权金融科技企业),金融科技企业将享有比以前更大的垄断权。在这种情况下,策略效应占主导地位,开放银行将损害高信用和低信用这两种类型的借款人利益,但增加行业利润;尤其是,甚至从信息效应中受益的高信用借款人也要支付更高的利率。鉴于开放银行旨在促进竞争和造福借款人这一特征,我们需要强调数据共享可能会因为过度增强金融科技企业的竞争力而带来适得其反的效果。

然而,开放银行的天然本性,即借款人决定是否选择分享他们的银行数据,能否避免这种对借款人可能产生的不利影响?毕竟,借款人不应该做出违反自身利益的事。为了研究这一问题,我们转而考虑用户自愿选择是否注册开放银行时的情形。为了丰富经济分析,我们进一步假设一部分借款人注重隐

[①] Cornelli et al.(2022)讨论了利用 Funding Circle and Lending Club 的数据发放贷款的小企业贷款市场,DiMaggio et al.(2021)讨论了利用 Upstart 的数据发放贷款的消费贷款市场。

私，因而无论他们的信用质量如何，都不会注册开放银行服务。经济分析表明，虽然自愿注册确实在一定程度上保护了借款人，但它并没有完全消除不良影响发生的可能性。当金融科技企业在数据共享后变得相比银行足够强大时，在唯一的非平凡均衡（nontrivial equilibrium）中，不注重隐私的高信用借款人选择加入，而一些低信用借款人选择退出，所有借款人的情况都比开放银行之前严格更差。因为注册开放银行的借款人由于贷款机构筛选能力不对称扩大导致的竞争减弱而受损，而没有注册的借款人则由于"选择退出表示其信用质量差"的不利均衡推断而受损。[1]研究还发现，那些因注重隐私而永不注册开放银行的借款人的福利总是变得更差，这反映了自愿选择共享数据情形下不注重隐私的借款人会带来负外部性。因此，我们的理论表明，尽管如果开放银行有助于为所有贷方提供公平的竞争环境，就会促进竞争，但它仍有可能带来损害所有借款人的不利影响，即便在借款人自愿注册的前提下也是如此。我们的研究表明，开放银行能否促进竞争，受所有贷款机构在筛选借款人时的竞争环境是否公平、是否为自愿注册模式的影响。在实践中，银行目前仍拥有丰富的交易数据，它们通常认为开放这些数据是一种威胁而非机遇。考虑到那些已经建立了宝贵的数字用户关系并拥有更好的数据分析技术的金融科技挑战者，这一点尤为正确。正是在这种情况下，我们的模型预测，开放银行的不利影响更有可能出现。其次，对选择退出开放银行的客户做出的逆向信用质量推断（这是由于高信用借款人更有动力与贷款机构共享其信用数据）是造成不利影响的另一个因素。

第5节讨论了一些拓展内容以及从本文的主要洞见中得到的启示。首先，借款人对金融科技贷款的偏向性（即部分借款人强烈偏好金融科技贷款机构的可能性）往往使开放银行的不利影响更有可能发生：借款人的偏向性通过赋予金融科技企业一部分本地市场势力，进一步增强了金融科技贷款机构通过开放银行而提高的筛选能力，从而更加削弱了贷款竞争。其次，如果通过开放

---

[1] 从不注册开放银行中得出的负面推论类似于逆向选择情形中常见的自动揭示（unraveling argument）（如 Milgrom, 1981），这一点得到了一篇与开放银行相关的最新论文的实证支持（Nam, 2022）。尤其是，Lizzeri（1999）表明，信息中介的存在会导致相关的不利影响。在他的模型中，如果行为人不购买中介机构的认证，他就会被视为低信用的一类人，因此，信息中介可以攫取全部剩余，这使所有行为人的福利都劣于信息中介不存在时。这种剩余攫取方式在贷款机构相互竞争的我们的模型中并不存在。在我们的模型中不利影响需要一个元素（component），即贷款机构之间筛选能力差距的扩大削弱了竞争。

银行的数据共享揭示了借款人对金融科技贷款机构的偏好（而不是信用质量的信息），也可能产生不利影响。总的来说，这两方面的拓展内容有助于说明给定内生信用质量推断下的不利影响具有普遍性。

然而，我们同样指出，如果信贷市场中存在多个金融科技贷款机构，只有当它们的筛选能力足够不对称时，不利影响才会持续存在（例如，当一家金融科技贷款机构是大型科技公司，而其他一些公司是小型初创企业）。相比之下，如果这些金融科技贷款机构足够相似，那么不利影响将会消失，开放银行将至少使一部分借款人受益。从长远看，随着其他占主导地位的大型科技贷款机构可能进入市场，或随着传统银行部门通过投资或收购其他企业逐渐追赶，这种不利影响也可能消失。最后，本文讨论了对开放银行的自由放任的方式，此时银行被允许将客户数据出售给金融科技企业。在这里，我们认为，当银行愿意出售它拥有的数据时，数据共享的不利影响最有可能发生。

总之，通过典型经济框架下的规范性分析，本文讨论了在知情同意情况下开放银行的福利效应。尽管随开放银行而来的对银行业的扰动可能会给作为挑战者的金融科技企业与客户带来巨大利益，但我们的研究同样警示了潜在的不利影响，并呼吁学者们进一步展开研究，以更好地理解开放数据经济中"共享"的影响。

1.1 相关文献

信息不对称的借贷市场竞争。本文基于布勒克尔（1990）对筛选测试下的借贷市场竞争的研究。在布勒克尔（1990）的研究中，贷款人是对称的，且拥有相同的筛选能力，而本文及豪斯沃尔德和马奎斯（Hauswald and Marquez, 2003）的研究都考虑了具有不同筛选能力的非对称贷款机构。① 豪斯沃尔德和马奎斯（2003）考虑了可以进行信贷筛选的内部银行和无法进行筛选的外部银行之间的竞争。他们研究了信息溢出到外部银行的可能性，这种可能性降低了内部银行的信息优势，使借款人受益。除了较弱的贷款人可以在开户后的筛选中超过较强的贷款人，本文与豪斯沃尔德和马奎斯（2003）的研究有一个关键方面的不同：在我们的情境中，借款人可以通过选择是否分享其

---

① 具有不对称筛选能力的贷款市场竞争与具有不对称知情竞标者的共同价值拍卖有关。Hausch（1987）、Kagel and Levin（1999）、Banerjee（2005）探讨了允许每个竞标者拥有某些私人信息的信息结构［这也是 Broecker（1990）和本文采用的信息结构］。

银行交易数据，控制相互竞争的贷款人之间的信息流。这一分享决定本身可以潜在地进一步揭示其信用价值的信息，这种逆向选择是不利影响产生的重要来源之一。

由于银行比新竞争对手更了解现有客户，信贷市场的不对称竞争也可能来自银行-客户关系，这一观点由夏普（Sharpe，1990）提出。① 在我们的模型中，出于完全相同的理由，引入开放银行之前也存在信息不对称：传统银行拥有金融科技企业无法获得的客户数据，因此即使金融科技企业有更好的数据处理算法，它们对借款人的筛选也可能不太准确。

本文也与银行间信用信息共享方向的文献相关，例如帕加诺和亚佩利（Pagano and Jappelli，1993）、布卡尔特和德格里斯（Bouckaert and Degryse，2006）。② 更一般地讲，不对称信息下的借贷市场竞争对研究许多问题都很重要，比如资本要求（如 Thakor，1996）、借款人对提高项目质量的激励（如 Rajan，1992）、信息发散和关系建立（如 Marquez，2002），以及信贷分配（如 Dell'Ariccia and Marquez，2004，2006）。

开放银行对银行业竞争有深远影响，戈德斯坦等人（Goldstein et al.，2022）近期的一篇论文指出，一旦现有银行的借款人数据对作为挑战者的银行"开放"，会带来银行负债方（存款）的内生反应。在该文中，利用短期资金支持长期贷款的期限转换具有重要作用，开放银行会降低信贷分配效率，最后导致降低总福利。相比之下，我们的研究集中在银行的资产方。而我们的政策关注的是客户保护和借款人剩余。

---

① 在 Sharpe（1990）分析的两时期模型中，不对称竞争出现在第二个时期［Von Thadden（2004）对混合策略均衡的校正分析］。最近，Yannelis and Zhang（2021）证明，贷款机构竞争的增强会导致这些机构更少收集信息，从而损害次级贷款市场上的消费者福利，类似于本文讨论的开放银行的不利影响。贷款机构的内生信息获取在他们的论文中有着重要作用，而我们的研究关注借款人共享其数据导致的均衡推断。

② 这两篇论文与我们的论文在关注点上有所不同。Pagano and Jappelli（1993）研究了银行间信息共享的集体决策（例如，设立征信局），此时每个银行都像某个局部市场中的垄断者那样行事。银行可能知道本地借款人（residential borrowers）的类型，并根据借款人类型发放贷款，但是它并不知道来自其他市场的借款人的类型，因此不得不对这些借款人收取统一的利率。一旦客户信息被共享，每家银行都可以区分不同类型的迁移借款人（immigrant borrower）。Bouckaert and Degryse（2006）研究了银行各自共享客户信息的激励。他们认为，在位银行有策略性激励共享部分客户信息，以减少新竞争者的进入。在本文中，银行向金融科技企业共享客户数据是由开放银行的监管推动的，而且重要的是，受到客户本身的控制。

金融科技企业。我们的论文与越来越多的关于金融科技企业对市场扰动的文献相关［可参见如 Vives（2019）、Berg et al.（2021）对银行业中的数字扰动的评论］，尤其是关于金融科技企业与传统银行在发放贷款（originating loans）方面进行竞争的文献（实证证据见 Buchak et al.，2018；Fuster et al.，2019；Tang，2019；Gopal and Schnabl，2022；Liu et al.，2022）。① 伯格等人（Berg et al.，2020）的研究发现，即使是简单的数字足迹也能为预测消费者违约提供有效信息，补充传统信用局评分的信息。② 巴比纳等人（Babina et al.，2022）搭建了一个近期由世界各国政府主导的倡议开放银行方面的创新性数据集，并展示了这些监管举措显著促进了与金融科技创新相关的大量风险资本投资。③ 纳姆（Nam，2022）基于一家涉及消费者信用的德国金融科技贷款机构，研究了借款人数据共享决策，为我们的理论工作提供了实证支持。

在理论研究的前沿中，帕劳等人（Parlour et al.，2022）研究了专门从事支付服务并与同时从事支付与信贷服务的垄断银行在支付服务与信贷市场上竞争的金融科技企业，这与我们的工作紧密相连。他们强调客户的支付服务提供了信用质量方面的信息，因此金融科技企业在支付服务市场上的竞争影响了传统银行内部的自然信息溢出。相比而言，我们的模型强调了贷款机构竞争的影响，特别是当借款人的交易信息可以不同程度地改进两个贷款机构的筛选技术时（由于其数据分析算法不同）。

消费者隐私。本文也为新兴的消费者隐私方向的文献做出了贡献（近期的研究可参见 Acquisti et al.，2016；Bergemann and Bonatti，2019；Aridor et al.，2020）。④ 阿里多尔等人（Aridor et al.，2020）提供了关于客户均衡"推断"的证据：允许注重隐私的消费者选择退出《通用数据保护条例》（GDPR）下

---

① 在今天的金融业中，区块链及其背后的分布式账本技术是一支重要的扰动力量，自比特币发布以来，受到了极大的关注。
② DiMaggio and Yao（2020）说明了某些借款人希望从金融科技企业举借消费贷款，这会恶化他们对过度借款的自我控制问题。这一点与本文第 5.1 节对金融科技偏向性（fintech affinity）的解释是一致的。
③ Babina et al.（2022）还为研究本文没有强调的开放银行的另一些影响提供了框架。这些影响包括开放银行对金融科技企业进入的影响（参见本文第 4 节的相关讨论）、对传统银行收集借款人数据的激励所产生的影响（参见本文第 5 节的相关讨论）。
④ 最近的研究（如 Ichihashi，2020；Liu et al.，2020；Jones and Tonetti，2020）表明，消费者隐私选择的市场均衡结果与情景高度相关。

的数据共享会增加剩余消费者对广告商的平均价值。

2. 基准模型

这一节引入了信贷市场竞争与开放银行的主模型。出于简便性考虑，我们在附录 A.1 的表 A.1 中列举了所有本文中使用过的记号。我们将模型总结为示意图，如图 1 所示。

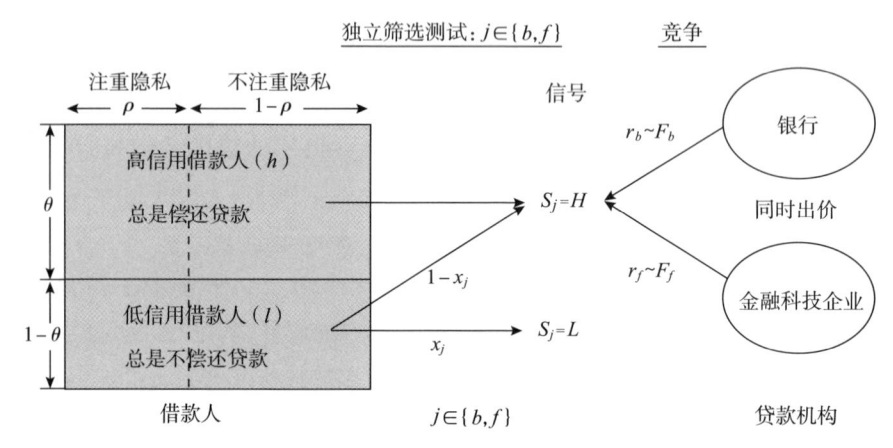

图 1 信贷市场竞争和开放银行的理论模型

开放银行之前：$x_f < x_b$
开放银行之后，基于注册的借款人：$x'_f > x_b$

2.1 借款人

市场上有一群连续的风险中性借款人，表示为 1，每个借款人寻求 1 单位的贷款。借款人有不同程度的违约风险，其中高信用借款人（h）的占比为 $\theta \in (0, 1)$，简单起见，假设他们总是偿还贷款；其余 $(1-\theta)$ 比例的借款人是低信用借款人（l），假设他们总是违约不偿还任何贷款。所有借款人的信用（高或低）类型属于私人信息，但类型分布是公开的。

令 $\tau \equiv \dfrac{\theta}{1-\theta}$ 表示高信用借款人与低信用借款人的似然比例，这也代表借款人的平均信用质量（体现在贷款机构可获得的所有公开信息中，例如信用评分）。

我们假定市场中的利率从不高于 $\bar{r}$。这一假设至少有两个解释。借款人可以是小型商业企业，每一个企业都有一个投资项目，但项目成功的概率不同。

如果项目成功，它可以带来净收益 r，这是可观察且可签约的；如果项目失败，则一无所得。受有限债务的保护，借款人支付的利率绝不会高于 $\bar{r}$。或者，借款人也可以是普通消费者，他们需要一笔贷款购买某种产品，但是他们偿还贷款的概率是不同的（例如，一个消费者如果失业，他就有可能拖欠贷款，而消费者面临不同的失业风险）。在这种情况下，因为利率监管或者某些外生的外部选择，利率上限被设定为 $\bar{r}$（例如，在许多司法辖区，高利贷法律都设置了利率上限）。① 我们还假定消费产品带来的效用高到足以使借款人愿意按利率 $\bar{r}$ 借款。②

2.2 贷款机构及其筛选能力

市场上有两个风险中性的竞争贷款机构：一个传统银行（记为 b）和一家金融科技贷款机构（记为 f）（我们将在第 5.3 节中讨论不止一家金融科技贷款机构的情形），当借款人申请借款时，每个贷款方都会对借款人进行信用测试。沿用布勒克尔（1990）及后续文献，我们假设用于产生借款人信用质量的信用测试成本为 0，并产生一个借款人类型的独立的私人信号。③ 令 $S_j \in \{H, L\}$ 表示贷款机构 j 接收到的信号，其中 $j \in \{b, f\}$。为便于分析，假设每个贷款机构都能够观察到高信用借款人的质量信号 H，但在观察低信用借款人时，存在噪声，于是有：

$$\mathbb{P}(S_j = L \mid l) = x_j, \ \mathbb{P}(S_j = H \mid l) = 1 - x_j$$

其中 x_j 表示贷款机构 j 的筛选能力。请注意，我们采用了坏消息信号结构（bad-news signal structure），也就是说，一个坏或低信用信号充分揭示了借款

---

① 高利贷法律禁止贷款人向借款人收取过高的贷款利率。在美国，许多州都对贷款人的小额美元贷款规定了利率上限，例如发薪日贷款或汽车贷款。详细情况可参见 https://bit.ly/3mhJn2b。

② 在这种情形下，对于一个类型为 $i \in \{h, l\}$ 的借款人，消费产品带来的效用表示为 $u_i > 0$。低信用借款人当然愿意借款，因为他们绝不会偿还贷款。我们假定 $u_h - (1 + \bar{r}) \geq 0$，因此高信用消费者愿意按利率借款。可参见第 2.2 节末尾的相关讨论。

③ 有两点值得指出：第一，如前面脚注提到的，在贷款前，大多数金融科技贷款机构采用了基于自动算法的筛选，而传统银行则采用常规的筛选程序。在我们的经济分析中，这两种做法使筛选测试就像无成本的。第二，DiMaggio et al.（2021）指出，Upstart（一家金融科技贷款机构）和银行的监管模式产生了不同的筛选结果，这是由金融科技贷款机构的算法及其另类数据驱动的。

人是低信用类型的,而好或高信用信号则不一定。① 假定两个贷款机构的筛选能力 x_b 和 x_f 是完全公开的,在下一小节中我们将说明哪个贷款机构有较高的筛选能力。

在获得私人信号后,贷款机构会更新其对借款人信用质量类型的信念,同时给出贷款利率 $r_j \in \{0, \bar{r}\}$(如果有贷款利率),其目标为利润最大化。借款人选择较低的利率报价。② 为了简便起见,分析中假设两个贷款机构具有相同的融资成本 $(1+k)$,并进一步将 k 标准化为 0。③ 那么,当贷款机构 j 估计借款人(利率为 r)的还款率为 μ 时,其(预期)利润为 $\mu(1+r)-1$。

在我们采用坏消息信号结构的情况下,任何贷款人在看到低信用(坏)信号时都不会放贷,因为此时的预期还款率为 $\mu=0$;反之,在看到高信用(好)信号时,贷款机构 j 愿意以尽可能高的利率 $\bar{r}$ 放贷,当且仅当:

$$\tau \bar{r} > 1 - x_j \tag{PC}$$

如我们所见,这一条件确保了贷款机构 j 将在竞争均衡中保持活跃,为简便起见,此后我们将它称为"参与条件"(participation condition, PC)。为了理解这一条件,贷款机构 j 观察到高信用信号的概率是:

$$\theta + (1-\theta)(1-x_j)$$

当观察到一个高信用信号时,标准的贝叶斯规则意味着期望还款率为:

---

① 本文的主要洞见实际上并不依赖于坏消息信号结构,但是当贷款结构的筛选能力不对称时,这一简化有助于可处理和清晰易懂。对一个更一般的信号结构来说(如 Hauswald and Marquez,2003;Hau et al.,2019,以及 Chu and Wei,2021),贷款竞争的均衡特征在各种参数下(包括产生自内生注册决定的参数)都有相同的性质。简单的坏消息信号结构与金融科技贷款机构通过服务于次级借款人促进金融包容性的经验模式相吻合,而这些此前未获得服务的次级借款人平均信用质量较低,表示为低 τ。筛选能力 x_f 较高的金融科技企业可以选出并服务于一些高信用的借款人(独立于银行的筛选)。

② 当两个贷款机构提供相同的利率报价,我们假定有一条公平的平局决胜规则(tie-breaking rule),即每个贷款机构都有相同的概率被借款人选中。但是,这一规则的具体规定并不影响我们的分析:如果两个贷款机构都收取正利率,平局决胜规则将激励每个贷款机构降低利率。这足以支持我们认为不存在纯策略均衡的论点。此外,尽管低信用借款人经常拖欠贷款,但我们仍然假定他们更偏好低利率贷款。如果他们的还款概率略高于零,这一假设就是合理的。

③ 或者,我们可以假设两个贷款机构的融资成本有差异,但这只会使分析复杂化,而不会产生更多重要的新洞见。如果我们引入更广义的融资成本,使之包含监管约束和合规,那么从实践的角度看,我们并不清楚谁有更高的资本成本,因为典型的金融科技贷款机构缺乏存款这种廉价而又稳定的资金来源(Hanson et al.,2015;Dreschsler et al.,2017),但拥有宽松的监管。

$$\mu = \frac{\theta}{\theta + (1-\theta)(1-x_j)} = \frac{\tau}{\tau + 1 - x_j}$$

其中，$\tau = \frac{\theta}{1-\theta}$ 是先验信用质量。因此，在缺乏竞争的情况下，将利率为 r 的一单位贷款发放给有高信用信号的借款人的预期利润为：

$$\mu(1+r) - 1 = \frac{\tau(1+r)}{\tau + 1 - x_j} - 1 = \frac{\tau r - 1 + x_j}{\tau + 1 - x_j}$$

这一参与条件保证了贷款机构 j 愿意以利率 $\bar{r}$ 放贷。直观上看，如果高信用借款人在人群中占比较多（也就是说 τ 较高）或者筛选能力更好，那么这一参与条件就更容易成立。最后，我们假设任何 i 型借款人仅从贷款中获得非货币收益 δ_i，$i \in \{h, l\}$。由于在后续研究中 δ_h 没有用，为简便起见，我们将其标准化为 0。但是，我们令 $\delta_l = \delta > 0$，在小企业贷款的情形中，δ_l 可以解释为企业家从非账面收入中获得的控制权租金（例如，可参见 Tirole，2010），而在消费贷款的情形中，可解释为消费效用。这意味着低信用借款人（在小企业贷款的情形中，是那些从未获得成功的企业）仍然看重获得贷款的可能性，因此，分析低信用借款人的福利是有意义的。针对我们的应用分析，我们假定 δ 是相对较小的①，不过，这一假定用处不大，因为我们的福利分析侧重于没有转移支付时的消费者福利的帕累托改进。

2.3 开放银行与自愿注册

在我们的模型中，主要的创新是引入了借款人自愿注册决定的开放银行（我们在附录 A 和附录 B 中简要概述了开放银行）。

在开放银行出现之前，假设银行通过其传统的信息技术投资从现行银行 - 客户关系中获得丰富的客户数据，因而具备更强的筛选能力（$x_b > x_f$）（He et al., 2022）。开放银行出现后，监管机构要求传统银行促进客户的数据共享（Babina et al., 2022），我们假设金融科技企业的强大筛选能力使其一旦获得借款人的银行数据，便能显著提高筛选能力至 x'_f，重要的是超过了传统银行的筛选能力 x_b（$x'_f > x_b$）。这是因为如我们在引言中所说，金融科技企业通常配备了

---

① 更具体地说，我们的某些福利讨论关注 $0 < \delta < 1$ 的情形，在此情形下，从社会计划者的角度看，低信用借款人不应该得到贷款。更一般地说，本文研究了金融包容性本身并不一定有益于社会的情形。

更先进的技术以利用数据,它还可能有一些其他的客户信息(例如,来自社交媒体的客户信息),这些信息可以补充银行数据。总之,在本文始终假设:

$$x'_f > x_b > x_f \tag{1}$$

正如引言中强调的那样,这反映了信用质量的筛选能力是由数据可得性和数据处理技术或算法共同决定的。

金融科技企业能否获得借款人的银行数据取决于借款人的选择。更具体而言,我们假设每个借款人都有权决定是否注册开放银行并且注册结果可以被两个贷款机构观察到。① 由于借款人深知自己的信用水平,所以他们的注册决定潜在地释放了有关其信用类型的信号。这种从借款人注册决定中推断信用质量的逻辑,将在研究开放银行的福利影响时发挥重要作用。尤其是,由于这一推断方式及其对贷款机构定价策略的影响,事前我们并不知晓自愿注册这一设计是不是消费者保护的良方。

注册开放银行也可能会给借款人带来直接成本:一部分借款人可能是注重隐私的,而且非常担心数据分享的安全问题,他们可能需要了解开放银行是怎样运作的。注册成本在不同借款人之间有所不同。为了以一种简单的方式刻画这种异质性,我们假设比例为 $\rho \in (0,1)$ 的借款人是"注重隐私"的,因此他们面临着高昂的开放银行注册成本,因此永远不会注册;另有 $1-\rho$ 的借款人是"不注重隐私"的,注册开放银行的成本为 0,他们的内生注册决定将是我们的关注点。② 注册开放银行的成本也是借款人的私人信息,为了简化模型,我们假定它与借款人的信用类型无关。

讨论:银行业务数据和信用评分

一些读者可能会好奇来自银行数据的信息是否与来自信用评分的信息在有效性/质量上是相同的。这里我们认为这两种类型的信息可能是完全不同的。首先,如引言所述,信用评分或信用记录不反映银行账户的交易信息,目前主要的数据类别被锁定在现有银行内部,被开放银行视为目标。鉴于传统贷款机构的贷款业务严重依赖信用报告,来自信用评分的信息可以被视为贷款机构之间的共享信息,它决定了在我们的模型中由 τ 衡量的借款人的先验信用质量。从这个意义

---

① 金融科技企业当然可以观察到借款人的注册决定。传统银行也很容易追查借款人的注册决定,因为在实践中,金融科技企业需要利用银行提供的 API 获得客户数据。
② 或者,我们也可以将注册成本为 0 的借款人视为技术达人,他们愿意拥抱现代信息技术。

上说，在我们的模型中，市场应该被视为一部分拥有相似信用评分的借款人。①

其次，或许更为重要的是，根据《公平信用报告法案》（Fair Credit Reporting Act，FCRA），当借款人向贷款机构申请贷款时，需要授权贷款机构获取他们的信用报告②，但贷款机构需要从信用机构"购买"信用报告。因此，这一情况属于已经得到充分研究的贷款人有成本地获取信息的机制，而不是借款人控制其数据的情况。这种比较也适用于引言中提到的 UltraFICO：任何贷款方都可以在借款人申请贷款时提取其 FICO 评分，但 UltraFICO 评分是美国开放银行的一个例子，只有在借款人选择共享其账户信息时才会生成。

3. 信贷市场竞争的初步分析

本小节描述了信贷市场竞争均衡。这一分析是我们在下一节研究开放银行影响的基础。为了使我们的分析对开放银行出现前后的情况都适用，我们考虑一个身份中性的环境，其中存在一个信息筛选能力较强的"强贷款机构"，其筛选能力为 x_s，以及一个筛选能力较弱的"弱贷款机构"，其筛选能力为 $x_w(x_w < x_s)$，两者为了先验信用质量为 τ 的借款人而相互竞争。在我们的模型中，引入开放银行之前，银行是市场中的强贷款机构，但引入开放银行后，当借款人选择共享其银行数据时，金融科技企业成为信贷市场中新的强贷款机构。开放银行可能影响关于借款人信用质量 τ 的信念，因为贷款机构可能根据贷款人注册开放银行的决策而改变其信念。

当两个贷款机构的参与条件都未被满足时，没有贷款行为，信贷市场不活跃；当弱贷款机构的参与条件未被满足时，强贷款机构就表现为垄断者，在筛选到好信号后将收取尽可能高的利率 $\bar{r}$。在本文的其余部分，除非另有说明，我们主要分析两类贷款机构的参与条件都成立的更有趣的情况。

为便于标记，令

$$p_{HH} \equiv \mathbb{P}(S_S = H, S_W = H) = \theta + (1-\theta)(1-x_S)(1-x_W)$$

表示两个贷款机构都观察到来自借款人的好信号的概率；令

---

① 此外，我们的模型也许对没有太高信用评分的细分市场最有意义。了解银行账户信息的额外价值对信用评分非常高的借款人来说可能相当有限，但是对中低信用评分的借款人来说则较为重大。尤其是，许多借款人的信用评分低只是因为他们的信用历史较短（甚至为零），此时，他们的银行账户信息可能在发现他们的真实信用质量中有重要作用。

② Item (15 U.S.C. 1681b), Fair Credit Reporting Act.

$$\mu_{HH} = \frac{\theta}{p_{HH}}$$

表示借款人在该条件下的预期还款概率;类似地,令

$$p_{HL} \equiv \mathbb{P}(S_S = H, S_W = L) = (1-\theta)(1-x_S)x_w$$

表示强贷款机构观察到好信号,但弱贷款机构观察到坏信号的概率。而令

$$p_{LH} \equiv \mathbb{P}(S_S = L, S_W = H) = (1-\theta)x_s(1-x_w)$$

表示相反的事件。在后两种情况下,预期还款都为零。

在我们的模型中,信贷市场竞争颇有共同价值拍卖的味道。贷款机构在两种情况下可以获得一个贷款人:当贷款机构收取的利率低于竞争对手的利率时,或者当竞争对手看到坏信号后拒绝放贷时。在第二种情况下,贷款机构因服务于低信用借款人而遭受"赢家诅咒"。文献中广为人知的一个结论是:由于赢家诅咒,纯策略均衡不存在。①

3.1 混合策略均衡

我们对混合策略均衡的描述是标准描述(类似分析可参见 Broecker,1990;Hauswald and Marqueze,2003)。② 令 m_j,$j \in \{s, w\}$ 为贷款机构 j 在看到好信号时向借款人放贷的概率(我们将看到,在混合策略均衡中,强贷款机构总是在看到好信号后给出利率,即出价,而弱贷款机构有时不会出价)。再令 $F_j(r) \equiv Pr(r_j \leq r)$ 为贷款机构 j 在出价条件下的利率分布。这可表现为两个贷款机构的分布必然共享一个相同的支集(support),其下限为 $\underline{r}$(下文会细化讨论),上限为 $\bar{r}$。

令 π_j 为贷款机构 j 的均衡(预期)利润。在混合策略均衡中,强贷款机构的无差异条件是:

---

① 在纯策略均衡中,不可能出现两个贷款机构在看到好信号后给出不同利率的情形,否则,给出低利率的贷款机构通常会略微提高利率但不会失去贷款需求。如果它们在看到好信号后收取相同的利率 r,那么强贷款机构将获得利润 $0.5 \times p_{HH}[\mu_{HH}(1+r)-1] - p_{HL}$,其中 0.5 是我们此前假定的平局决胜规则,$p_{HL}$ 表示赢家诅咒。不管何时,这一利润都是正的,第一项必定严格为正,在这种情况下,强贷款机构将有压低对手利率的单向激励(从这一论点看,平局决胜规则的具体细节显然并不重要)。

② 常规的做法是证明混合策略均衡表现良好(behave well):两个贷款机构根据共同支集(common support)上的平滑分布随机给出利率,除非其中一个贷款机构也许在最高可能利率上有一个质点。所有这些细节可参见本文的工作论文版(NBER WP28118)。

$$p_{HH}[1-m_w+m_w\overline{F}_w(r)][\mu_{HH}(1+r)-1]-\underbrace{p_{HL}}_{\text{赢家诅咒}}=\pi_s \quad (2)$$

当强贷款机构在看到一个好信号并给出利率 r 时，有两种可能性：第一，如果弱贷款机构也观察到一个好信号（概率为 P_{HH}），那么当弱贷款机构不出价（发生概率为 $1-m_w$）或弱贷款机构给出高于 r 的利率［发生概率为 $m_w\overline{F}_w(r)$］时，强贷款机构就获得放贷机会。第二，如果弱贷款机构在观察到一个坏信号（发生概率为 P_{HL}）时，选择不出价，那么借款人必定是低信用的，强贷款机构会损失 1。弱贷款机构的无差异条件为：

$$p_{HH}[1-m_s+m_s\overline{F}_s(r)][\mu_{HH}(1+r)-1]-\underbrace{p_{LH}}_{\text{赢家诅咒}}=\pi_w \quad (3)$$

给定 $x_s>x_w$，则有 $P_{LH}>P_{HL}$。弱贷款机构面临更严重的赢家诅咒，贷款成本更高。也就是说，弱贷款机构更有可能做出错误的决策，向低信用借款人放贷。在无产品差异的情况下，只有借贷成本较低的强贷款机构才能获得正利润（即 $\pi_s>0$ 和 $\pi_w=0$ 时的均衡状态，更多细节见附录 A.2）。这也意味着，强贷款机构总是在看到好信号（即 $m_s=1$）时出价，而为了维持均衡，预期利润为零的弱贷款机构有时不得不参与放贷［即 $m_s\in(0,1)$］。

定义：

$$\phi(r)\equiv\frac{p_{LH}}{p_{HH}[\mu_{HH}(1+r)-1]}=\frac{x_s}{\frac{\tau}{1-x_w}r-1+x_s} \quad (4)$$

其中，令 $\Delta\equiv x_s-x_w$ 表示两个贷款机构之间筛选能力的差距。那么，混合策略均衡被描述如下：①

命题1：两个贷款机构之间的竞争有一个唯一的均衡。在该均衡下有：

---

① 值得注意的是，命题1只适用于 $x_s>x_w$ 的（一般）情况，边缘情况（edge case）$x_s=x_w$ 有点棘手。有两个不对称均衡（它们是命题1中的均衡的连续极限），取决于哪个贷款机构在看到好信号时通常会出价。同时还有一个对称均衡，其中两个贷款机构看到好信号后通常都不会出价（也就是说 $m_s=m_w<1$）；对称均衡的连续统介于两个不对称均衡和对称均衡之间。在这类均衡中，价格分布是相同的，质点除外，但质点和不出价的概率发挥同样的作用。在这类均衡中，两个贷款机构都获得零利润，但借款人偏好前两个不对称均衡，因为在那里，他们更有可能获得贷款。因此，边缘情况总是重要的，我们关注两个不对称均衡，它们是命题1中的极限情形。

(1) 强贷款机构获得的利润为 $\pi_s = \dfrac{\Delta}{1-\tau}$,弱贷款机构获得的利润为零,即 $\pi_w = 0$。

(2) 强贷款机构总是在看到高信用信号($m_s = 1$)时出价,其利率是从满足生存函数 $\bar{F}_w(r) = \phi(r)$ 的分布中随机抽取的,该生存函数有支集 $[\underline{r}, \bar{r}]$,其中 $\underline{r} = \dfrac{1 - x_w}{\tau}$,在 $\bar{r}$ 处有一质点,其大小为 $\lambda_s = \phi(\bar{r}) \in (0,1)$。

(3) 弱贷款机构在看到高信用信号时出价的概率为 $m_w = 1 - \phi(\bar{r})$,当它选择出价时,其利率是从满足生存函数的分布中随机抽取的,$\bar{F}_w(r) = \dfrac{\phi(r) - \phi(\bar{r})}{1 - \phi(\bar{r})}$,该生存函数有支集 $[\underline{r}, \bar{r}]$。

这里描述的包含不对称贷款机构的均衡在性质上类似于豪斯沃尔德和马奎斯(2003)描述的均衡,在他们的研究中,弱贷款机构根本无法筛选借款人,因此有 $x_w = 0$,但他们的论文采用了一个与本文略有不同的信息结构。① 需注意的是,对于 $r \in [\underline{r}, \bar{r}]$,这两个分布都满足

$$F_s(r) = m_w F_w(r) \tag{5}$$

由于 $m_w = 1 - \phi(\bar{r}) < 1$,这意味着在一阶随机占优(first-order stochastic dominance,FOSD)意义上,强贷款机构收取的利率高于弱贷款机构。直观上看,好信号不足以让弱贷款机构确信借款人是高信用的,因此它有时候选择不放贷。其结果是,强贷款机构有时充当了唯一的信贷供应商,并收取更高的利率。另一个有价值的观察结果是,当强贷款机构的筛选能力 x_s 提高时,弱贷款机构的筛选能力相对弱化,先验信用质量 τ 减小、$\phi(r)$ 变大。这意味着贷款市场竞争减弱,而两个贷款机构都收取了一阶随机占优意义上的更高利率。

3.2 借款人剩余

对我们的后续研究而言,计算每类借款人的剩余,并讨论先验信用质量 τ

---

① 更具体地说,Hauswald and Marquez(2003)假定强贷款机构有对称信号结构(也就是说,对两类借款人来说,信号以相同概率揭示了真实情况)。在这一信号结构下,第一类错误可能导致更多的复杂性;即使在看到坏信号后,强贷款机构可能仍然想要发放贷款,因为这个信号并不再是确定无疑的,由于竞争对手可能犯错,弱贷款机构有机会获得正利润。但是这不会影响贷款竞争均衡的总体结构。

和贷款机构各自的筛选能力如何影响借款人,是非常重要的。令 $V_i(x_w, x_s, \tau)$ 表示 i 型借款人的预期盈余,$i \in \{h, l\}$。它是两个贷款机构的筛选能力和先验信用质量的函数。一个高信用借款人至少会收到一个报价(来自强贷款机构),借款人支付的预期利率为:①

$$(1 - m_w)\mathbb{E}[r_s] + m_w\mathbb{E}[\min(r_w, r_s)] = \underline{r} + (\overline{r} - \underline{r})\phi(\overline{r}) \quad (6)$$

其中 $\phi(\cdot)$ 的定义如(4)式。在这里,当弱贷款机构并不报价时,借款人接受强贷款机构的报价;如果两个贷款机构都报价,则借款人选择一个低报价。于是,高信用借款人的预期剩余为:

$$V_h(\chi_w, x_s, \tau) = (\overline{r} - \underline{r})(1 - \phi(\overline{r})) \quad (7)$$

这等于高信用借款人从项目中获得货币收益 $\overline{r}$ 减去(6)式中的预期利率。(请记住,我们已经将高信用借款人从贷款中获得的货币收益标准化为 0。②)

由于低信用借款人从不偿还贷款,所以他只关心能否获得贷款机会。那么,如果强贷款机构筛选观察到其低信用信号,同时,弱贷款机构观察到坏信用信号或观察到好信号却不提供报价时,低信用借款人将不会得到任何放贷机会。发生这种情况的概率为 $x_s[x_w + (1 - x_w)(1 - m_w)]$。因此,当 $m_w = 1 - \phi(\overline{r})$ 时,低信用借款人将有非货币利益 δ,来自期望剩余:

$$V_l(x_w, x_s, \tau) = \delta[1 - x_s(x_w + (1 - x_w)\phi(\overline{r}))] \quad (8)$$

命题 2:关于借款人剩余,我们有以下结论:

(1)两种信用类型的借款人都受益于市场上较高的平均信用质量 τ。

(2)在筛选能力方面,当强贷款机构具有较高的筛选能力(较高的 x_s)时,两种类型的借款人都会受损;当弱贷款机构具有较高的筛选能力时(较高的 x_w),高信用借款人受益,但当且仅当 $x_w < 1 - \dfrac{\tau \overline{r}}{1 + \sqrt{x_s}}$ 时,低信用借款人受益于较高的 x_w。

命题 2(1)简单明了:更高的平均信用质量减轻了赢家诅咒,促进了信贷

---

① 用 $\mathbb{E}[r_s] = \underline{r} + \int_{\underline{r}}^{\overline{r}} \overline{F}_s(r)dr$ 和 $\mathbb{E}[\min(r_w, r_s)] = \underline{r} + \int_{\underline{r}}^{\overline{r}} \overline{F}_s(r)\overline{F}_w(r)dr$ 可以得到(6)式。

② 在这里,我们要解释的是(interpretation):借款人是一个小型商业企业,如果它的项目成功,它可以获得净收益 $\overline{r}$。如果借款人是一个消费者,他用贷款购买某些物品,其效用为 u,则我们假定利率上限为 $\overline{r}$,此时,预期剩余为 $V_h(x_w, x_s, \tau) = u - \underline{r} - (\overline{r} - \underline{r})\phi(\overline{r}) = u - \overline{r} + (\overline{r} - \underline{r})(1 - \phi(\overline{r}))$。由于 $u - \overline{r}$ 是常数,所以下文的分析也延用这一解释。

市场竞争，并使两种类型的借款人都受益。特别是当 τ 接近于无穷大时（即此时市场上没有违约风险），我们可以根据命题1，轻松验证均衡平滑地收敛于伯特兰竞争结果（Bertrand outcome），此时两个贷款机构都提供零利率的报价。至于命题2（2），筛选能力的变化带来了改变筛选效率的信息效应，也带来影响贷款市场竞争的策略效应。当 x_s 较高时，低信用借款人更容易被发现并受损；与此同时，筛选能力差距 Δ 的扩大会削弱竞争，损害两种类型的借款人。① 另一方面，当 x_w 被提高时，筛选效率提高，但竞争随着筛选能力差距的缩小而加剧。高信用借款人从这两种效应中都受益，但这两种相互冲突的效应对低信用借款人的影响是不确定的。

为了更加仔细地分析 x_w 的增高对低信用借款人的影响，我们可以将（8）式中的低信用借款人的剩余重写为：

$$\delta \left[1 - x_s + x_s \cdot \underbrace{(1 - x_w)}_{\text{信息效应}} \underbrace{(1 - \phi(\bar{\tau}))}_{\text{策略效应}} \right] \tag{9}$$

其中第一项是强贷款机构得到错误信号（然后发出贷款）的概率，第二项是强贷款机构没有错误放贷，但弱贷款机构得到错误信号并出价的概率。当 x_w 增加时，弱贷款机构观察到错误信号的可能性减少，$1 - x_w$ 下降。这是 x_w 上升对低信用借款人的负信息效应。另一方面还有策略效应，即弱贷款机构以看到错误信号为条件出价的可能性，表现为 $1 - \phi(\bar{\tau})$ 随 x_w 的变化。从（4）式可以看到，在 x_w 中，$1 - \phi(\bar{\tau})$ 上升产生了正策略效应（直观上看，更高的 x_w 缩小了筛选能力的差距），减轻了赢家诅咒，使弱贷款机构在观察到好信号后更愿意扩大出价范围）。最后，（9）式的乘积结构意味着当 x_w 较小时，策略效应对 V_l 的边际影响更强（所以信息效应的水平高）。因此，低信用借款人受益于 x_w 的上升。

一般来说，如果我们在参数空间 $\{x_w, \Delta, \tau\}$ 中重写借款人剩余的公式，可以更清楚地看到这两种效应，此时，x_w 被视为两个贷款机构的基本筛选能力。当 x_w 上升时，两个贷款机构的筛选能力都会提高，直觉上这应该有利于高信用借款人，但会损害低信用借款人。另一方面，筛选能力差距的扩大加剧了赢家诅咒问题，产生了减少竞争和损害借款人福利的策略效应。

---

① 更高的 x_s 导致的筛选效率提高对高信用借款人没有影响，因为强贷款机构吸收了高利润带来的所有租金。

推论 1：一旦被表示为 $\{x_w, \Delta, \tau\}$ 的函数，在基本筛选能力 x_w 中，V_h 上升，而 V_l 降低，在筛选能力的差距 Δ 中，V_l 和 V_h 都减少。

4. 开放银行的影响

这一节研究开放银行的影响，关注的是开放银行对每类借款人福利的影响。尤其是，我们将研究开放银行是否如宣扬的那样促进了竞争，并让消费者受益，或者相反，它可能带来负面效应并损害借款人，即使后者能选择是否共享其数据。相对于其他福利标准（也就是说总剩余，参见第 257 页脚注①和本页脚注①的讨论），我们的方法与监管机构更加切实相关，它们的主要使命是消费者保护和金融包容性（例如，监管开放银行的英国金融行为监管局）。

为了使我们的分析更加清晰易懂，我们将首先考虑假设的情形，在这一情形中，数据共享是强制的（也就是说，数据共享不需要借款人的同意）。然后，我们讨论自愿注册开放银行的实际情形，在这一情形中，前文所述的从注册开放银行的决定中推断信用质量这一方式有着重要作用。

我们关注最有趣的情形，其中两个贷款机构的参与条件对两个贷款机构都成立，也就是说，两个贷款机构在引入开放银行之前都很活跃。这部分是因为在我们的模型中，开放银行对金融科技企业进入的影响相对直接（relatively straight forward）。假设金融科技企业的参与条件不成立，但银行的参与条件成立。② 于是，在引入开放银行之前，银行就像一个垄断者，它在看到好信号后收取最高利率 $\bar{r}$，使高信用借款人的剩余为零。因此，开放银行通过引入竞争，必定使高信用借款人受益（如果他们选择共享数据）。开放银行对低信用借款人的影响则较为复杂：由于引入了活跃的金融科技企业，低信用借款人有更多的机会被归类为高信用借款人（这有利于低信用借款人）。但与此同时，现在作为弱贷款机构的银行，有时即使看到好信号也不会扩大出价范围。例如，如果金融科技企业的筛选能力在引入开放银行后变得足够高，第一种影响可以忽略不计，第二种影响占主导地位，从而降低低信用借款人收益。

---

① 请记住，本文不关注总福利问题，在考虑再分配工具时，这个问题才比较重要。相反，我们采用更"实然"（positive）的方法，研究两类借款人如何受开放银行的影响，这对视消费者保护为主要目标的监管机构来说更重要。
② 如果两个贷款机构的参与者条件不成立，则在引入开放银行之前，贷款市场会崩溃，因此开放银行对所有借款人都有益，但益处不大。

4.1 强制注册

假设现在所有借款人都被要求注册开放银行业务。因此，对于任何借款人来说，金融科技企业的信号筛选能力将提高至 $x_f' > x_b$，其中 $\Delta' \equiv x_f' - x_b$ 为两类贷款机构在开放银行模式下的筛选能力差距。

我们用 $V_i(x_b, x_f', \tau)$ 表示 $i \in \{h, l\}$ 类型的借款人在注册后的预期剩余。借款人剩余函数中的第一个自变量是弱贷款机构（即开放银行模式下的传统银行）的筛选能力。同时需要强调的是，借款人的感知信用质量 $\tau = \dfrac{\theta}{1-\theta}$ 可能因不同细分市场而异。由于强制注册不会导致任何市场分割（market segmentation），因此在信用测试之前，两个贷款机构对借款人信用质量的信念仍然是 τ。

如命题 3 所述，本节给出的主要结论是，如果所有借款人在开放银行业务下共享他们的数据，这很可能会提高行业利润但降低借款人福利。

命题 3：与开放银行出现之前相比，

（1）强制数据共享的开放银行有助于金融科技企业，但减弱了银行的优势。当且仅当贷款机构之间的筛选能力差距扩大（也就是 $\Delta' > \Delta$）时，强制共享数据才能提高行业利润。

（2）当且仅当 $\left(1 - \dfrac{1-x_b}{\tau \bar{r}}\right)^2 \left(\dfrac{\tau \bar{r}}{1-x_f} - 1 + x_b\right) < \dfrac{\tau \bar{r}}{1-x_f} + \dfrac{1-x_f}{\tau \bar{r}} - 2$，且 $x_f' > \tilde{x}_{fl}' \in (x_b, 1)$ 时，强制共享数据的开放银行模式会降低低信用借款人的福利。

（3）只要开放银行降低所有借款人的福利，它就会提高行业利润和市场效率（考虑一个低信用借款人在获得贷款时会产生效率损失）。

命题 3（1）中给出的强制性开放银行对贷款机构利润的影响是清晰明白的：在引入开放银行之前，传统银行是强贷款机构，并获得正利润 $\dfrac{\Delta}{1+\tau} = \dfrac{x_b - x_f}{1+\tau}$，金融科技企业获得零利润；在引入开放银行后，金融科技企业成为强贷款机构，获得利润 $\dfrac{\Delta'}{1+\tau} = \dfrac{x_f' - x_b}{1+\tau}$，银行获得零利润。因此，当且仅当在 $\Delta' > \Delta$ 时，开放银行才增加行业利润。

开放银行对借款人剩余的影响则不能么清晰。当且仅当 $V_i(x_b, x_f', \tau) <$

$V_i(x_f, x_b, \tau)$ 时，开放银行会降低 i 类型借款人的利益。命题2意味着对于固定的 x_b：（1）当 $x_f < x_b$ 时，V_h 上升；当 $x_f > x_b$ 时，V_h 下降；（2）V_l 随 $x_f < x_b$ 非单调地变化，但在 $x_f > x_b$ 时下降。图2描绘了当 $x_b = 0.35$ 时，V_h（图2.A）和 V_l（图2.B）如何随 x_f 变化的数字案例。

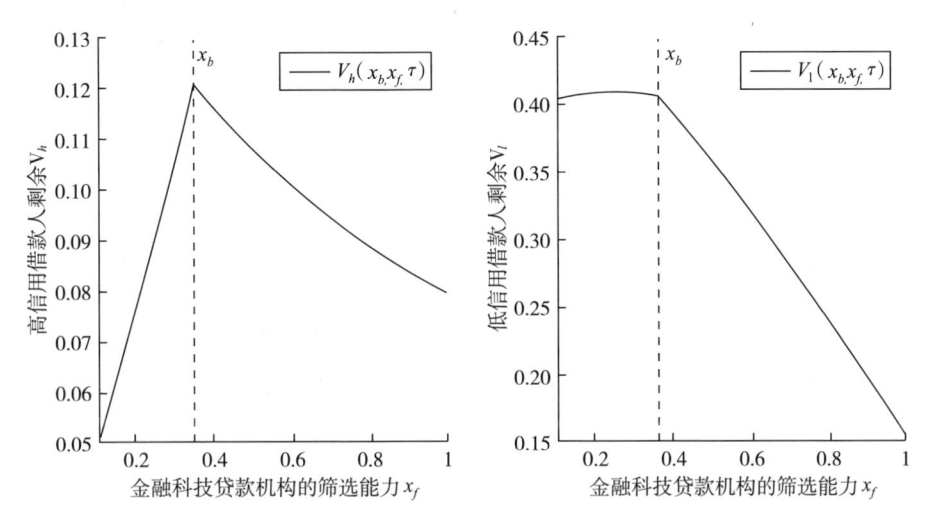

图 2　金融科技企业的筛选能力 x_f 变化对两类借款人剩余的影响（$x_b = 0.35$）

注：图 A 为高信用借款人剩余，图 B 为低信用借款人剩余。我们绘制了作为金融科技贷款机构筛选能力 x_f 的函数的借款人剩余。高信用借款人剩余 $V_h(x_b, x_f, \tau)$ 在 $x_f = x_b$ 处有一个单峰，而低信用借款人剩余 $V_l(x_b, x_f, \tau)$ 在 $x_f < x_b$ 的区间内呈凸起状。参数值为 $\bar{\tau} = 0.36, x_b = 0.35, \delta = 0.5, \tau = 0.34$。

命题3（2）表明，如果强制性开放银行显著提高了金融科技贷款机构的筛选能力，它就有可能损害所有借款人。当 x'_f 足够高，低信用借款人将同时遭受信息效应和策略效应，高信用借款人则主要遭受策略效应。请注意，高信用借款人受到损害还需要一个与引入开放银行前的筛选能力 x_f 和 x_b 相关的额外条件。当 x_f 和 x_b 如证明中说明的那样足够接近，这个确保 $\tilde{x}'_{fl}$ 因而 $x'_f > \tilde{x}'_{fl}$ 的额外条件必须成立。① 直观上看，当 x_f 和 x_b 越来越接近时，开放银行更容易提高其筛选能力，因而使策略效应占优。

我们还想强调的是，尽管上述讨论关注开放银行对借款人的潜在不利影响，但是它也清楚地表明，如果开放银行只是适度提高了金融科技企业的筛选

---

① 命题2中的结论正式地证明了 $\tilde{x}'_{fl}$ 总是成立。

能力，它会使一类或两类借款人都受益。例如，如果 x_f 足够低于 x_b，而 x_f' 接近于 x_b，高信用借款人受益于强制注册，在这种情况下，倘若如图 2 所示，$V_i(x_f = 1 - \tau \bar{r}, x_b, \tau) < V_i(x_f = x_b, x_b, \tau)$，那么低信用借款人也会受益。

最后，为了理解与市场效率相关的命题 3(3)，请注意在我们的设定（setup）中，高信用借款人在两种情况下总能获得贷款，这意味着开放银行对借款人来说在效率上是中性的。低信用借款人的剩余和他们获得贷款的机会成正比，因此不管在什么情况下，他们都会因开放银行而受损，获得贷款的可能性必然更低。

4.2 自愿注册

开放银行实践中的一个突出特点是允许借款人自行决定是否与新的贷款机构共享他们的银行数据。在自愿注册的情况下，人们可能认为开放银行绝不会损害借款人。本文表明，这一观点通常是错误的，因为借款人的注册决定可能揭示了其信用质量信息，进而影响了贷款机构的定价策略。

4.2.1 注册决定和对均衡的描述（characterization）

请记住，在我们的模型中，$\rho \in (0,1)$ 比例的借款人是"注重隐私"的，而且从不会注册开放银行。因此，注册决定只有对其余 $1-\rho$ 比例的不注重隐私的借款人才有意义。令 $\sigma_i \in [0,1]$，$i \in [h,l]$，表示选择注册开放银行业务的那部分不注重隐私并选择注册开放银行的 i 类借款人。

鉴于借款人的注册决定对两家贷款机构都是可观察到的，且这两家贷款机构在两个独立的市场中竞争：一个是借款人注册开放银行的市场，另一个是借款人不注册开放银行的市场。令 τ_+ 和 τ_- 分别表示贷款机构对两个市场的信用质量的更新后先验估计（updated priors）。具体地表示为：

$$\begin{cases} \tau_+ \equiv \dfrac{\Pr[h \mid 注册]}{\Pr[l \mid 注册]} = \dfrac{\theta(1-\rho)\sigma_h}{(1-\theta)(1-\rho)\sigma_l} = \tau \cdot \dfrac{\sigma_h}{\sigma_l} \\ \tau_- \equiv \dfrac{\Pr[h \mid 未注册]}{\Pr[l \mid 未注册]} = \dfrac{\theta[\rho + (1-\rho)(1-\sigma_h)]}{(1-\theta)[\rho + (1-\rho)(1-\sigma_l)]} = \tau \cdot \dfrac{1-(1-\rho)\sigma_h}{1-(1-\rho)\sigma_l} \end{cases} \quad (10)$$

直观上看，当不注重隐私的高信用借款人更有可能注册开放银行时，贷款机构会高估注册开放银行的借款人的平均信用质量，而低估另一类借款人的平均信用质量。注重隐私的借款人的存在确保了 $\tau_- \geq \rho\tau$。

考虑到人群中的均衡注册决定以及每个细分市场的后续竞争结果，不注重

隐私的 i 类借款人的注册决定如下：

$$\begin{cases} \sigma_i = 1, & \text{如果 } V_i(x_b, x_f', \tau_+) > V_i(x_f, x_b, \tau_-) \\ \sigma_i \in [0,1], & \text{如果 } V_i(x_b, x_f', \tau_+) = V_i(x_f, x_b, \tau_-) \\ \sigma_i = 0, & \text{如果 } V_i(x_b, x_f', \tau_+) < V_i(x_f, x_b, \tau_-) \end{cases} \quad (11)$$

选择注册开放银行的借款人将被归类为以 (x_b, x_f', τ_+) 为特征的细分市场，其中金融科技企业是强贷款机构；否则将被归类于以 (x_f, x_b, τ_-) 为特征的细分市场，其中金融科技企业是弱贷款机构。还要注意的是，注重隐私的 i 类借款人的剩余是 $V_i(x_f, x_b, \tau_-)$，因为此类借款人从不注册开放银行。

此时，自愿注册下的完美贝叶斯均衡是如下表达式的一个集（collection）

$$\left\{ \{\sigma_i\}, \{\tau_+, \tau_-\}, \{m_j^+, F_j^+\}, \{m_j^-, F_j^-\} \right\}$$

同时伴随着何时合适（whenever appropriate）的非均衡信念，使得（i）$\{\sigma_i\}$ 是（11）式中描述的不注重隐私的借款人的注册决定。$\{\tau_+, \tau_-\}$ 是（10）式确定的每个细分市场的更新后先验平均信用质量；（ii）$\{m_j^+, F_j^+\}$ 和 $\{m_j^-, F_j^-\}$ 是命题 1 中描述的贷款机构在相应细分市场中的均衡定价策略。

有两点需要注意。首先，如下文将在命题 4 的证明中具体说明的，如果某个细分市场中的更新后先验信用质量低到无法满足其参与条件，那么该贷款机构在该细分市场中变得不活跃。在这种情况下，需要直接修改定价均衡和借款人剩余的表达式。其次，如果贷款机构期望注册决定 $\sigma_l = 0, \sigma_h > 0$，那么他们会把任何注册的借款人都视为高信用型。在这种情况下，我们假设信用测试仍将进行，因为它是无成本的，如果贷款人观察到一个坏信号，它将把借款人重新归类为低信用型。①

请注意，在自愿注册的情况下，通常存在一个无人注册开放银行的均衡，

---

① 或者，如果信用测试略有成本，那么当贷款机构根据一个借款人的注册决定，将该借款人确认为高信用型时，贷款机构就没有激励进行信用测试。我们将在第 4.2.2 节讨论这一假设如何影响均衡分析。（感谢审稿人让我们更深入地思考这一问题。）然而，即使在这种情况下，如果有一些喜欢开放银行的人总是会注册开放银行（因此注册不再是一个显示高信用质量的完美信号），或者如果我们从序贯均衡的视角在借款人的注册决定中引入某种噪声，那么我们目前的假设可能仍然是合理的。我们还认为贷款机构通常会做信用测试的假设也相当符合现实。在实践中，觉得大多数金融科技企业正在采用某种基于筛选的自动算法，而在传统银行，信贷员通常被要求在贷款发放之前完成常规的筛选程序，这是公司治理的需要。

支持它的是一个非均衡信念，该信念对想要注册开放银行的任何人都十分不利。① 但是，从开放银行对贷款机构和借款人根本没有影响的意义上说，这个均衡是不重要的。接下来，我们忽略这一不重要的均衡，因为如下文表明的，总是存在着有意义的均衡。

下面的引理帮助缩小了均衡的可能类型。直观上看，高信用借款人并不害怕更精准的筛选技术，因此他们比低信用借款人更愿意注册开放银行。这一结果也导致开放银行的不利影响方面发挥了重要作用，如下文第4.2.2节中的讨论所示。

引理1：如果不注重隐私的低信用借款人微弱地倾向于注册开放银行，那么不注重隐私的高信用借款人严格地倾向于注册开放银行。

引理1与米尔格罗姆（Milgrom，1981）的理论分析相似，它不仅有理论上的说服力，而且有实证支持（参见Nam，2022）。利用这个引理，我们在下面的命题4中证明存在一个唯一的非平凡均衡，在这个均衡中，不注重隐私的高信用借款人确定注册开放银行。根据初始参数（primitive parameter）的不同，非平凡均衡可分为三类。

命题4：在自愿注册的开放银行制度中，存在一个唯一的非平凡均衡，它有三种可能的类型。

（1）如果 $V_l(x_f, x_b, \tau) \leq V_l(x_b, x_f', \tau)$，则为混合均衡，所有不注重隐私的借款人都注册了开放银行，而不管他们的信用质量如何，即 $\sigma_l = \sigma_h = 1$。

（2）如果 $V_l(x_f, x_b, \tau) > V_l(x_b, x_f', \tau)$，且 $V_l(x_f, x_b, \rho\tau) < V_l(x_b, x_f', \infty)$，则为半分离均衡，有一个内生比例的不注重隐私的低信用借款人和所有不注重隐私的高信用借款人会注册开放银行，即 $\sigma_l \in (0,1)$ 且 $\sigma_h = 1$。

（3）如果 $V_l(x_f, x_b, \rho\tau) \geq V_l(x_b, x_f', \infty)$，则为分离均衡，不注重隐私的低信用借款人从不注册开放银行，不注重隐私的高信用借款人注册开放银行，即 $\sigma_l = 0$ 且 $\sigma_h = 1$。

由于以上三类均衡涵盖了所有可能的参数配置，我们全面描述了引入开放

---

① 为了前后一致，这里我们也假设贷款机构总是做信用测试。假设贷款机构在看到非均衡路径的注册后，相信借款人的信用质量为 τ，而且进行信用测试。在我们的信号结构下，在接收到好信号后，贷款机构 j 对借款人信用质量的后验估计为 $\tau/(\tau + x_j)$，它对一个非常不利的非均衡信念 τ 来说，可能是任意低的。因此，贷款机构即使观察到好信号，也不会放贷，这维持了没有注册的均衡。

银行后的银行和金融科技企业竞争的（非平凡）均衡。

在混合均衡中［命题4（1）］，如果低信用借款人在先验信用质量保持不变的情况下从开放银行中受益，那么高信用借款人也必然受益，这必然是一个所有不注重隐私的借款人都会注册开放银行的均衡。在分离均衡中［命题4（3）］，其条件意味着低信用借款人从不注册开放银行：给定我们的假设，即贷款机构总是会做信用测试，即使信用质量推断变得最有利于选择注册开放银行，他们也不想注册。于是，在选择注册开放银行的市场中，所有借款人必定是高信用的，贷款机构的竞争是伯特兰竞争，在这种情况下，高信用借款人获得最高的可能剩余 $\bar{\tau}$。在半分离均衡中［命题4（2）］，请注意，引理1已经证明了在任何有一些低信用借款人注册开放银行的均衡中，所有不注重隐私的高信用借款人都将注册开放银行。鉴于此，如果所有不注重隐私的低信用借款人也都注册开放银行，那么两个细分市场中的先验信用质量保持不变（$\tau_+ = \tau_- = \tau$）。因此，第一个条件 $V_l(x_f, x_b, \tau) > V_l(x_b, x_f', \tau)$ 意味着不注重隐私的低信用借款人实际上会退出开放银行。如果不注重隐私的低信用借款人没有一个注册开放银行，那么开放银行市场中的先验信用质量将是最有利的，在这种情况下，第二个条件意味着他们实际上想注册开放银行。因此，在这种情况下，不注重隐私的低信用借款人必定在均衡中采取混合策略，也就是说，其中一些人会选择注册开放银行，另一些人则不会。

注重隐私的借款人的角色。在分析开放银行的影响之前，我们应该先说明注重隐私的借款人（$\rho > 0$）在模型中的角色。首先，在任何非平凡均衡中，如果 $\rho = 0$，我们必定有 $\tau_- = 0$，因为高信用借款人总是会注册开放银行。这一标准的自动揭示（Milgrom，1981）意味着唯一的非平凡均衡是所有借款人都注册的混合均衡，从而产生与强制注册相同的结果。① 这肯定不是我们在真实市场中观察到的结果，引入一些注重隐私的借款人不仅使我们的模型更加丰富，而且更符合现实。其次，如我们即将证明的，注重隐私的借款人总是因自愿注册开放银行而（弱）受损。这反映了一种经验上重要的力量，即不注重隐私的借款人的选择行为对注重隐私的借款人带来了负外部性。最后，引入一些注重隐私的借款人（即 $\rho > 0$）往往会减轻我们关注的开放银行的不利效

---

① 如果条件 $V_l(x_f, x_b, \tau) \leq V_l(x_b, x_f', \tau)$ 不成立，我们就需要设置（specify）一个合适的非均衡信念以维持均衡。

应，因此我们并没有夸大可能的不利效应。①

关于信用测试的另一个假设。在均衡分析中，我们曾假设，如果贷款机构从借款人的注册决定中推断出借款人是高信用类型的，它们就不再继续进行信用测试。如第 269 页脚注①讨论的，我们可以另外假设，在那种情况下，贷款机构将不再做信用测试。在这另一假设下，唯一的不同是，如果低信用借款人被推断为高信用借款人，即 $V_l(x_b, x'_f, \infty) = \delta$，那么他们注册开放银行业务肯定会获得贷款，并获得最高的可能剩余。此时，命题 4（3）中的分离均衡的条件永远不能成立，只能产生混合均衡或半分离均衡。然而，这种均衡特征（characterization）的变化对半分离均衡中出现不利效应的可能性没有影响。

4.2.2 开放银行的影响

现在，我们研究自愿注册情况下的开放银行的影响。

命题 5：与引入开放银行之前相比，

（1）在混合均衡中［命题 4（1）］，所有借款人都将从开放银行中（弱或略为严格地）获益。具体而言，所有不注重隐私的借款人都会受益，同时注重隐私的借款人则不受影响。

（2）在半分离均衡中［命题 4（2）］，注重隐私的借款人和不注重隐私的低信用借款人境况会变差。注重隐私的高信用借款人也可能境况变差，因此所有借款人都受到开放银行业务的不利影响。

（3）在分离均衡中［命题 4（3）］，至少有一部分借款人受益于开放银行。具体而言，所有选择加入开放银行市场的借款人境况变差，所有选择退出开放银行市场的借款人则境况都变好。

（4）如果所有借款人都因为开放银行而受损，而且两个贷款机构在开放银行的市场上活跃，则银行会受损，金融科技企业会受益，行业利润提高，市场效率提高（如果一个低信用借款人在获得贷款时产生效率损失）。

在混合均衡中，结果是非常清楚的：所有借款人的境况都弱变好，而那些选择注册开放银行的借款人的境况则严格变好。［有趣的是，由于存在

---

① 引入注重隐私的借款人的一个更一般（更不易处理）的方法是假设隐私成本在人群中平滑（二进制）分布。在这种情况下，如果对隐私问题的关注程度变低（例如，由于信息安全的改善），其影响将类似于在我们的模型中有一个较小的 ρ：信息推断效应比较强，因此更有可能产生不利影响。

Milgrom（1981）的自动揭示，当 $\rho = 0$ 时，注册相当于强制性的，由此导致的混合均衡可能会使两类借款人的境况都变差。]在分离均衡中，选择加入开放银行表示高信用，而选择退出表示信用质量低于平均水平。因此，开放银行只对不注重隐私的高信用借款人有利，而其他选择退出的借款人则受损。

半分离均衡中的第二个结果指向开放银行的不利影响。对于选择退出的借款人来说，他们会因为不利的信用质量推断 $\tau_- < \tau$ 而使境况变差。对于注册了开放银行的不注重隐私的低信用借款人，由于注册与否对他们来说并无差异，所以他们的境况必定会变差。对于不注重隐私的高信用借款人来说，尽管他们被视为有更高的信用（$\tau_+ > \tau$），但如果金融科技企业的筛选能力提高太多，他们可能会面临弱化的竞争，因此也可能因开放银行而受损。更准确地说，当且仅当满足以下条件时，所有借款人都会因开放银行而受损：

$$V_h(x_f, x_b, \tau_-) \leqslant V_h(x_b, x_f', \tau_+) < V_h(x_f, x_b, \tau) \tag{12}$$

$$V_l(x_f, x_b, \tau_-) = V_l(x_b, x_f', \tau_+) \tag{13}$$

其中 $\tau_- = \dfrac{\rho\tau}{1-(1-\rho)\sigma_l} < \tau < \tau_+ = \dfrac{\tau}{\sigma_l}$，因为在半分离均衡中，我们有 $\sigma_h = 1$。这些条件确保了半分离均衡，其中（12）式中的第二个不等式是不注重隐私的高信用借款人境况变差的额外条件。在命题 5 的证明中，我们也证明了存在满足（12）式和（13）式的参数设置。

当两个细分市场都有两个活跃的贷款机构时，两个贷款机构都获得正利润（银行从选择退出开放银行的市场中获利，金融科技企业从进入开放银行的市场中获利），但银行利润比以前减少。当高信用借款人也因开放银行而受损时（类似于强制注册的情况），开放银行必然充分扩大了筛选能力的差距。因此，在这种情况下，行业总利润的上升必然以牺牲消费者为代价，这违背了开放银行监管的初衷。

自愿注册与强制注册。由于 V_h 和 V_l 都提高了先验信用质量，当且仅当 $V_h(x_b, x_f', \tau) < V_h(x_f, x_b, \tau)$ 和 $V_l(x_b, x_f', \tau) < V_l(x_f, x_b, \tau)$，即当且仅当所有借款人因强制注册开放银行而受损时，条件（12）式和（13）式成立。因此，与强制注册相比，在某些情况下，自愿注册确实保护了借款人免受开放银行的潜在损害，但并没有完全消除受损的可能性。

不注重隐私的借款人的信息外部性。另一个有趣的分析结果是，注重隐私的借款人总是因为自愿注册的开放银行而（弱）受损。同样，这是由对退出开放银行市场的不利信用质量的推断导致的（引理1）：在混合均衡的情形中，注重隐私的借款人不受影响，而在其他情形中，他们的境况严格变差。不注重隐私的借款人的选择行为对注重隐私的借款人带来了负外部性。这一现象也是对阿里多尔等人（Aridor et al., 2020）的补充，在他们的研究里，拥抱新技术给那些落在后面的人带来负外部性。

开放银行对贷款效率的影响。迄今为止，我们的讨论主要侧重于开放银行对消费者福利的影响。监管机构有时可能也会关心贷款效率。请注意，在我们的模型中有一个坏消息的信息结构，开放银行并不影响对高信用借款人的贷款效率，因为这些借款人总能得到贷款。这意味着如果给低信用借款人发放贷款产生了一个效率损失（即如果 $\delta<1$），只要开放银行损害了低信用借款人，贷款效率就得到提高（请回忆第4.1节最后的讨论）。因此，我们有如下结论：（1）在混合均衡中，开放银行损害了贷款效率，因为所有不注重隐私的借款人境况变好，而注重隐私的借款人境况不受影响；（2）在半分离均衡中，高信用借款人比低信用借款人更常见地选择加入开放银行，由于不利的信用质量推断，后者的境况总是变差，意味着开放银行必定提高贷款效率；（3）在分离均衡中，只有高信用借款人选择加入开放银行，所有选择退出开放银行的借款人都因相同原因而受损，意味着开放银行提高了贷款效率。

4.2.3　数字分析：均衡结果与不利影响

图3提供了一个数字案例，说明了不同类型的均衡结果，以及开放银行产生不利影响的可能性。我们固定了贷款机构的筛选能力（开放银行模式造成了相对较大的筛选能力差距），但改变了目前以 θ（市场上高信用借款人的比例）衡量的先验信用质量，以及注重隐私的借款人的比例 ρ。

当信用质量 $\theta = \dfrac{\tau}{1+\tau}$ 较高，且更多借款人注重隐私（即 ρ 较高）时，选择退出不会导致信用质量推断的显著恶化，因此出现了低信用借款人选择退出的分离均衡，如图3中右上角……型线所示。当信用质量 θ 降低时，我们进入了具有——型线的区域，在那里出现了半分离均衡，注册与否对低信用借款人无差异。在---型线的右侧，θ 仍然足够高，因此非开放银行市场（opt-out market segment）的推断信用质量不会太低，而且两家贷款机构都活跃在这个细分市场。然而，在---型线的左侧，θ 变得足够低，并且非开放银行市场中的推断信用

图 3　自愿注册均衡

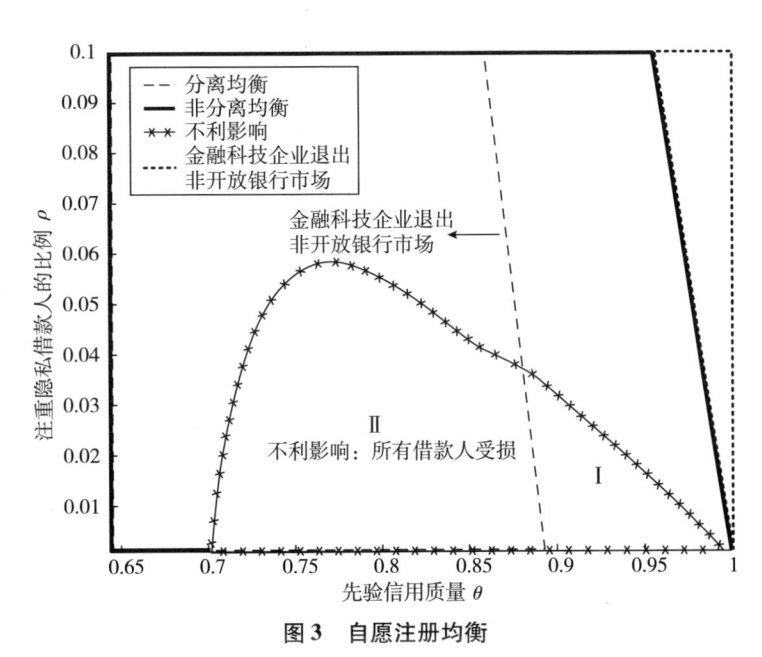

注：当 $\tau = 0.36, x_b = 0.4, x_f = 0.35, x'_f = 0.8$ 时，参数区间为 $(\theta = \frac{\tau}{1+\tau}, \rho)$ 的（非平凡）自愿注册均衡（我们关注使得参与条件对两个贷款机构都成立的 θ 的范围）。┈┈型线区域表示分离均衡，——型线区域表示半分离均衡（本例中不存在混合均衡）。在半分离均衡区域，- - -型线说明了贷款机构参与非开放银行市场带来的转变：当 θ 位于该线左侧时，金融科技企业变得不活跃。在 ✶✶ 型线区域，尽管是自愿注册，但这两类借款人都受到开放银行的不利影响。

质量使得金融科技贷款机构放弃该市场（在图 3 中的特定参数配置下，不存在混合均衡）。

图 3 中的 ✶✶ 型线显示了开放银行产生不利影响的区域。ρ 的影响是显而易见的：注重隐私的借款人比例越小，基于注册决定的信用质量推断就越敏感；这种敏感性为不利影响创造了空间，即使借款人控制着自己的数据。在 θ 相对较高的区域 I 中，不利影响是由不利推断（在选择退出市场中）和宽松的竞争（在选择进入市场中）造成的。在 θ 相对较低的区域 II，参与条件对非开放银行市场中的金融科技企业不成立；金融科技企业退出非开放银行市场的后果进一步强化了不利影响。① 当信用质量 θ 进一步下降时，不利影响不复存在：金

---

① 更准确地说，面对非开放银行市场中不活跃的金融科技企业，很大一部分低信用借款人会注册开放银行，因此他们在均衡中仍然是无差异的。由此导致的连锁效应是：这使不注重隐私的高信用借款人因开放银行而受损，因为他们和较低信用的借款人混在一起，竞争削弱的效应占主导。

融科技企业提高筛选能力的信息效应开始占主导地位,此时开放银行总是有利于那些如果没有数据共享就会面临非常不利的价格的高信用借款人。与图 3 中类似的模式出现在许多其他参数配置中,其中($\Delta' > \Delta$)。

这一数字分析传递的一个与政策制定相关的主要信息是:开放银行的不利影响最有可能发生在注重隐私的借款人很少(ρ 小)的市场上,而且信用质量 θ 也不太高(因此金融科技企业可能会退出非开放银行市场)。与 ρ 相关的一点表明,与消费者信贷市场相比,小企业信贷市场(非经济隐私问题可以说不那么严重)更有可能出现不利影响;在消费信贷市场中,女性和老年消费者群体不太关心这种不利影响,他们被证明更不愿意披露个人信息(Berg et al., 2021)。与反映了 FICO 评分等公共信息的 θ(或 τ)相关的第二点表明,在实践中,对于缺乏足够信用记录的借款人来说,其他数据也许更能提供有用信息,因此不需要有高 FICO 评分。由于金融科技贷款机构能够充分利用不同结构的组合数据,例如数字足迹和结构化银行交易数据等另类数据,因此在为没有高 FICO 评分的借款人提供开放银行服务后,市场上更有可能出现大的筛选能力差距,从而产生不利影响。

5. 稳健性讨论与拓展

本节首先讨论我们关于开放银行不利影响的主要洞见在各种扩展情况下是否稳健,然后对比讨论监管式开放银行和自由市场式开放银行。

5.1 金融科技偏向性(fintech affinity)

在金融科技贷款中,除了算法筛选,借款人和贷款机构的互动方式也不同。自动化流程不仅使金融科技贷款更加迅捷、涉及的步骤更少、审批决策更快(Fuster et al., 2019),而且允许提供利基产品,如定制化融资服务(如"先买后付")、基于平台的贷款(例如,SoFi 提供线上一站式服务),以及基于支付净额的小企业贷款(例如,Square 发放通过销售收入自动偿还的贷款)。所有这些商业实践都意味着,金融科技贷款机构至少对一些借款人可能享有一定的垄断权,因为他们有能力提供更好的或定制化的服务(Buchak et al., 2018)。

引入金融科技偏向性有许多种可能的方法,我们通过以下设置对基准模型进行最小的更改,同时尽可能刻画金融科技偏向性的本质。假设现在每个借款人都面临一个事后偏好冲击(preference shock ex post):当借款人以概率 $\xi \in$

[0,1) 收到银行和金融科技企业的报价时，无论银行的具体报价如何，借款人都只考虑金融科技企业的报价。为便于分析，我们将这种偏好冲击称为 ξ 事件，而后将 ξ 称为金融科技偏向性。但如果借款人只收到银行的报价，这种偏好冲击就没有影响，此时只要其利率不大于 $\bar{r}$，借款人都会接受报价。

ξ 事件的一个可能解释是，银行处理贷款需要大量时间，借款人会变得不耐烦。（例如，在 ξ 事件中，借款人从银行贷款中获得 $\varepsilon \cdot (\bar{r} - r_b)$ 的效用，其中 $\varepsilon \rightarrow 0$ 反映了不耐烦的借款人非常高的贴现率。）更广泛地说，这些受到偏好冲击影响的借款人类似于范里安（Varian，1980）所说的"被俘获的"消费者（captured consumer），他们赋予金融科技企业局部的垄断权。为便于分析，我们假设 ξ 事件与借款人的信用质量无关，并且对两个贷款机构来说都是不可观察的（第 5.2 节考虑了开放银行影响这种可观察性的情形）。

我们关注相对简单的情形，其中金融科技企业仍然赚取零利润，而银行在开放银行出现之前获得正利润，银行的无差异条件为：

$$p_{HH}[1 - m_f + m_f(1-\xi)\bar{F}_f(r)][\mu_{HH}(1+r) - 1] - p_{HL} = \pi_b \quad (14)$$

其中，m_f 是金融科技企业在看到好信号后报价放贷的概率。与（2）式相比，这里唯一的区别是，当两个贷款机构都向借款人报价时，即使银行的报价更好，它也只能以概率 $1-\xi$ 赢得竞争。然而，赢家诅咒的条件（terms）不受偏好冲击的影响，因为金融科技企业在看到坏信号后无论如何都不会报价。因此，金融科技偏向性削弱了银行在争夺潜在可盈利借款人方面的竞争力，但无助于它避免柠檬市场。

考虑到银行总是在看到好信号时报价，金融科技企业的无差异条件是：

$$p_{HH}[\xi + (1-\xi)\bar{F}_b(r)][\mu_{HH}(1+r) - 1] - p_{LH} = 0 \quad (15)$$

与包含了 $m_s = 1$ 的（3）式相比，这里唯一的区别是，由于金融科技偏向性，金融科技企业现在有更多的机会赢得借款人。因此，金融科技偏向性缓解了金融科技企业因其较低的筛选能力而导致的竞争劣势。

如第 3 节一样，从无差异条件中很容易得出：

$$\pi_b = \frac{1-\xi}{1-\xi\phi(\bar{r})}p_{LH} - P_{HL}$$

其中，如（4）式定义的，$\phi(r) = \dfrac{P_{LH}}{P_{HH}[\mu_{HH}(1+r) - 1]}$

为使 π_b 为正，需要有

$$\frac{1-\xi}{1-\xi\phi(\bar{r})} > \frac{p_{HL}}{p_{LH}} = \frac{x_f(1-x_b)}{x_b(1-x_f)} \tag{16}$$

如果 x_f 比 x_b 足够低，则上式成立。尤其是，对于给定的 $\xi>0$，需要 $x_f < \hat{x}_f$ 来求解（16）式。（当 $\xi=0$ 时，有 $\hat{x}_f<x_b$，返回到基准情况。）

在引入开放银行后，当条件（16）式不成立时，哪怕是 $x_f > x_b$，情况也变得更加复杂。但必然存在一个 $\pi_b = 0 < \pi_f$ 下的均衡（详见附录A）。

设 $V_h(x_f;\xi)$ 是高信用借款人的预期剩余，它是金融科技偏向性 ξ 给定时的金融科技筛选技术 x_f 的函数，这里，我们省略了其他自变量（详见附录A）。于是，我们证明了如下结果（参见网络版的附录A）。

引理2：设 $\hat{x}_f$ 是（16）式的解，并满足 $\hat{x}_f < x_b$，则有：

（1）在 $\hat{x}_f < x_f$ 的范围内，$V_h(x_f;\xi)$ 在 x_f 中增加；在相同的范围内，$V_h(x_f;\xi) > V_h(x_f;0)$，因此与 $\xi=0$ 的基准情况相比，V_h 在任何情况下都变高。

（2）在 $\hat{x}_f > x_f$ 的范围内，$V_h(x_f;\xi)$ 在 x_f 中增加；在 $x_f > x_b$ 的范围内，$V_h(x_f;\xi) < V_h(x_f;0)$，因此与 $\xi=0$ 的基准情况相比，V_h 在任何情况下都变低。

V_h 如何随 x_f 变化而变化的模式与基准模型中的模式相同，不同之处在于现在 V_h 的峰值早于之前给定的 $x_f < x_b$。对比 $V_h(x_f;\xi)$ 和 $V_h(x_f;0)$ 得到的相关结果对下文中的主要结论更重要。当 $x_f > \hat{x}_f$ 时，有较高 ξ 的金融科技企业在看到好信号后更愿意放贷。这导致银行竞争更加激烈，从而使借款人受益。当 $x_f < \hat{x}_f$ 时，有较高 ξ 的金融科技企业收取更高的利率，这削弱了竞争并降低借款人的收益。

现在考虑强制注册的开放银行的影响，这将金融科技企业的筛选能力从 x_f 提高到了 $x'_f > x_b > x_f$。从引理2可以看到，强制注册的开放银行在 $\xi=0$ 的基准模型中损害了高信用借款人，也就是说，如果 $V_h(x_f;0) > V_h(x'_f;0)$，则给定金融科技偏向性 $\xi>0$，即 $V_h(x_f;\xi) > V_h(x'_f;\xi)$，这一点必定成立。[①] 金融科技偏向性弥补了金融科技企业在开放银行出现之前的筛选劣势，但补充了它在引入开放银行之后的筛选优势。因此，金融科技偏向性只会扩大开放银行造成的贷款机构筛选能力的不对称，从而加剧不利影响。在金融科技偏向性 $\xi >$

---

① 如果 $x_f < \hat{x}_f$，结果可以从 $V_h(x_f;\xi) > V_h(x_f;0) > V_h(x'_f;0) > V_h(x'_f;\xi)$ 中推导出来，其中第一个和第三个不等式使用了与引理2中的基准情形相比的结果。如果 $x_f \in (\hat{x}_f, x_b)$，结果可以从引理2的结论，即当 $x_f > \hat{x}_f$ 时，V_h 在 x_f 增加中推导出来。

0 的情况下，高信用借款人因强制注册开放银行而受损的参数集更大。

5.2 偏好数据和定向贷款

现代金融机构处理的数据是多维的，不仅包含有关信用质量的信息，还包含其他方面的客户行为信息。鉴于金融科技企业更先进的"大数据"技术，这些额外信息对它们来说尤其有价值，但有可能损害消费者。这类信息虽然广泛涉及消费者隐私，但很好地补充了第 4 节中研究的信用质量信息。

正是因为这些问题，世界各地的许多监管机构要求在共享数据时获得客户的同意。然而，即使借款人可以控制自己的数据，这也不能完全保护他们，因为正如我们在前文看到的，非信贷数据共享与信用质量交织在一起。在开放银行出现之前，金融科技企业无法观察 ξ 事件（即借款人的偏好冲击）。然而，当借款人注册开放银行时，金融科技企业可以完全观察到这种 ξ 事件。确切地知道借款人何时被金融科技贷款"锁定"，在这种情况下，金融科技企业可以通过收取高利率来剥削借款人。①

我们假设，在 ξ 事件中，借款人只接受金融科技企业的贷款；这体现了金融科技的"精准营销"，即把新获取的银行交易记录与其他现有信息（如借款人的社交媒体数据）相结合。② 为了充分说明开放银行的新信息作用，我们假定金融科技企业在开放银行出现后对信贷类型的筛选能力保持不变。然后，我们将均衡结果完全刻画为 ξ 的函数，并证明福利结果与前文第 4 节中的类似：在均衡中所有借款人都可能受到开放银行的不利影响。这发生在中等概率的偏好事件下。直观地看，那些注册的借款人会被偏好冲击俘获而受到剥削，因而受损；而那些没有注册的借款人则因为不利的信用质量推断而受损。

5.3 多个金融科技贷款机构

我们采用只有两个贷款机构的最简单的模型结构来研究信贷市场竞争。这

---

① 值得强调的是，只有金融科技企业观察到的 ξ 事件才是重要的。无论银行是否观察到 ξ 事件，银行都知道它没有机会赢得借款人。
② 这类"精准营销"体现了两种情况。第一，对"快速贷款"有强烈偏好的借款人会更喜欢金融科技贷款，在开放银行出现后，来自借款人银行的交易记录（这揭示了借款人的消费习惯）与借款人的数字足迹相结合可以使金融科技贷款机构更好地识别借款人对"快速贷款"的需求。第二，在某些情形下，借款人可资利用的贷款机构有限（比如，借款人在国外旅游，并需要一笔紧急外币贷款，而从他的银行无法获得）。

与如下事实相一致：搜寻摩擦常常会限制借款人的考虑集（consideration set）规模。① 开放银行可以缓解搜索摩擦或促进普惠金融，从而大幅扩大考虑集（Clark et al.，2021）。对我们的分析来说，贷款机构的数量是重要的，因为共享信用质量数据的不利影响主要取决于开放银行出现之后的竞争弱化。因此，一个自然而然的问题是：一旦有多家金融科技贷款机构，对借款人的潜在不利影响会消失吗？

潜在贷款机构的数量本身并不总是产生不利影响的重要性因素。事实上，在只有信息不对称而没有产品差异的标准信贷市场竞争模型中，当贷款机构的筛选能力不同时，公平市场中最多会有两个活跃的贷款机构。例如，有三家贷款机构，其中一家是银行，两家是金融科技企业，当贷款机构的筛选能力不同而提供的产品相同时，这三家机构不可能都生存下来（正式证明参见网络版附录）。② 也就是说，在开放银行出现之前，只有银行和实力更强的金融科技企业能够活跃在市场上；在开放银行出现之后，只有两家具有卓越筛选能力的金融科技企业活跃在市场上。因此，如果两家金融科技企业之间的不对称性在开放银行出现之后比开放银行出现之前还要大，那么不利影响仍然存在。如果一家金融科技企业是大型科技企业，而另一家是某个利基市场中实力较弱的初创企业，就有可能产生不利影响。③

但如果这两家金融科技企业旗鼓相当，不利影响就会消失。我们研究了强制注册的案例，其中有一家银行和两家（在开放银行出现前后）对称的金融科技企业（详见网络版附录）。在这一特殊案例中，这三家贷款机构在开放银行出现前都是活跃的，在开放银行出现之后，银行仍然存在，但要面对两家更强的贷款机构。在这一案例中，不利影响被消除了。从监管机构的角度看，这是最有利的情况：筛选能力的提高增加了总体福利，但金融业的利润降为零，从而增加了借款人剩余。

当然，我们的简单模型抽象掉了几个与实证相关的因素，在有多个金融科

---

① 例如，Allen et al.（2014）表明，在加拿大，搜寻多个抵押贷款报价的借款人平均要与2.25家金融机构讨价还价。
② 赢家诅咒导致进入壁垒的情形也常见于其他文献，例如 Dell'Ariccia et al.（1999）、Marquez（2002）以及 Rajan（1992）。
③ 值得强调的一种经济力量是多家金融科技企业的存在使借款人可以策略性地选择有利的金融机构并与之共享数据，在自愿注册的情况下，由于均衡推断，高信用借款人选择特定的金融科技企业有可能受阻。这一力量使情况更接近于我们的模型，其中只有两个贷款机构。

技贷款机构的情形中，这几个因素可能是重要的。例如，如果每个贷款机构都拥有一定的局部垄断权（由于贷款机构特定的金融科技偏向性或一般的产品差异），那么有两个以上的不对称贷款机构可以在均衡中存活。例如，这样一个更丰富的模型可以解释在今天的先买后付市场上，至少有三家大公司 Klarna、Aftrepay 和 Affirm。但是，造成不利影响的潜在经济力量（即一些贷款机构的筛选能力提高造成的策略效应，以及借款人注册决定中的信用质量推断）对这样的替代模型也应该是稳健的。我们的静态模型没有涉及金融科技企业甚至苹果这样的大型科技企业的潜在长期进入。正如我们将在第5.4节简短讨论的，一旦开放银行为所有潜在贷款机构营造了公平的竞争环境，其他大型科技企业可能会进入上述假设场景，其中相对较弱的传统银行与占主导地位的大型科技企业竞争。

到目前为止，我们讨论了其他金融科技企业或大型科技贷款机构的潜在进入，这是开放银行的许多长期影响之一。现在我们开始讨论其他两个同样重要的问题，即在位银行和监管机构在长期中的反应。

5.4 银行和监管机构的反应：短期与长期

我们的分析基于一个关键前提，即一旦开放银行允许金融科技贷款机构获得目前锁定在传统银行系统内的交易数据，它们就可以借助其拥有的先进算法和另类数据，在筛选能力上超越传统银行。这一前提背后有大量的研究，这些研究表明，金融科技企业甚至在获得银行交易数据之前就已经开发出专有的内部信用评分，可能比某些细分市场的传统信用评分更优越，因此能够服务于"隐形优质客户"。例如科尔内利等人（Cornelli et al., 2022）使用 Funding Circle 和 Lending Club 数据分析了小企业贷款市场；迪马乔等人（DiMaggio et al., 2021）使用 Upstart 数据分析了消费型贷款市场。另一方面，银行业相关文献长期以来一直承认所谓的"支票账户假说"，即支票账户交易包含重要的信用信息（Black, 1975; Nakamura, 1991）。事实上，这些支票交易为传统银行开发对借款人的内部信用评分提供了重要信息（Puri et al., 2017）。有学者（Rishabh, 2022）的研究证明，仅支付足迹就包含了比信用评分更多的信息。因此，一旦实施开放银行业务，已经有能力与传统银行竞争的知名金融科技贷款机构至少在短期内就有可能超越传统银行。

我们的模型并不是为了回答有关开放银行的长期福利后果问题。首先，我们将传统银行的筛选能力视为既定。与积极投资于新技术并因此经历显著增长的金融科技行业相比，传统银行业不仅受到其盈利的传统业务的阻碍（Stulz，2019），还承受着更重的监管负担（Buchak et al.，2018；Gopal and Schnabl，2022）。但是，面对来自金融科技企业日益激烈的竞争，利润不断减少的传统银行业巨头很可能会通过投资或收购迎头赶上。这已经在发生：过去十年中，美国大型银行加快了对信息技术的投资，卡利尼等人（Carlini et al.，2022）的研究表明，在位银行正在积极收购新生的金融科技企业。[①]

其次，如果金融科技企业在开放银行出现之后确实比传统银行获得了更多优势，那么从长远看，这些非银行贷款机构可能会面临与传统银行类似的监管，考虑到它们的潜在欺骗性数据的做法存在争议，情况可能会更糟。尽管预测这方面的确切政策行动还为时尚早，但我们的研究为监管正在兴起的金融科技行业提供了一定的参考。此外，一个关键的实际问题是，我们在分析中强调的不利影响的早期预警信号是什么？请记住，第4.2.3节表明，不利影响更有可能发生在小企业贷款市场中。要想全面回答这个问题，需要一个包含了更现实的模型要素的动态环境（dynamic setting）。从我们的程式化模型的角度看，作为不利影响之关键驱动因素的筛选差距恰好反映在强贷款机构的均衡利润上。因此，监管机构需要监督的一个合理实证指标是相关细分市场贷款机构之间的利润率差距，尤其是当一些金融科技贷款机构的利润率超过其他机构时。

5.5　自由放任式的开放银行

在美国等一些国家，开放银行的发展方式是更自由市场导向的。但如何激励传统银行与作为挑战者的金融科技企业分享其客户数据，尤其是当后者从事提供贷款等竞争业务时，是一个问题。一种可能性是让银行将其数据"出售"给金融科技企业。[②] 考虑我们的基准模型，但现在假设：如果金融科技企业想获得借款人的数据（比如交易账户记录），就要向银行付费（以要么接受要么

[①] 根据Stulz（2019）的研究，2019年JP摩根的技术预算达到114亿美元，这相当于美国2018年基于金融科技的风险投资。有意思的是，JP摩根把一半左右的技术预算投入银行内部的颠覆性技术。传统大机构正在收购新生的金融科技企业，例如，2021年9月高盛收购了先买后付类公司Green-Sky。即使在按揭市场，金融科技贷款机构也已经强势存在，商业银行重获市场份额的前景不明（Fuster et al.，2019）。

[②] 对传统银行来说，出售数据实际上变成了一项新业务（例如可参见https：//bit.ly/3Gc8Wui）。

放弃的报价形式)。假设银行对拥有相同先验信用质量 τ 的所有借款人设置统一费用,而且数据交易发生在贷款机构进行信用测试之前。换言之,当贷款机构参与信贷竞争时,数据费用已经是一笔沉没成本。那么,没有数据交易的信贷市场竞争类似于开放银行出现之前的基准情况,有数据交易的竞争则类似于开放银行下的竞争。

假设银行拥有这些数据,借款人对是否共享他们的数据没有控制权。由于银行总是可以通过要么接受要么放弃的报价来抽取整个行业的利润,因此当且仅当 $\Delta' > \Delta$ 时,银行将以 $\dfrac{\Delta'}{1+\tau}$ 的价格出售其数据(在这种情况下,共享数据可以提高行业利润)。然而,只有在 $\Delta' > \Delta$ 的情况下,开放银行才会对借款人产生不利影响。因此,在自由放任的方式下,如果数据共享可以缩小筛选能力的差距并加剧贷款竞争时,它就不会发生,而如果数据共享扩大了筛选能力的差距并有可能对借款人产生不利影响,它就会发生。从这个意义上说,与监管的方式相比,自由放任的方式对借款人来说往往不那么可取。

现在假设借款人拥有这些数据,而银行只能在客户允许后出售其银行业务数据。考虑以下时机:首先,银行决定是否向那些想要获取借款人银行业务数据的金融科技企业报价;随后,借款人决定是否共享数据;如果借款人批准数据交易,费用由金融科技企业支付;于是就会发生贷款竞争。如果银行不出售数据,则从信用质量为 τ 的借款人那里获得 $\dfrac{\Delta}{1+\tau}$ 的利润。如果用户选择出售数据,那么应向金融科技企业收取多少费用呢?由于该费用仅在获得借款人同意后支付,因此该费用应等于金融科技企业从具有更新后的先验信用质量 τ_+ 的借款人那里获得的利润,其中 τ_+ 是我们在第 4.2 节中分析的开放银行市场(opt-in market segment)中的推断信用质量。(请注意,该费用不影响借款人的数据共享决策,因此对 τ_+ 没有影响。)因此,该费用应等于 $\dfrac{\Delta'}{1+\tau_+}$。如命题 4 所示,$\tau_+ \geq \tau$,并且严格不等式在混合均衡的区域之外成立。这意味着我们需要比前一种情况更高的 $\Delta' > \dfrac{1+\tau_+}{1+\tau}\Delta$ 来吸引银行出售其数据。也就是说,如果借款人控制着自己的银行业务数据,那么只有在数据共享(比银行拥有数据的情形)更不利于借款人时,它才会发生。

6. 结论

随着数字世界创造的数据量不断增长，客户数据已演变成各种银行业务的决定性力量。作为"开放经济"倡议的重要组成部分，开放银行政策要求银行在应客户需要的时候与第三方共享其客户数据。

从规范的视角看，我们首次从理论上研究了在借款人控制其数据的情况下，开放银行如何影响传统银行和金融科技挑战者之间的信贷市场竞争。开放银行通过提高金融科技企业的信息筛选能力，提高了选择借款人的信息效率，但在市场竞争方面，开放银行也有策略效应。如果开放银行加剧竞争，至少会使高信用质量的借款人受益；如果开放银行过度授权金融科技企业，则可能会阻碍竞争，并使所有借款人的境况变差。即使借款人对是否共享他们的银行数据有控制权，情况也是如此：具体而言，注册开放银行的借款人会因为竞争弱化而受损，而那些没有注册的借款人则会因为从他们的注册决定中推断出不利的信用质量而受损。大体上，后一种效应与消费者决策造成的信息外部性一致，这种外部性对现代金融业中有关消费者保护的监管构成了长期挑战。

还有一些有待未来研究的重要问题也与开放银行相关。例如，传统银行不仅在贷款市场运作，而且在存款和支付服务市场运作。开放银行模式也会影响此类传统银行与金融科技挑战者在后一类市场上的竞争。由于交易账户服务为传统银行提供了最有价值的数据，开放银行所需的数据共享可能会削弱他们在此类市场竞争的激励，可参见相关学者（Babina et al., 2022）在这一方向上的研究。从长远看，也应要求成功的金融科技巨头与传统银行共享数据，这反映了由澳大利亚开放银行倡议首次引入的"数据共享互惠"（data sharing reciprocity）理念。